Medium Johannes

Hilf dir selbst, dann hilft dir Gott

oder

die Offenbarung der Glückseligkeit

amadeus-verlag.com

Amadeus Verlag GmbH & Co. KG
Birkenweg 4
74579 Fichtenau
Fax: 07962-710263
www.amadeus-verlag.com
Email: amadeus@amadeus-verlag.com

Druck:
CPI – Ebner & Spiegel, Ulm
Satz und Layout:
Jan Udo Holey
Umschlaggestaltung:
Amadeus Holey

ISBN 978-398562-018-0

Inhaltsverzeichnis

Kapitel 4 – Erfahrungen aus dem täglichen Leben

Kapitel 5 – Hilf dir selbst, dann hilft dir Gott

Vorwort von Joachim Freiherr von Sinner

Liebe Leserin, lieber Leser,

nach dem ersten Buch von Johannes (Medium Johannes) und Jan van Helsing haben viele Leserinnen und Leser die monatlichen Segensbriefe von Johannes abonniert. Er wollte mit diesen Briefen eine Brücke zwischen der Kernbotschaft seines Erstlingswerks »Handbuch für Götter« und Jesus Christus herstellen, um allen Menschen die Bedeutung seiner Botschaft und seiner Lehren näherzubringen. Im Grunde ist Johannes ein Rufer in der Wüste, wie damals Johannes der Täufer, ein Wegweiser zum reinen göttlichen Selbst in uns.

Nun liegt dieses Buch vor dir! Es klärt die Frage, wie man durch die Kraft des vermittelten Wissens und der bedingungslosen Liebe für sich einen neuen Lebensweg gestalten kann – und das ganz einfach durch die unvoreingenommene Vertiefung der metaphysischen Erfahrungen, die in diesem Buch durch eine Vielzahl von Beispielen aus dem täglichen Leben und den Lehren Jesu gezielt vermittelt werden.

Nach der Lektüre der Interviews mit Johannes und seiner Botschaften war ich überrascht, wie schnell es Johannes gelingt, den Leser für seine Aussagen zu begeistern, ihn zum Verinnerlichen der vermittelten Ausführungen zu bewegen und schließlich zum eigenen Handeln anzuregen. Folgt der Leser diesem Prozess, entwickelt sich in ihm eine Dynamik, die ihn in eine grandiose Zukunft führt, frei von den ihn seit Jahrtausenden bindenden Fesseln, frei von der ihm von fremden Mächten aufoktroyierten Matrix.

Die Weisheiten des Johannes führen den heutigen überinformierten – in Wahrheit jedoch falsch informierten, belogenen, betrogenen und manipulierten – Menschen in einfacher, leicht lesbarer Sprache zurück zu den wahren Werten der göttlichen Schöpfung, deren unverbrüchlicher Bestandteil jeder von uns seit Anbeginn ist. Die direkte Sprache, verbunden mit begreifbaren Beispielen aus seinem lebendigen Erfahrungsschatz, verhilft dem Leser zu einer größeren Unmittelbarkeit in der Begegnung mit unserem Schöpfer. Johannes zeigt uns Wege und Möglichkeiten auf, wie wir unsere einstigen, von uns vergessenen Schöpferkräfte wieder erkennen und umsetzen können. Der heutige Mensch ist seit Beginn des Industriezeitalters in eine zunehmend säkulare Welt eingebunden. Johannes gibt uns mit diesem Buch einen universellen Ratgeber an die Hand, der in uns die Melodie der Liebe zum Erklingen bringt. Er macht uns Mut, uns zu demaskieren und unser Leben wieder selbst in die Hand zu nehmen, anstatt uns im täglichen Leben in einer Endlosschleife vieler Gewohnheiten zu verlieren.

Die sich permanent weiterentwickelnde Informationstechnologie hat das menschliche Alltagsleben in eine geradezu irrsinnige Geschwindigkeit versetzt, mit der Folge, dass es um die geistige Reife und das liebevolle Bewusstsein so schlecht bestellt ist wie niemals zuvor. Der dadurch entstandene psychische Überforderungseffekt in der neurotisch gewordenen Leistungsgesellschaft treibt unsere Mitmenschen in zunehmendem Maße in die vielfältigsten Suchtkrankheiten und zu unmenschlicher Gefühlskälte, was sich in den kranken Monokulturen in der Landwirtschaft und insbesondere auch in der grausamen Massentierhaltung zeigt. Dabei sollte ausnahmslos jeder Mensch, jede Pflanze und jedes Tier als Seelengefährte begriffen und dementsprechend geachtet und behandelt werden, denn was Gott entehrt, kann dem Menschen nicht von Nutzen sein.

Ein weiterer negativer Aspekt der modernen Informationstechnologie ist die fortwährend zunehmende totalitäre Kontrolle über alle Aspekte unseres Lebens. Durch das Fehlen eines individuellen geistigen Schutzschildes – genannt Gott – werden die Menschen auf dem gesamten Planeten gleichgeschaltet, punktgenau gesteuert und mittels Künstlicher Intelligenz einer lückenlosen Kontrolle unterworfen. Die Leserschaft wird überrascht sein, wie Johannes all diese Themen entwertet, indem er uns ein Leitbild vorstellt, das sehr viele Menschen bereits kennen, doch bisher in ihrem Geist noch nicht wirklich bewusst erfassen konnten.

Die negativen Kräfte herrschen stets durch Zwang und Knechtung, wie wir dies nicht nur in den vergangenen Jahren des „Lockdowns“ und der damit verbundenen Isolierung der Menschen von allen sozialen Kontakten tagtäglich erleben mussten. Selbst Sterbende mussten ohne ihre Angehörigen und ohne geistigen und seelischen Beistand einsam in eine andere Dimension übertreten. Unmenschlicher kann sich ein System nicht zu erkennen geben!

In unserer Zeit wird der Begriff „Geist“ auf den Intellekt reduziert. Betrachten wir die Welt, in der der Intellekt herrscht, und was er alles vollbracht hat: Der Intellektuelle will alles selbst lösen. Das weltweit sichtbare Chaos ist die konsequente Folge. Alte Weisheitslehren wussten jedoch, dass der menschliche Geist eine weit über die funktionale Intelligenz hinausgehende Dimension umfasst. All diesen alten Weisheitslehren war das Wissen immanent, dass der Mensch aus der göttlichen Quelle stammt. Durch diese göttliche Abstammung erhielt er göttliche Schöpfungskräfte. Zu diesen aus der göttlichen Quelle stammenden Fähigkeiten gehören auch das Hellsehen, das Hellhören sowie die Kommunikationsfähigkeit mit Wesen, die sich in weit höheren Dimensionen befinden, sowie auch mit den mit uns auf diesem Planeten lebenden Naturwesen. Und auch die Kommunikationsfähigkeit mit unserer „Mutter“ Erde als einem wirklich bewusstem Lebewesen gehört dazu, so, wie es die Naturvölker teilweise noch leben und erleben, und was auch den großen griechischen Philosophen bekannt war.

Daraus folgt, dass die jahrtausendealte Erkenntnis, dass der Geist des Menschen eine mehrdimensionale Wirklichkeit umfasst, als nicht existent betrachtet wird. Jedoch reicht das Menschsein in seiner absoluten Größe weit über den physischen Tod hinaus. Der Autor legt deshalb ungeschminkt die entscheidenden Schwachstellen der Entwicklung unserer Tage mit ihrer schalen, letztlich kraftlosen All-Informations-Präsenz offen – nutzlose Informationen und geistiger Unrat –, damit der Mensch vor lauter Beschäftigung nicht mehr dazu kommt, über absolute Wahrheiten nachzudenken und mit zunehmendem Erfolg der Künstlichen Intelligenz zunehmend von seinem geistigen, von Gott geführten Weg abgelenkt wird. Deshalb sieht es hinter den Fassaden der heutigen Menschen sehr düster und verzweifelt aus. Die Wartezimmer der Psychiater sind größtenteils zum Bersten voll, und die Patienten werden immer jünger. Ich denke, ich stehe mit meiner Meinung nicht allein, wenn ich behaupte, dass sich die düsteren Pläne der unsichtbaren Kräfte, die diesen Planeten noch steuern, nur mit Hilfe einer

- *verstrahlten* (durch gezielte Zerstörung der Zirbeldrüse = Zugang zum Makrokosmos) und des Hypothalamus (Zugang zum Mikrokosmos),
- durch Handynutzung und durch ein Leben im Wirkungsbereich von Sendemasten) *elektronisch verblödeten* sowie
- *mit* nur noch *Gift* zu nennenden (quasi aus Abfällen zusammengekehrten) „Lebensmitteln“ aus industrialisierter Landwirtschaft *„ernährten“*,
- beruflich wie auch in ihrer Freizeit *gestressten*,
- ständig *medienmanipulierten*,
- *abgelenkten* und somit
- *hypnotisierten Menschenmasse* umsetzen lassen.

Deshalb ist das Hauptanliegen dieses Buches die Offenbarung eines in den letzten Jahrtausenden nur noch einem engen Kreis von Wissenden bekannten Bewusstseins, um es wieder jedem zur Verfügung zu stellen, der danach strebt, aus der Belanglosigkeit des rein materiebezogenen Lebens zu entfliehen und sich den wahren Werten seines Seins zu öffnen. Denn nur da, wo der Geist Gottes ist, ist auch die Wahrheit und allumfassender Frieden. Johannes zeigt uns den direkten Weg zum anzustrebenden Ziel auf und vermittelt uns die notwendige Kraft, die uns schützt vor dieser zerstörerischen, weltweit vernetzt agierenden Macht-„Elite“, die uns *nur scheinbar* unabwendbar in eine angsterfüllte Zukunft führen will.

Eines ist gewiss: Sie (die besagte „Elite“) wird nicht obsiegen!

„Liebe ist die stärkste Macht im Universum, und doch ist sie die demütigste, die man sich vorstellen kann.“, verkündete Mahatma Gandhi. Die

Liebe ist eine Gottesmacht, weil Gott die Liebe ist! Die bedingungslose Liebe war zu allen Zeiten eine besondere Herausforderung für die Menschheit und ist es auch heute für uns nicht minder.

Wie schrieb Johann Wolfgang von Goethe am Ende seiner weltbekannten Tragödie Faust II: Stimme von oben: *„Wer ewig strebend sich bemüht, den können wir erlösen."* Nach meinem Dafürhalten hätte Goethe seine Tragödie für die Menschheit souveräner enden lassen können, wenn er geschrieben hätte *„...den werden wir erlösen"*. Johannes zeigt uns einen klaren Weg auf, dieses ursprüngliche Wissen mit der Ganzheit unseres Wesens in Einklang zu bringen, und eröffnet uns mit seinem neuen Buch einen kraftvollen Weg, unser göttliches, souveränes Erbe anzutreten! Denn Gedanken kristallisieren sich zu Energieformen, werden zu Bildern, und damit lebendig. Sie werden Bestandteil unserer Aura, strahlen aus und ziehen wiederum das an, was in unserer Aura schwingt. Gabriele Wittek, die Lehrprophetin und Botschafterin Gottes, drückt es so aus: *„Auch der Gedanke, den wir – eventuell unbedacht und leichtfertig – denken, ist ein Sendepotenzial, gleichsam eine Aktion. Die Reaktion ist um vieles größer, weil zu unserem Gedanken auch noch das Potenzial der darin liegenden Gefühle und Empfindungen gehört."*

Jeder Gedanke, den ein Mensch denkt, bleibt tatsächlich erhalten, und zwar in Form, Inhalt und Intensität, wie er erdacht wurde. Er ist aus Lebensenergie geformte feinstoffliche (höher schwingende) Materie. Somit können wir mit unseren Gedanken auf andere Menschen einwirken und sie dadurch, im Bösen wie im Guten, inspirieren. Wir sollten auch nicht vergessen, dass alles, was wir denken, fühlen, reden und tun, unmittelbar in das kollektive Energiefeld der gesamten Menschheit eingeht. Da in diesem Energiefeld alle Menschen miteinander verbunden sind, hat demnach auch alles, was wir fühlen, denken, reden und tun, eine Wirkung auf alle anderen Menschen auf der Erde. Dabei ist es unerheblich, ob wir selbst diese Wirkung jemals bemerken. Dies geschieht selbst dann, wenn wir an eine derartige Wirkung gar nicht glauben, sie gar nicht für möglich halten oder auch gar nichts von dieser Tatsache wissen. Und dieses Geschehen vollzieht sich aufgrund der göttlichen Gesetze im gesamten Kosmos.

Wie drückte es ein weiser Mann einmal einfach und überzeugend aus: *„Selbst der Kleinste kann mit seinen Gedanken den Lauf der Welt verändern."* Fangen wir also endlich damit an! Und wie heißt es in Johannes 5, 14-16 so treffend: *„Das inständige Gebet eines Gerechten hat große Kraft."*

Zu diesem Zweck möchte ich einige Worte aus dem »Handbuch für Götter« zitieren: *„Es ist unser Auftrag, diese All-Macht in uns zu entdecken. Es geht darum, dass wir unsere schöpferische Souveränität wirklich leben, demzufolge wir selbst Schöpfer sind."* (Jan van Helsing)

Und so, wie ich Johannes kenne, würde er diesem Satz folgende Worte hinzufügen: *„Und nun endlich damit beginnen, das wirkliche Sein anzuerkennen."*

Das vorliegende Buch ist ein liebevoller Ratgeber und Führer auf einer Reise zurück zu den seit seiner Erschaffung im Menschen bestehenden seelischen Schöpfungskräften, hin zur Wiederentfaltung seines göttlichen Erbes. Es ist vom Geist Gottes inspiriert, und was im Geiste Gottes gesät wurde, wird den Geist Gottes ernten, denn wo der Geist Gottes ist, da ist die Wahrheit!

Johannes möchte mit diesem Buch unsere Augen öffnen, damit wir erkennen, mit welcher Macht die negativen bzw. abbauenden Kräfte den Geist und den Verstand beeinflussen, damit wir uns vom Licht der Wirklichkeit abwenden.

Wer die Offenheit besitzt, dieses Buch zu seinem geistigen Wegbegleiter zu machen, darf mit Sicherheit erwarten, dass sein Lebensweg eine spannende Reise sein wird. Gleichgültig, wie viele Lenze du bereits auf diesem Planeten wandelst, *jetzt* ist der richtige Zeitpunkt, mit dieser Reise des geistigen Aufstiegs zu beginnen.

Insgesamt hältst du ein ansprechendes Buch in Händen, das dir in einer Weise Freude bereiten wird, dass es dir kaum möglich sein wird, es wieder aus der Hand zu legen, zumal es dich befähigt, das wahre Gottesbild zu erkennen, das uns in allem, in jedem Menschen, jedem Tier, jeder Pflanze, in den Naturgeistwesen und in den Elementen der Natur begegnet. Jedem Menschen gibt Gott seine besondere Aufgabe mit auf seinen Erdenweg. Diese muss er erfüllen und darf sich nicht durch menschliche Gesetze und Normen oder auch Befehle daran hindern lassen. Vielmehr muss jeder Mensch unter allen Umständen seinem Gewissen Folge leisten, denn das Gewissen eines anderen Menschen kann niemals das eigene Gewissen ersetzen!

Es mag sein, dass unsere Zahl noch nicht so groß ist, aber wir werden mit jedem neuen Tag mehr! Das im gesamten Kosmos gültige Gesetz der Resonanz (Gleiches zieht Gleiches an) führt uns zusammen und macht uns zu jeder Stunde immer noch stärker!

Alle, die sich bewusst oder auch noch unbewusst für Gottes Dienst entschieden haben, können in der Gewissheit seiner Fürsorge aktiv werden. Durch das Licht von Gottes führendem Geist erhält jeder Mensch eine klare Vorstellung von seinen Aufgaben. So wird er recht geführt, bis sein Werk vollendet ist. Jedoch gewährt Gott jedem Menschen die Freiheit, selbst zu denken und seiner Überzeugung zu folgen, denn Herz, Geist und Gewissen eines jeden Menschen werden durch die Macht Gottes erneuert.

Theoretisches Wissen allein wird dem Menschen allerdings nichts nützen. Wir müssen uns sein Tun aneignen, damit sein Vorbild zu unserem Leben wird.

Petrus sagte einst: „*Darum setzt alles daran, dass zu eurem Glauben Charakterfestigkeit hinzu kommt und zur Charakterfestigkeit geistliche Erkenntnis, zur Erkenntnis Selbstbeherrschung, zur Selbstbeherrschung Standhaftigkeit, zur Standhaftigkeit Ehrfurcht vor Gott, zur Ehrfurcht vor Gott Liebe zu den Glaubensgeschwistern, und darüber hinaus Lie-*

be zu allen Menschen ... Wenn Ihr das tut, werdet Ihr vor jedem Fehltritt bewahrt bleiben.“ (*2. Petrus 1, 5-7; 10*)

Wir müssen uns seine Liebe und Gnade aneignen, so wie uns dieses Johannes in seinen vielen praktischen Anweisungen in diesem Buch ans Herz legt.

„*Der Glaube wird für Christen immer ein Geschenk bleiben, das Gott den Menschen anbietet.*“, so beschrieb es der irische Literaturwissenschaftler und Autor der Kinderbuchreihe »Die Chroniken von Narnia« Clive Staples Lewis (1898-1963). Es ist allein uns überlassen, ob wir Gottes Hilfe und Führung annehmen oder nicht.

Wir rufen die, die sich rufen lassen wollen. Seien wir letztlich alle immer die allumfassende Liebe, denn das Fundament der Ewigkeit Gottes ist allein diese Liebe. Seien wir uns dessen gewiss!

Ich wünsche dir viel Freude beim Vertiefen in dieses grandiose Buch und wünsche dir allzeit Gottes Führung und Segen auf deinem Lebensweg – du bist nicht allein...

„*Liebet das Leben – Gott. Gott ist überall.*“ (Bruno Gröning)

Ihr *Joachim Freiherr von Sinner* (Dezember 2023)

Einführung von Medium Johannes

Liebe Leserinnen und Leser,

das »Handbuch für Götter« hat viele Menschen nicht nur wachgerüttelt, sondern auch gleichsam in ihnen einen nachhaltigen Impuls erzeugt, der dazu führte, in ihrem Leben aufzuräumen.

Die Welt, wie die Masse der Menschheit sie im Moment wahrnimmt, wird sich mehr und mehr transformieren. Wir nehmen eine dekadente Gesellschaft wahr, die von einem Pferch in den nächsten geführt wird. Hauptsache, die Masse der Menschheit hat ihren Spaß! Wir sollten uns einmal fragen, wer sich denn hier wirklich die Hände reibt und sich denkt: *„Wir werden ihnen die Nahrung geben, die sie am meisten lieben, und sie werden brav alles konsumieren, was wir ihnen anbieten.“*

Unsere Welt durchläuft einen degenerativen Prozess, der im Grunde der Entwicklung der Menschheit dient. Offensichtlich erhöht sich der Druck auf jeden einzelnen Menschen. Dieser permanente Druck kommt von der Christuskraft, die uns atmen lässt und unser Sein begleitet. Die gesamte Welt wurde im Grunde von dieser intelligenten Kraft erschaffen! Alles Leben entstammt ihr, und diese Welt ist, wie viele Welten, nur *eine* Ausdrucksform dieser Kraft, die wir z.B. als „Gott“ oder als „allumfassende Liebe“ bezeichnen. Diese Energie der Liebe wird sich weiterbewegen, mit uns oder ohne uns Menschen! Wir selbst haben die Wahlmöglichkeit erhalten, ob wir gegen oder mit dem Strom der bedingungslosen Liebe schwimmen möchten. Sie bewegt uns als stilles, aktives Prinzip!

Wir sollten vielleicht nicht so faul auf dem Sofa herumliegen oder unseren oberflächlichen Freizeit-Ablenkungs-Unterhaltungs-Aktivitäten auf den Leim gehen! Jeder Einzelne von uns hat die Möglichkeit, seine eigene Zukunft zu bestimmen! Siehe dazu das »Handbuch für Götter«, denn was auch immer die Illuminaten vorhaben: Wir sollten unsere konditionierte Persönlichkeit in Frage stellen, um eine klare, unbegrenzte Entscheidung zu treffen.

Stellen wir uns doch einfach die Frage: Was ist unser Plan für diese Inkarnation? Ist es vielleicht die bewusste Offenbarung der Christuskraft, von der Jesus Christus sagte: „*ICH BIN die Auferstehung und das Leben, und wer mir folgt, wird …?*“ Gleichgültig, wie wir uns entscheiden, diese Kraft wird sich weiterhin durch die Ewigkeit des Seins bewegen! Es ist unser gemeinsames Experiment, das wir einst selbst gewählt haben, und es bewegt sich derzeit in ein globales Einssein hinein, denn letztlich werden wir alle zur Quelle zurückkehren, der wir entstammen. Wir haben es selbst in der Hand, ob wir auf unserer Reise immer wieder durch weitere Inkarnationen einen Körper wählen, um diese Liebe eines Tages vollumfänglich zu offenbaren, oder ob wir dieses Rad der Wiedergeburt zum Stillstand bringen.

Wir haben das Weltliche in unserem Bewusstsein als die Wirklichkeit angenommen. Doch es ist nur das Relative, angefüllt mit Gegensätzen und Widersprüchen, das uns seit Äonen fesselt, weil wir es waren, die mit dieser grenzenlosen Christuskraft unzählige Ketten erschufen. Sie halten uns gleichsam, wie die Seile an einem Heißluftballon, an dieser materiellen Ebene, so dass wir zuerst all die Seile durchtrennen müssen, um in das grenzenlose Sein, das wir den Himmel nennen, aufzusteigen.

Wenn wir unser Leben betrachten, so sehen wir doch, wie überall eine grüne Kraft gedeiht. Eine Kraft, die selbst Betonstraßen durchbricht. Wer steckt dahinter? Könnte es die Christuskraft sein, von der Jesus sprach? Ist sie das *LEBEN*, das alle Dinge durchströmt? Eine alles erschaffende geistige Kraft, die auch unsere Welt erschaffen hat? Es bleibt ein Mysterium für den Menschen, das wir im täglichen Leben erfahren, doch niemals ergründen können! Ein aktives Prinzip! Sollten wir also aktiv daran arbeiten, dass wir durch dieses Nadelöhr hindurchkommen, von dem Jesus Christus sprach? Tragen wir den goldenen Schlüssel in uns selbst – in unserer Seele? Wenn dem so ist, dann sollte doch dieser Schlüssel nicht ungenutzt in uns schlummern!

Heißt das etwa, dass wir unbegrenzte Möglichkeiten mit uns herumtragen, und dass wir uns dieser Kraft nicht „*wirklich*“ bewusst sind?

Haben wir uns von einer kontrollierenden Macht ablenken lassen? Sind wir schlafende Göttinnen und Götter?

Hast du vielleicht einmal über die Möglichkeit von unbegrenzten Reisen nachgedacht, ohne dafür einen Reisepass, einen Personalausweis, eine Einreisegenehmigung oder ein Visum vorlegen zu müssen? Wenn du jetzt denkst, dass wir damit das Reisen auf der Astralebene meinen, so solltest du wissen, dass auch dieses Reisen einer Begrenzung unterliegt. Die Welt entwickelt sich weiter, und wir entscheiden für uns, ob unsere Geist-Körper-Frequenz sich damit synchronisieren kann.

Nun, unsere Intention für dieses Buch »Hilf dir selbst, dann hilft dir Gott« war, der interessierten Leserschaft einem Goldenen Kompass, den ich mit dem »Handbuch für Götter« auf den Weg gebracht habe, gleichsam einen effektiven Ratgeber und ein „Mutmacherbuch“ mit vielen Erfahrungsberichten und praktischen Beispielen folgen zu lassen. Dabei sind in diesem Buch die Lehren Jesu Christi und die Botschaften von Maria Magdalena der Ausgangspunkt, von dem aus ich die aufmerksame Leserschaft zur Anerkennung und Anwendung der Christuskraft führen möchte.

Was auch für dieses Buch spricht, ist, dass unser lieber Bruder Jesus, unser lieber Bruder Petrus, die liebe Mutter Maria und auch unsere liebe Schwester Maria Magdalena mich beim Schreiben im Herzen begleitet haben. Die Lehre Jesu Christi hat den größten Teil der Menschheit im Herzen berührt. Im »Handbuch für Götter« können wir seine einzigartige Handschrift wahrnehmen. Mittlerweile sind seit der Erstauflage über zwei Jahre vergangen, und wir können erkennen, dass unsere Kernbotschaft auf fruchtbarem Nährboden gedeiht. Was auch nicht anders zu erwarten war: Es ist ja ein Projekt der göttlichen Quelle. Nähere Details kannst du im »Handbuch für Götter« nachlesen. Alles hat eben sein vorgesehenes Zeitfenster, was nicht ausschließt, dass sich ein solches, wiederum aufgrund der globalen Bewusstseinsentwicklung, auch verändern kann. In der Tat ist es so, dass sich seit 2020 verstärkt die Spreu vom Weizen trennt, und das war und ist erst der Anfang. Wir dürfen selbst wählen, wem wir folgen: dem Antichristen, Christus, oder etwa beiden? Was wollen uns diese Worte jetzt wohl sagen? Es ist ein spannendes Thema, das in den vergangenen zweitausend Jahren und auch davor sehr viele Menschen beschäftigt hat. Darauf werde ich im Verlauf dieses Buches noch näher eingehen.

Vorab sei gesagt, in einigen Kapiteln wird dich dieses brisante Thema herausfordern. Wie du wohl weißt, ist dein Alltag ein Spiegel deines Bewusstseins, deiner Einstellungen, Sichtweisen und Gewohnheiten. Können wir wirklich etwas daran verändern oder sind wir bereits soweit hypnotisiert, dass weitere Inkarnationen auf diesem oder auf einem anderen Planeten notwendig sind? Diese Frage wird sich im Laufe deiner Reise durch dieses Werk von selbst beantworten.

In diesem Buch findest du eine Vielzahl von Beispielen aus dem Alltagsleben und auch aus meinen vielen Begegnungen mit den unterschiedlichsten Menschen, wobei wir uns fragen dürfen: Sind wir wirklich so unterschiedlich, oder sind es nur unsere Einstellungen? Was würde Jesus Christus jetzt sagen, wenn du ihm diese Frage stellen würdest? Im zweiten Kapitel wird dir eine Antwort offenbart, die einst Jesus der Menschheit gab. Unsere Reise führt uns durch fünf Hauptkapitel mit jeweils einigen Unterkapiteln, die allesamt durch die Führung Gottes entstanden sind. Nicht nur Maria Magdalena wird zu Wort kommen, ich werde auch Maria und weitere Apostel zitieren. Die Weiblichkeit ist eine zentrale Kraft, die jetzt in der Menschheit aufsteigt, um ihren ursprünglichen Platz einzunehmen! Mein Geist wird zum Botschafter und Schreiberling der *einen Quelle, dem ewig Treuen und Liebenden*.

Vor einigen Monaten bekam ich von der göttlichen Quelle den Auftrag, ein Praxisbuch zu schreiben. Auf ca. 150 bis 170 Seiten sollte die interessierte Leserschaft einen praktischen Leitfaden und Ratgeber mit vielen Beispielen aus dem täglichen Leben an die Hand bekommen. Letztlich hat sich die Seitenzahl im Laufe meiner Schreibmission um einige Seiten nach oben bewegt. Nehmen wir die klaren Botschaften in diesem Buch als das Wasser des Lebens auf, so wird dieser Ratgeber unser Leben bereichern. So wie einst Jesus, als er zur vielgeprüften Samariterin am Brunnen sinnbildlich sagte: *„Das Wasser, das ich dir gebe* (darreiche), *wird deinen Durst für immer löschen.“ (Johannes 4, 6-15)* Jesus sagte jedoch auch zu ihr: *„Das Wasser, das DU mir gibst, wird den Durst nicht wirklich löschen!“* In der Tat trinkt der Mensch jeden Tag einiges an Flüssigkeit. Die weltliche Wissenschaft würde darauf antworten: *„Das ist erforderlich, um unser Körpersystem funktionieren zu lassen.“* Ist das wirklich so, oder ist diese Annahme vielleicht nur eine Frucht vom Baum der Erkenntnis? Auch diese Frage wird sich beim Lesen nach und nach von selbst beantworten.

Um es jetzt auf den Punkt zu bringen: Die göttliche Quelle drängte mich dazu, dieses Projekt in die Tat umzusetzen, und so ergab es sich, dass Jan (Amadeus-Verlag) und mein bescheidenes Wesen über dieses Vorhaben sprachen. Wir hatten bereits im Februar 2022 über ein ähnliches Projekt gesprochen, doch seinerzeit war die Zeit noch nicht reif dafür. Außerdem wird dieses Werk inhaltlich die Handschrift des Johannes als Schreiberling der *einen Quelle* tragen. Nun, im Grunde ist es noch nicht einmal meine Handschrift. Wie sollte es auch, wenn das *LEBEN* Gott ist? Es kann nur der Christus sein, der meinen Geist und meine Hand führte, als ich diese Zeilen schrieb, denn alle auftauchenden Störungen wurden im rechten Moment aufgelöst.

An dieser Stelle möchte ich allen Menschen herzlich danken, die mich auf meiner bisherigen Lebensreise begleitet haben. Dem lieben Jan, der mir als Verleger die Möglichkeit gab, das »Handbuch für Götter« gemeinsam mit ihm der Menschheit in ihre Hände *(in ihren Geist)* zu legen. Dieses Praxislehrbuch ist gleichsam ein liebevoller Ratgeber und Begleiter im Alltag eines Menschen, der sich von diesem Buch angezogen fühlt. Herzlich danken möchte ich meiner lieben Frau, die mit mir gemeinsam diesen Weg geht. Sie ist nicht nur ein Teil von mir, sondern eben auch die Einheit, die es braucht, um diese segensreiche Arbeit zu vollbringen. Unsere gemeinsame Reise hatte Höhen und Tiefen, wie es eben in einem erfüllten Leben so ist. Wer kennt diese Herausforderungen im Leben nicht, die uns reicher an Erfahrungen machen und wodurch wir erkennen, weshalb Weisheit letztendlich Liebe ist. Herzlich danken möchte ich auch meinem lieben Freund und Weggefährten Joachim Freiherr von Sinner für sein Vorwort sowie auch allen langjährigen Freunden, lieben Weggefährten und allen weiteren irdischen und himmlischen Helfern. Von ganzem Herzen danken möchte ich Christus, Maria, Maria Magdalena und meinem lieben Freund *(Bruder)* Petrus.

Unsere Intuition sagt uns, dass dieses Buch dein Herz berühren, deine Augen nochmals öffnen, dich aus deinem Schlaf erwecken, dich in deinem Geist beflügeln, dein Bewusstsein erheben und dir aufzeigen wird, dass die Botschaft Jesu Christi das wirkliche *Wasser des Lebens* ist. *„Wen da dürstet, der komme zu mir!"* Es ist mit der Energie der Klarheit und nicht des Aberglaubens gesegnet. Ich wünsche dir viel Freude und Begeisterung beim Lesen dieses Ratgebers und „Muntermacherbuches". Möge deine erhabene Reise dadurch bereichert werden. Gottes reicher Segen und sein Frieden sind mit uns allen!

In Liebe und Dankbarkeit

Johannes, ein Diener der All-Liebe

Erklärungen zum besseren Verständnis meiner Ausführungen:

Erlebnisberichte und Beispiele aus dem Alltag, die ich aufführe, um meine Erklärungen besser nachvollziehbar zu machen, sind grau hinterlegt. Wenn ich im Text, wie beispielweise beim »Handbuch für Götter«, eben diesen Begriff „Götter" verwende, so gilt dies selbstverständlich auch für den weiblichen Aspekt, also die „Göttinnen".
Spreche ich im Buch von „Ich bin", dann meine ich damit den Heiligen Geist, die ICH-BIN-Gegenwart, das Gott-Vater-Mutter-Prinzip (GVM), Christus, die allumfassende Liebe, den intelligenten Lebensstrom oder das „Leben".
Verwende ich den Begriff „Vater" so steht dies sinnbildlich für das allumfassende Gott-Vater-Mutter-Prinzip. So ist es auch mit beim Begriff „Er" für „Vater" – spreche ich von „Er", so steht das auch für das Gott-Vater-Mutter-Prinzip, der den weiblich-mütterlichen Aspekt beinhaltet.

Wenn ich vom „grenzenlosen Nichts" schreibe, so ist damit das grenzenlose Nichts materiell gemeint, das jedoch alle Potenziale in sich birgt. Und wenn vom Sohn („Gottessohn") die Rede ist, so ist auch hier selbstredend die Tochter (der weibliche Aspekt) gemeint.

Christus	Der Sohn ist im Vater und der Vater im Sohn. Im Grunde ist es das reine Bewusstsein Gottes. Zum Beispiel sagte Jesus zu seinen Jüngern: „*Um was du den Vater* (GVM) *in meinem Namen* (Christus) *auch immer bittest, das hast du bereits bekommen.*"
ES	Die Istheit dessen, was wir als Gott verstehen: Liebe, Leben, ICH BIN, Gott-Vater-Mutter-Prinzip

Dies an all den jeweiligen Stellen im Text hinzuzufügen, würde den Lesefluss nur unnötig stören.

Kapitel 1 – Die Welt, in der wir leben

1. Die Illusion der Angst

Die Energie der Angst hat sich weltweit wie eine Seuche im Bewusstsein der Menschen verbreitet. In der Tat ist es so, dass wir selbst die Ursache dafür ins Leben gerufen haben. Einerseits wird über bedingungslose Liebe, Vertrauen, Einheit und Mut gesprochen, doch dann kommen selbsternannte Propheten daher, um Szenarien an den Weltenhimmel zu malen, von denen es vielen angst und bange wird!

> Der Geist der Wahrheit und der Geist des Irrtums:
> *„Ihr Lieben, glaubt nicht einem jeden Geist, sondern prüft die Geister, ob sie von Gott sind; denn viele falsche Propheten sind hinausgegangen in die Welt. Daran erkennt ihr den Geist Gottes: Ein jeder Geist, der bekennt, dass Jesus Christus im Fleisch gekommen ist, der ist von Gott; Und ein jeder Geist, der Jesus nicht bekennt, der ist nicht von Gott. Und das ist der Geist des Antichristen, von dem ihr gehört habt, dass er kommen werde, und er ist jetzt schon in der Welt. Kinder, ihr seid von Gott und habt jene überwunden; denn der in euch ist, ist größer als der, der in der Welt ist. Sie sind von der Welt; darum reden sie, wie die Welt redet, und die Welt hört sie. Wir sind von Gott, und wer Gott erkennt, der hört uns; wer nicht von Gott ist, der hört uns nicht. Daran erkennen wir den Geist der Wahrheit und den Geist des Irrtums. Ihr Lieben, lasst uns einander lieb haben; denn die Liebe ist von Gott, und wer liebt, der ist aus Gott geboren und kennt Gott." (1. Johannes 4, 1-7)*

> Die Vorzeichen, wie sich das Ende dieser Welt ankündigt, können wir auch bei Matthäus 24, 3-8 nachlesen. Da heißt es:
> *„Und als er auf dem Ölberg saß, traten seine Jünger zu ihm und sprachen, als sie allein waren: Sage uns, wann wird das geschehen? Und was wird das Zeichen sein für dein Kommen und für das Ende der Welt? Jesus aber antwortete und sprach zu ihnen: Seht zu, dass euch*

nicht jemand verführe. Denn es werden viele kommen unter meinem Namen und sagen: Ich bin der Christus, und sie werden viele verführen. Ihr werdet hören von Kriegen und Kriegsgeschrei; seht zu und erschreckt nicht. Denn es muss geschehen. Aber es ist noch nicht das Ende. Denn es wird sich ein Volk gegen das andere erheben und ein Königreich gegen das andere; und es werden Hungersnöte sein und Erdbeben hier und dort. Das alles aber ist der Anfang der Wehen."

Bedenkt, was bedingungslose Liebe für eine Allmacht offenbart, und bleibt in der Liebe.

So heißt es im 2. Korintherbrief 11, 12-18:
„Was ich aber tue, das will ich auch weiterhin tun, um denen den Anlass zu nehmen, die einen Anlass suchen, sich zu rühmen, sie seien wie wir. Denn solche sind falsche Apostel, betrügerische Arbeiter, und verstellen sich als Apostel Christi. Und das ist auch kein Wunder; denn er selbst, der Satan, verstellt sich als Engel des Lichts. Darum ist es nichts Großes, wenn sich auch seine Diener verstellen als Diener der Gerechtigkeit; deren Ende wird sein nach ihren Werken."

Im 2. Brief an die Korinther schreibt der Apostel Paulus:
„Zuletzt, Brüder und Schwestern, freut euch, lasst euch zurechtbringen, lasst euch mahnen, habt einerlei Sinn, haltet Frieden! So wird der Gott der Liebe und des Friedens mit euch sein. Grüßt euch untereinander mit dem heiligen Kuss. Es grüßen euch alle Heiligen. Die Gnade unseres Herrn Jesus Christus und die Liebe Gottes und die Gemeinschaft des Heiligen Geistes sei mit euch allen!" (2. Korinther 13, 11-13)

Es ist die Gnade der Liebe Gottes, der alles durchströmenden Christuskraft, die alles erneuern wird, zum Wohle und zum Lobpreis der Lebenskraft. Wenn du in der Liebe bleibst, so bleibst du in Gott, und Gottes Liebe wird dich durch die scheinbare Finsternis führen. Wie kannst du annehmen, dass du der „freundlichen" Dunkelheit entfliehen kannst, wenn sie denn in deinem Geist und Alltag mit dir ist? Mit deiner persönlichen „Verbildung" entfliehst du der „freundlichen" Drangsal in alle Winkel der Erde, vielleicht sogar in die Erde, doch diese Kraft kommt wie ein Dieb in der Nacht und wird dich fordern. Hast du deinen Glauben auf Sand gebaut, anstatt den Fels zu wählen? Wirf die falschen Propheten und Angstmacher aus deinem Leben und deinem Geist! Sie ziehen dich nur in den Abgrund mit ihren verdrehten Worten und Parolen, die nicht von der Liebe künden.

Bei Lukas 6, 36-42 heißt es:
„Seid barmherzig, wie auch euer Vater barmherzig ist. Und richtet nicht, so werdet ihr auch nicht gerichtet. Verdammt nicht, so werdet ihr nicht verdammt. Vergebt, so wird euch vergeben. Gebt, so wird euch gegeben. Ein volles, gedrücktes, gerütteltes und überfließendes Maß wird man in euren Schoß geben; Denn eben mit dem Maß, mit dem ihr messt, wird man euch zumessen. Er sagte ihnen aber auch ein Gleichnis: Kann denn ein Blinder einem Blinden den Weg weisen? Werden sie nicht alle beide in die Grube fallen? Ein Jünger steht nicht über dem Meister; wer aber alles gelernt hat, der ist wie sein Meister. Was siehst du den Splitter in deines Bruders Auge, aber den Balken im eigenen Auge nimmst du nicht wahr? Wie kannst du sagen zu deinem Bruder: Halt still, Bruder, ich will dir den Splitter aus deinem Auge ziehen, und du siehst selbst nicht den Balken in deinem Auge? Du Heuchler, zieh zuerst den Balken aus deinem Auge. Danach kannst du sehen und den Splitter aus deines Bruders Auge ziehen.“

Sieh die Vögel, die ihre Kinder in Form von Eiern zur Welt bringen. Diese Küken wachsen in einer scheinbaren Dunkelheit, umgeben von einer harten Schale, heran. Sie jammern und sie weinen nicht, doch eines Tages durchstoßen sie mit der ihnen innewohnenden Lebenskraft und ihrem spitzen Schnabel die harte Schale und erblicken das Licht der Welt, um eine Reise mit vielen Abenteuern zu erleben. Und dabei schenken sie der Welt ihre segensreichen Melodien.

Gleiches geschieht in dieser Welt mit den Menschen, die durch diesen Prozess, ihre Inkarnationen und Entwicklungsreisen erkennen werden, dass sie Gotteskinder sind, und dass ihr wirklicher Vater die intelligente Lebenskraft ist. Wenn wir vollumfänglich erfassen können, wer wir sind, so wird es kein „Unmöglich“ für uns geben – und alle Masken werden fallen.

Begib dich an einen ruhigen Ort und schau dir dein Leben an! Dann nimm ein leeres Blatt Papier und schreibe schonungslos all deine Gedanken auf, die sich mit der Energie der Angst und vielen Widersprüchen und Gegensätzen infiziert haben. Dein Geist ist ein Archiv von Widersprüchen, an denen du festhältst – sei es aus Tradition, Stolz, Eitelkeit, Hass, Zukunftserwartungen, der Vergangenheit usw.

Wie du leicht erkennen kannst, sind wir Meister im Verdrängen. Oftmals ist es uns zur Gewohnheit geworden, uns unsere lehrreichen Verfehlungen einzugestehen, um uns durch unsere daraus gewonnenen Erkenntnisse mit dem Juwel der Weisheit zu beschenken. Unser Stolz und unsere konditionierte Persönlichkeit möchten sich nicht entblößen, sondern unser Leben beherrschen! Wir machen uns lieber selbst etwas vor, indem wir anderen etwas vormachen, was nicht unserer Wirklichkeit entspricht. Wir reden es uns so lange ein, bis wir es selbst in unserem Geist als unsere Wahrheit abgelegt haben.

So ist das eben auch mit der Angst. Sie grassiert aus Gewohnheit in unserem Geist und ist oft ein willkommener Gast. Doch sie ist ebenso ein schlauer Verhinderer, dem wir die Energie zum Existieren schenken. Und somit wird sie immer wieder hervorkommen.

Sie ist unter anderem verantwortlich für Zweifel, Kummer, Sorgen, Leiden, Versagen, und dadurch für viele körperliche Fehlfunktionen. Wir haben oft Angst vor der Angst und suchen nach einem Ausweg aus diesem Teufelskreis. Schau in dich oder in die Welt hinein, die wir erschaffen haben. Angst wird oft auch als Mittel zum Zweck benutzt, ob als Druckmittel, das dann die Energie der Angst im selbst gewählten Gegenspieler hervorruft (z.B. Nationen, Führungspersönlichkeiten, Familien, Freunde, Bekannte, Nachbarn, Kollegen, Unternehmen, Vereine usw.), oder um Mitleid in unseren Mitmenschen hervorzurufen.

Oft wird Angst mit *„Sei aber vorsichtig!"* verwechselt. Vorsicht kommt von Voraussicht.

Unlängst hörte ich eine Nachbarin ihrem Ehemann nachrufen: *„Fahr bitte vorsichtig!"* Oder eine liebevolle Mutter sagt oft zu ihren Kindern: *„Bitte seid vorsichtig."* Hier offenbart sich uns keine Angst, sondern im Grunde Liebe und Weisheit. Ein Fahrzeug vorausschauend zu fahren, einen Berg mit der gebotenen Umsicht zu besteigen, bei der Arbeit oder beim Einkaufen auf dem Markt achtzugeben, oder wobei auch immer. Dadurch können wir manchmal den uns beschleichenden Leichtsinn vermeiden. Es vergeht kein Tag, der nicht mit der Energie der Angst und vielen Widersprüchen in unserem Geist einhergeht. Das gesellschaftliche Bewusstsein ist durchtränkt davon. Im Grunde sollten wir dies bereits erkannt haben, weil es immer wieder Menschen gab, die uns die wahren Ursachen der Angst aufgezeigt haben.

> Jesus, der Christus, sagte doch auch: *„Furcht ist nicht in der Liebe, sondern die vollkommene Liebe treibt die Furcht aus. Denn die Furcht rechnet mit Strafe; wer sich aber fürchtet, der ist nicht vollkommen in der Liebe." (1. Johannes 4, 18)*

Jesus sagte oft zu seinen Jüngern: *„Fürchtet euch nicht!"* Diese aufbauenden Worte zeigen uns doch deutlich, dass wir nicht im absoluten Gottvertrauen wandeln. Wenn wir selbst unsere Ängste im Inneren betrachten, können wir erkennen, dass es im Grunde nur Gedankenkonstrukte sind, also Energiewesen, denen wir Lebenskraft abgeben. Wir sind die Träumer, die Schöpfer; denn das lebendige Wort, das Fleisch wurde, lebt in uns.

> Was sagte dieser grandiose Meister: *„Ich und der Vater sind eins."*, und weiter: *„Er bleibt immer in mir; es sind die Werke meines Vaters, die er durch mich offenbart."*

Was erkennen wir dadurch? An was du auch immer *wirklich intensiv* glaubst *(und im Wissen bist, dass du es bereits bekommen hast – dass ES ist)*, das wird sich in deinem Leben gewiss manifestieren. Jetzt frage dich einmal selbst, und blicke in dein innerstes Kämmerlein, was für Glaubensmuster du vor dir und deiner Welt versteckst? Aufrichtigkeit ist ein segensreicher Weg, um sich von diesen Angstwesen zu befreien.

Frau S. aus NRW, die vor vielen Jahren zu mir geschickt wurde, bat mich um Hilfe. Anfangs traf ich sie einige Male persönlich, obwohl ihr Wohnort über zweihundert Kilometer von mir entfernt war. Seit unserem ersten Gespräch sind viele Jahre vergangen, und sie war damals ein sehr unsicheres Wesen, das eine Angst nach der anderen offenbarte. Sie musste lernen, auf eigenen Füßen zu stehen. Sie wünschte sich eine gemütliche Wohnung und eine Arbeit, die ihr Freude machen würde. Ich sagte zu ihr: „*Liebe Frau S., wir werden einen Schritt nach dem anderen tun. Sie werden in Ihrem täglichen Leben ab jetzt erkennen können, dass sich die Dinge zur universellen Ordnung hinbewegen werden. In Ihrem Geist kann ich einiges an Unrat und Müll erkennen. Wenn Sie jetzt aufmerksam sind, dann werden Ihnen nicht meine Worte einen goldenen Weg aufzeigen, sondern das Leben wird ihn Ihnen zeigen. Vertrauen und bauen Sie auf die göttliche Führung in Ihnen.*“
Kurze Zeit danach klingelte mein Telefon, und es meldete sich Frau S. am anderen Ende der Leitung: Sie bat mich um Begleitung und Führung, da sie in der Dunkelheit der Nacht zur Bushaltestelle einen längeren Weg zurücklegen musste. Es war Winterzeit, und sie machte sich bereits in den frühen Morgenstunden auf den Weg. Sie sagte noch zu mir, dass sich manchmal finstere Gestalten um die Bushaltestelle herumtrieben. Sie gab also im Vorfeld diesen Menschen eine finstere Prägung, die in ihr Angstgefühle erzeugte. Da sie mich kannte und mit mir bereits einige außergewöhnliche Dinge erleben durfte, hatte sie ein sehr starkes Vertrauen in mein Gottvertrauen *(Selbstvertrauen)* bekommen. Letztlich war es nicht ihr Selbstvertrauen, sondern das einheitliche, universelle Selbstvertrauen, das sich durch mich als menschliches Individuum in ihrem Bewusstsein verstärkt offenbarte. Im Grunde hatte ich sie in diesem

Augenblick in das universelle Bewusstsein aufgenommen, das mit mir eins ist.
Was sagte Jesus Christus? *„Ich und der Vater sind eins, was der Vater tut, das tut auch sein Sohn!“*

Wie oft sagte ich auch zu dieser Frau: *„Fürchte dich nicht, Gott ist immer mit dir.“* So rief diese Frau mich noch viele Jahre an, doch was macht das schon, wir sind alle miteinander verbunden. In der Wiederholung offenbart sich im rechten Moment die erlösende Weisheit. Wenn dasselbe „Schäflein“ immer wieder die Herde verlässt, so wird der Hirte es doch auch immer wieder suchen und in seine Arme nehmen und sich an dessen Fortschritten erfreuen. Gewiss kommt der Tag, an dem es sich nicht mehr von der Herde entfernen wird.
So erging es auch Frau S.. Eines Tages hatte sie die Worte so in ihr Bewusstsein aufgenommen, dass sie wusste: Ich brauche mich nicht zu fürchten, denn ich bin es selbst, die dieser Angst Leben einhaucht. Bevor sie sich zur Nachtruhe bettete, sagte sie stets: *„Ich bitte um Führung und Erkenntnis.“*

„Ich fürchte mich nicht, denn Gott ist bei mir.“

All die Telefonate und persönlichen Gespräche hatten also Früchte getragen. Wenn wir eine Frucht oft genug in uns aufnehmen, zum Beispiel einen Apfel, so werden wir eines Tages nicht nur den Geschmack dieser Frucht wahrnehmen. Sie ist mehr als nur eine Frucht. Bis zum heutigen Tage begleitet mich diese Frau, und ihr Gottvertrauen wird immer kraftvoller. Sie reift von Erkenntnis zu Erkenntnis zu einem souveränen Wesen heran. All die täglichen Herausforderungen dienen ihrer Entwicklung! Es ist weise und zeugt von Selbsterkenntnis, wenn wir uns eingestehen, dass ein Meister nicht einfach vom Himmel fällt. Es ist das Leben, das uns zum Meister unseres Seins macht, in dem wir unser *Selbst* erkennen.

Wir können daraus ersehen, dass wir einander helfen können, wenn wir unsere Masken auch wirklich ablegen wollen, anstatt auf der selbsterschaffenen Bühne der Illusionen den Eitelkeiten unserer konditionierten Persönlichkeit auf den Leim zu gehen, wie Frau S., die aus einfachen Verhältnissen stammte, und die durch Unwissenheit immer wieder Fehlfunktionen im Geist-Körper-System manifestierte und im täglichen Leben ins Schwingen brachte. Diese Störungsmuster offenbarten sich dann in ihrem Körper, um erlöst zu werden. Im Grunde sind sie Helfer, die uns zum Erkennen unserer Göttlichkeit drängen! So ergeht es doch sehr vielen Menschen, und all diese Menschen wünschen sich, dass sich ihr Leben irgendwann leichter anfühlt. Es sind oft diese Menschen, die durch das Leben, das sie gewählt haben, in einer Weise gefordert werden, dass sie sich im Leben verloren fühlen. Da braucht es liebevolle, selbstbewusste Menschen, die als Verstärker der unvorstellbaren Kraft der Liebe auf diese Menschen einwirken und sie mit Rat und Tat unterstützen. Wir dürfen uns immer selbst an der eigenen Nase packen, um erst einmal bei uns selbst aufzuräumen!

Wie lauteten die Worte unseres geliebten Meisters Jesu: „*Wer hier ohne Sünde (Verfehlung) ist, der werfe den ersten Stein.*“ Manche würden diese Frau als naiv bezeichnen. Aber ist sie das?

Wie oft haben wir von einem Kind oder Erwachsenen gehört, die in ihrem Wohnort als sehr naiv galten. Sie scheinen nicht sonderlich intelligent zu sein (so die allgemeine Meinung), doch im Grunde verfügen sie über eine tiefgründige Intelligenz und eine außergewöhnliche Liebenswürdigkeit. Ihre Freundlichkeit gegenüber ihren Mitmenschen ist oft vorbildlich und sie haben ein offenes, manchmal sogar ansteckendes Lächeln.

Wenn wir tief in das Herz eines Menschen schauen, so werden wir das *eine Licht* wahrnehmen – Liebe! Die Wirklichkeit wird sich der Menschheit mehr und mehr öffnen, weil das Licht die Dunkelheit überwunden hat. Wir nehmen uns oft so wichtig und sind der Meinung, mit unserer konditionierten Persönlichkeit unbesiegbar zu sein, obwohl es jeden Menschen in einem Augenblick treffen kann. Sich etwas einzugestehen, zeigt doch nur, dass wir dem Leben gegenüber demütig sind und dass wir dabei sind, uns selbst wirklich zu erkennen! Hochmut kommt immer vor dem Fall! Auch wenn wir Leben um Leben (Inkarnationen) noch viele Seitenwege wählen, so stehen wir irgendwann alle vor dem Nadelöhr, von dem Jesus Christus sprach.

Abb. 1: Das letzte Abendmahl – links von Jesus sieht man Johannes, der in der kirchlichen Tradition mit dem „Lieblingsjünger" Jesu aus dem Johannesevangelium identifiziert wird. Johannes stand als einziger Jünger unter dem Kreuz.
In der Abendmahl-Darstellung von Leonardo da Vinci hat dieser den Jünger Johannes sehr feminin dargestellt, sodass es die Interpretation gibt, das Bild zeige Maria Magdalena. Als Argument wird dabei auch vorgebracht, dass man einen Brustansatz erkennen könne, wenn man das Bild vergrößert.

2. *Weshalb suchst du, wenn du es selbst bist?*

Vor unseren Augen vollzieht sich für alle, die da wirklich sehen, sichtbar ein Weltenwandel. Er offenbart sich mit einem globalen Erwachen der Menschheit. Tag für Tag öffnen Menschen verschiedenster Glaubensrichtungen und auch solche, die angeblich an gar nichts glauben, ihre Herzen für das Außergewöhnliche und Unergründliche (im Grunde für die *Normalität des Göttlichen*). Dieses Erwachen geht mit außergewöhnlichen Widrigkeiten, Lebens- und Glaubensveränderungen einher. Es wird an den Festen unserer konditionierten Wissenserkenntnis gerüttelt. Wir werden dadurch eventuell aus unseren gewohnten Bahnen geworfen. Manchmal sind es schmerzhafte Ereignisse, die uns für einige Zeit fordern, und wir fragen uns dann: *„Warum muss es ausgerechnet mich bzw. meine Familie treffen?“* Wir nennen es oft „Schicksalsschlag“. Was es in der Tat auch ist, doch im Grunde findet ein segensreiches Wachrütteln statt.

Ich hörte von einem kleinen Jungen, dessen Familie in Amerika in einem Ort auf dem Land lebt und dessen Papa Prediger ist. Beide Eltern glauben an Gott. Eines Tages bekam dieser Junge sehr hohes Fieber. Daraufhin fuhren ihn die Eltern sofort in die nächste Klinik. Die Diagnose lautete: akuter Blinddarmdurchbruch. Es wurde umgehend eine OP eingeleitet. Den Eltern wurde gesagt, dass die Situation des Jungen sehr kritisch sei, sie müssten mit allem rechnen. Von jetzt auf nachher wurde ihr Gottvertrauen auf die Probe gestellt, und der Papa des Jungen haderte mit Gott und sagte: *„Weshalb mein Junge?“* Auf sein Flehen folgten Frustration und Wut. Schließlich rief er mit flehender Stimme erneut: *„Bitte, nicht meinen Jungen!“*
Es sei dazu gesagt, dass Gott grenzenlos, unendlich und die bedingungslose Liebe ist – eben eine neutrale Kraft. Der universelle Strom, den wir unter anderem auch Heiligen Geist, Gottesstrom oder universelle Liebe nennen, ist aus Sicht der geistigen Wissenschaft eine elektromagnetische Essenz. Das *intelligente LEBEN*

fordert uns durch solche Ereignisse auf, diese Kraft, und somit das Gott-Vater-Mutter-Prinzip, wirklich zu erkennen.

Diesbezüglich möchte ich dich auf folgende Worte, wie es bei Johannes 1, 9-13 steht, hinweisen: *„Das wahre Licht, das jeden Menschen erleuchtet, kam in die Welt. Er war in der Welt, und die Welt ist durch ihn geworden, aber die Welt erkannte ihn nicht. Er kam in sein Eigentum, aber die Seinen nahmen ihn nicht auf. Allen aber, die ihn aufnahmen, gab er Macht, Kinder Gottes zu werden, allen, die an seinen Namen glauben, die nicht aus dem Blut, nicht aus dem Willen des Fleisches, nicht aus dem Willen des Mannes, sondern aus Gott geboren sind."*

Verstehst du, was damit gemeint ist? Wir sind die Blinden, die sich von Blinden führen lassen, anstatt dem Christus, der in uns wohnt, nachzufolgen.

Jesus wandelte als fleischgewordener Christus in dieser Welt und sagte mit klaren Worten: *„Ich bin die Auferstehung und das Leben. Wer an mich glaubt, der wird leben, ob er gleich stürbe; und wer da lebet und glaubet an mich, der wird nimmermehr sterben." (Johannes 11, 25-26)*

Du kannst daran erkennen, dass wir im täglichen Leben sämtliche Ursachen in unserem Inneren finden. Das Relative oder die äußere Welt ist nur ein Schatten der Wirklichkeit. Unsere Gedanken sind die Saat, die unsere Welt formt. Wir müssen nicht im Außen nach Christus oder Gott-Vater-Mutter suchen. Alles, was wir benötigen, um die wirkliche Freiheit erleben zu dürfen, haben wir in uns.

Kommen wir jetzt nochmals auf die Geschichte mit dem kleinen Jungen zurück. Er lag also auf dem OP-Tisch, und das Ärzteteam unternahm alles Menschenmögliche, um diesen Jungen vor dem körperlichen Tod zu bewahren. Die Eltern warteten auf ein Zeichen der Ärzte, ob ihr Sohn die OP überlebt hatte. Bange Stunden ver-

gingen, bis ein Arzt kam, um sie zu ihrem Sohn zu begleiten. Da lag er nun, die Augen bereits geöffnet und mit Leben erfüllt. Für die Ärzte war es ein Wunder, und diese Nachricht verbreitete sich bis in den Heimatort der Familie. In den darauffolgenden Tagen erzählte der Junge beim gemeinsamen Spielen seinem Papa, dass er bei der OP seinen Körper verlassen hatte. Er hatte seine Mama, seinen Papa und auch die Ärzte gesehen. Weiterhin erzählte der Junge, dass die Engel bei der OP geholfen haben, und dass es an Gottes Hilfe lag, dass er am Leben blieb.
So war er auch im Himmel und sah Jesus und seinen Urgroßpapa. Sein Papa wollte das, obwohl er Prediger war, anfangs nicht wirklich glauben, bis er durch die Erzählungen seines Sohnes über seinen Großpapa und weitere Geschehnisse seine Zweifel loslassen konnte. Obwohl dieser Junge erst einige Jahre auf Erden weilte, führten seine Erlebnisse mit Jesus und den Engeln dazu, dass vielen Menschen dadurch eine Tür zur Selbsterkenntnis geöffnet wurde. Es gab für seine Mama und für seinen Papa keinen Zweifel mehr daran, dass ihr Söhnchen den Himmel bewusst hatte sehen dürfen.

Was möchte uns diese Geschichte zeigen? Alles ist in einem Moment möglich. Der Junge sagte seinem Papa auch, dass er sich keine Sorgen machen solle. Wie oft erzählen oder schreiben mir Menschen von ihren Sorgen und Ängsten.

So war das auch mit Frau M., die sich ständig um ihre Kinder sorgte. Eine Freundin, Frau I., erzählte ihr von mir, und so rief sie mich eines Tages an, um mich um Rat und Hilfe zu bitten.

Ich sagte ihr: *„Liebe Frau M., ich möchte Ihnen einige Worte mitteilen, die Jesus Christus einst dem blinden Bettler Bartimäus sagte, als dieser schreiend umherlief und Jesus ihn zu sich rief.“*

„‚Geh hin, dein Glaube hat dir geholfen.‘ Und sogleich wurde er sehend und folgte ihm nach auf dem Wege.“ (Markus 10, 52)

War es wirklich der Glaube des blinden Bettlers, der ihn geheilt hat? Oder war da etwas, das ein entscheidender Faktor war, um die atomare Struktur eines schreienden Bettlers in die göttliche Ordnung zu bringen? Wir können der Geschichte entnehmen, dass Bartimäus bereits in der Störung lebte und sein Glauben auch von Zweifel durchwoben war. Konnte der Glaube dieses verstörten Mannes ihn wirklich heilen?

Ein weltliches Beispiel dazu: Wie wir wissen, erfordert es eine Stromspannung von 220-230 V, wenn wir eine Glühbirne mit den Herstellerangaben „100 W/220-230 V" zum Leuchten bringen möchten. Das heißt: Eine niedrigere Spannung von beispielsweise 50 Volt würde diese Glühbirne nicht zum Leuchten bringen. Übertragen wir dieses Beispiel auf die Situation von Jesus und Bartimäus. Wer von beiden hatte die Niedrigspannung und wer die erforderliche Stromspannung, um die kalte Lötstelle im Bewusstsein in einen gebrauchsfähigen Zustand zu versetzen? Das Bewusstsein Jesu war bei dieser Begebenheit mit dem Bettler von der Christuskraft durchflutet. Wie sah das jedoch bei Bartimäus aus, der bereits in der Störung der Blindheit lebte, und dessen Bewusstsein dadurch nicht grenzenlos sein konnte? In Wirklichkeit war es nicht der Glaube des blinden Bettlers, der ihn geheilt hat, sondern das Bewusstsein dieses Meisters, der im Wissen war (und ist), dass alles, was wir in dieser Welt mit unseren Augen sehen können, dem Äther entspringt. Steine, Bäume, Tiere, Menschen, Erde, Wasser, Luft, Feuer – all dies schwingt in einer Frequenz, der Gottesfrequenz der Liebe. All dies wird von einem elektromagnetischen Strom durchflutet.

Tatsache ist doch, dass auch diese Frau von ihrem schwachen Glauben daran gehindert wurde, sich aus ihrer Störung zu befreien. Es braucht Erfahrungen, die sich im Leben zu gegebener Zeit offenbaren, und schließlich auch die erforderliche Selbsterkenntnis, sie in das eigene Leben zu rufen. Bedingungslose Liebe (absolutes Selbstvertrauen), Wissen und Weisheit sind bei einem konditionierten

Wesen nicht selbstverständlich vorhanden! So sagte auch ich zu dieser Frau: *„Ihr Glaube wird einen Anteil an Ihrer Heilung haben, doch letztlich ist es immer die Christuskraft in Ihnen selbst. Ich bin nur ein Fürsprecher und Wegweiser, der auf die eine Quelle hinweist.“*
Über die vielen Jahre hinweg konnte ich erkennen, dass Frau M. sich weiter entwickelt hatte. Ich kann mich noch an ihre starken Ängste erinnern, die bereits beim Telefonieren mit mir von ihr abfielen. Ein weiser Mann sagte einmal zu mir: *„Eine liebevolle, kraftvolle und ruhige Stimme offenbart in ihrer Melodie eine heilige Frequenz, und in einem unruhigen Herzen schwingt die Liebe nicht in ihrer Ursprungsenergie!“* Das waren wahrlich weise Worte.
Wie wir wissen, ist das gesamte Nervensystem mit dem Herzzentrum verbunden. Wie oft erklärte ich dieser Dame: *„Die Ursache Ihrer Sorgen und Ängste sind Sie selbst. Ändern Sie Ihre Einstellung und lassen Sie Ihre Kinder ihre Erfahrungen machen!“* Sie sagte mir, dass sie sich als treue Katholikin (mit einigen Pilgerfahrten, z.B. nach Lourdes, Rom, Fatima und Medjugorje) wünsche, dass auch ihre Kinder fromme Christen würden.
Daraufhin folgten deutliche Worte meinerseits: *„Was heißt hier ‚fromme Christen', schauen Sie sich diese Welt doch an! Sind nicht wir Menschen die Ursache dieser verstrickten Welt? Wir allein tragen die Verantwortung, und nicht Gott. Gott ist das Leben, und diese Lebensenergie ist der Stoff, aus dem wir unsere Welt erschaffen haben.“*

Also mir war sonnenklar, dass Frau M. durch ihren starken Glauben an die katholische Kirche eine Eintrübung ihrer Wahrnehmung für das einzig Grenzenlose, die bedingungslose Liebe, erfahren hatte. Warum war sie so oft verzweifelt? Sie selbst war die Ursache! Scheinbar hatten sich ihre Kinder diesbezüglich von ihr entfernt. Ihrem Glauben an eine Macht im Außen wollten ihre Kinder nicht wirklich folgen. Sie war darüber traurig, doch im Grunde waren ihre Kinder nur aufrichtig zu sich selbst. Die Art und Weise, wie die Mutter sie bedrängte, war ihnen zu aufdringlich – es sollte allein ihre Entscheidung sein, ob sie einer Religion folgen. Ich sagte ihr:

„Haben Sie Vertrauen in die göttliche Kraft. Sie wird Ihre Kinder führen und mit Erkenntnis segnen.“ Des Weiteren gab ich ihr den Rat: *„Beten Sie für Ihre Kinder um Führung und Erkenntnis, alles andere wird Ihren Kindern im rechten Moment gegeben. Seien Sie dankbar, dass alle Ihre Kinder ihren eigenen Weg gehen möchten.“* Noch heute ruft mich diese Dame an, um mich um Rat zu bitten. Was soll ich sagen, viele Gespräche und das Wasser des Lebens, wie es einst Jesus so erhaben sagte, führten dazu, dass Frau M. ihre Kinder jetzt losgelassen hat und an sich selbst arbeitet. Sie betreibt mittlerweile eine konsequente und intensive *(nicht psychologische – denn es gibt wirkungsvollere Methoden)* Ursachenforschung bei sich selbst, und das führt eben auch zu konstruktiven Veränderungen in ihrem Leben.

Bringen wir es auf den Punkt mit folgender Botschaft, die du bei *Lukas 12, 31* nachlesen kannst: *„Sucht zuerst das Reich Gottes und seine Gerechtigkeit – alles andere wird euch dazugegeben werden.“* Dieses Gleichnis offenbart eine Verbindung zu einem anderen Gleichnis, das wir bei Matthäus 6, 26 nachlesen können: *„Sehet die Vögel unter dem Himmel; sie säen nicht, sie ernten nicht, sie sammeln nicht in die Scheunen; und euer himmlischer Vater nährt sie doch. Ihr seid viel mehr denn sie.“*

Jesus möchte uns ermahnen, uns nicht in selbsterschaffenen Sorgen zu verlieren. Wir würden uns dadurch nur vom Leben, das Gott ist, entfernen. Sorgen sind weitere Irrlichter, denen der überwiegende Teil der Menschheit folgt.

3. Der Spiegel Gottes oder die Offenbarung der Wirklichkeit

Es gibt immer mehr Menschen auf Erden, die es offensichtlich erkannt haben, dass Gott sich *wirklich* durch unseren Leib, unsere Seele und unseren Geist offenbart.

„Im Anfang war das Wort, und das Wort war bei Gott, und das Wort war Gott. Im Anfang war es bei Gott. Alles ist durch das Wort geworden, und ohne das Wort wurde nichts, was geworden ist. In ihm war das Leben, und das Leben war das Licht der Menschen." (Johannes 1, 1-4)

Im »Handbuch für Götter« wie auch in anderen Büchern findest du diesbezüglich weitere Informationen. Grundsätzlich liegt es auf der Hand: Gott erschuf uns nach seinem Bilde und Gleichnis. Das heißt dann natürlich, dass die göttliche All-Kraft, der wir u.a. auch den Namen „Gott" gegeben haben, sich durch uns als menschliche Individuen, unseren Geist bzw. unser Geist-Körper-System ausdrückt.

Jesus offenbarte uns diese Tatsache, indem er sagte: *„Ich und der Vater sind eins"*; und weiter: *„Es sind seine Werke, die er durch mich vollbringt."*

Was sehen wir, wenn wir uns nach einem erholsamen Schlaf am Morgen im Spiegel anschauen? Ein entspanntes Gesicht. Wir fühlen uns wohl und energiegeladen. Wir hatten uns vor der Nachtruhe bewusst von störenden Gedanken befreit und sie wie Wolken am Himmel vom Winde davontragen lassen. Wir fühlten uns dabei vielleicht wie Jonathan, die Möwe, die einer von Tradition geprägten Möwengemeinschaft entfliehen wollte und dies dann auch in die Tat umsetzte. Es erforderte viel Mut, Hingabe und eine konstante Willensstärke. So ist es auch mit uns Menschen. Der Alltag holt uns oft am Abend ein und begleitet uns dann auch noch in unserem Schlaf bzw. *(unruhigen)* Träumen. Wer kennt das nicht – Einschlafprobleme. Wir sind es selbst, die Störenfriede oder Unruhegeister herbeirufen, indem wir sie wie Räuberarmeen in unser Geist-Königreich eindringen lassen. Wir sind die Verantwortlichen für diese Belagerung, obwohl das Spiegelbild Gottes *(das Bewusstsein von Gott-Vater-Mutter)* in uns wohnt und uns in jedem Augenblick die Hand reicht. Das heißt: Wir sind immer mit dieser Christuskraft verbunden, weil wir es im Grunde mit Leib und Seele sind!

Es kann nur *Einen* geben! Folgende Frage könnten wir uns selbst stellen: Waren wir oder sind wir bereits so konstant in unserer Hingabe, Bereitschaft und Liebe, um dieses Spiegelbild Gottes, den Christus in uns, dieser Welt, in der wir leben, offenbaren zu können? Es steht bereits in der Bibel und in vielen weisen Büchern: Christus lebt in unserer Seele, und wie könnte es auch anders sein? Wir sind durch das Wort erschaffen worden, und das Wort ist das Leben, das uns beatmet und bewegt.

Du kannst so oft in den Spiegel schauen, wie du willst. Es wird immer das Relative sein, das du siehst, da der Spiegel, in den du schaust, das Relative ist.

Wie sagte einst Jesus zur Samariterin am Jakobsbrunnen? „*Gott ist Geist, und die ihn anbeten, die müssen ihn im Geist und in der Wahrheit* (Wirklichkeit) *anbeten. So spricht darauf die Samariterin zu ihm: Ich weiß, dass der Messias kommt, der da Christus heißt. Wenn dieser kommt, wird er uns alles verkünden* (offenbaren)."

Jesus spricht zu ihr: „*ICH BIN's, der mit dir redet.*" *(Johannes 4, 24-26)*

Jesus offenbarte den Christus, den *Einen,* den einzigen Sohn Gottes. Christus ist weder männlich noch weiblich, sondern einfach die Liebe, das Bewusstsein Gottes. Wenn sich also der Spiegel Gottes in uns und in allem Leben offenbart, so schauen wir ihn im Inneren unseres Seins.

Zur Veranschaulichung: Du wohnst in einem Haus mit freiem Blick nach Osten. Was siehst du, wenn du dich an einem grauen Morgen von deinem Nachtlager erhebst und Richtung Osten blickst? Einen wolkenverhangenen Himmel. Wir könnten nun dieses Bild in unserem Geist bewusst verändern. Wir erträumen also eine andere Realität und projizieren sie auf die Kinoleinwand in unserem Kopf (Stirnlappen). Lösen wir doch einfach die grauen Wolken auf! Wir sehen nun einen blauen Himmel mit einer leuchtend aufgehenden Sonne am Horizont. So verhält es sich mit dem Spiegelbild Gottes in uns: Wenn wir bewusst an all unseren Störungen in unserem Inneren arbeiten, unseren Geist und Körper entstören, so wird sich das Spiegelbild Gottes in uns wie ein Phönix aus der Asche erheben, und der Lebensstrom kann ungestört fließen.

> Darum sagte Jesus: *„Du sollst den Herrn, deinen Gott, lieben mit ganzem Herzen, mit ganzer Seele, mit ganzer Kraft und mit all deinem Denken." Das ist das wichtigste und erste Gebot. Ebenso wichtig ist das zweite: „Du sollst deinen Nächsten lieben wie dich selbst." (Matthäus 22, 37-39)*

Was du auch immer schaust, es kann nur der einen Quelle, der Liebe, entstammen. So siehst du das Spiegelbild Gottes in deinem Innern, wie auch in deinem Nächsten, denn der Nächste ist immer der Eine *(„eins mit dir")*, da es niemals eine Trennung gab, da Gott unendlich und grenzenlos ist. Wäre es anders, so wäre Gott nicht unendlich.

Wir erschaffen täglich Trennung in unserer Welt, und das ist auch der Grund, warum sich meist kein wirklicher Frieden im Geist des Menschen offenbart und sich dadurch in unserer selbsterschaffenen Welt widerspiegelt. Diese Welt wird also ein Ende haben, um daraufhin eine grenzenlose Welt zu offenbaren.

Auch hier zeugen Jesu Worte von einem Reich, das da kommen wird, wenn die Welt die Reife erreicht hat. *„Siehe, ich bin bei euch alle Tage bis ans Ende der Welt." (Matthäus 28, 20)* Und auch in der „neuen Welt" wird Christus anwesend sein, denn er ist das *LEBEN*.

Gehen wir in die Natur und wandern dabei über Wiesen, durch Wälder und Auen, so sehen wir ein grenzenloses Spiegelbild Gottes. Eine blühende Natur, die uns nicht nur berührt, sondern von Kopf bis Fuß leichter macht. Da gab es eine Dame in Mannheim; sie sagte mir damals, dass ihr immer schwindlig wird, wenn sie im Wald spazieren geht. Ich fragte: „*Was machen Sie beruflich?*" Sie antwortete, sie sei die Geschäftsführerin eines Unternehmens. Ich traf sie vor Ort, und sie empfand meine Gegenwart sichtlich als wohltuend, denn unser Gespräch zog sich in die Länge. Im Laufe des Gesprächs erzählte ich ihr, dass die Frequenzen in der Natur auf unseren Körper eine harmonisierende Wirkung haben. Ich sagte ihr auch, dass Menschen mir oft erzählen, dass sie oftmals einen längeren Spaziergang in der Natur machen, wenn sie sich unausgeglichen fühlen, und dadurch Erleichterung erfahren. Die Natur ist also auch ein reines Spiegelbild Gottes, eine Erinnerung für uns als Menschen, dass wir so liebend, so grenzenlos und außergewöhnlich wie ein Baum sein sollten, der die Nächstenliebe auf eine Art und Weise praktiziert, dass jedes Wesen seine Gastfreundschaft genießen kann. Es ist doch offensichtlich, ob Raub- oder Singvogel, ob Wildkatze oder Eichhörnchen, ob Schlange oder Mäuslein, ob Schmetterling oder Raubwespe, ob Räuber, Dieb, Mörder, Richter, Tyrann oder Opfer – alle sind in der Natur herzlich willkommen. Bäume sind lebendige Wesen, die in ihrer Demut alles ertragen und bereits vor den Menschen auf Erden waren.

Das zeigt uns, dass wir auch von der Natur mit ihrer ganzen Vielfalt lernen können. Jesus liebte nicht nur alle Menschen, er liebte einfach das Leben, da er wusste, es ist das lebendige Spiegelbild Gottes im Relativen und auch der Ausdruck des Heiligen Geistes.

Diese Frau aus Mannheim wollte sich meine Worte zu Herzen nehmen und ihr Leben ausgeglichener gestalten. Ich habe sie seit dieser Begegnung bis heute nicht wiedergesehen, habe Namen und Unternehmen vergessen (hinterlegt im *Buch der Vergangenheit*), doch mir ist bewusst, dass Gottes Wege unergründlich, doch erfüllt von Weisheit sind. Wir sollten nicht von Dingen und Menschen abhängig sein, sondern einzig von Gott, denn Gott ist *LEBEN* und *LEBEN* ist *SEIN*. Der Alltag lehrt uns durch die Begegnung mit Menschen und Dingen, inwieweit wir noch abhängig von Menschen, Dingen, Gewohnheiten, Traditionen, Süchten und den verschiedensten Gefühlsmustern sind.

Abb. 2: Jesus – er offenbarte den Christus

4. Erkenne und akzeptiere die Allgegenwart

Viele Menschen wünschen sich ein Wunder in ihrem Leben. Andere warten auf die Wiederkunft Christi oder trauern ihrer ach so glorreichen Vergangenheit nach. Sie hoffen auf eine *bessere* und im Grunde aufrichtigere Zukunft und leben dadurch nicht im Jetzt. Sie pendeln von der Vergangenheit in die Zukunft. Das Fundament ihres täglichen Lebens basiert auf den Säulen dieser Glaubensmuster. Wir können eine Welt erkennen, die sich abmüht voranzukommen, weil viele Menschen vergessen haben, was jenseits von Gut und Böse, von Vergangenheit und Zukunft existiert, eben nichts, und doch beherbergt dieses Nichts alle Möglichkeiten. Es ist ein unendliches „Nichts", und doch materiell sowie aller Dinge Urgrund.

Kürzlich saß ich mit einigen Menschen an einem Tisch und erzählte ihnen, wie schon so oft, von der glorreichen Botschaft Jesu, die uns im Grunde einen goldenen Weg aufzeigt. Jesus sprach davon, dass das Himmelreich Gottes nah ist. Seine Worte waren die Worte seines Vaters, und für Gott-Vater-Mutter sind zweitausend Jahre ein Augenblick in der Ewigkeit allen Seins. Die Anwesenden nahmen meine Worte aufmerksam auf, und was denkst du, was nach ca. 15 bis 20 Minuten geschah? Ich fragte Frau S., wie sie sich jetzt fühlt, und erinnerte sie daran, dass sie solches schon so oft in dieser Art erleben durfte. Ich sagte: *„Du hast all deinen Kummer über deine Familie und auch deine körperlichen Beschwerden vergessen. Ist das so?"* Sie erwiderte mit einem entspannten Lächeln im Gesicht: *„Ja, es ist so grandios. Danke."* In der Tat ist es diese heilsame Frequenz, die sich im Raum verbreitet und alle Störungen auflöst, wenn die anwesenden Menschen aufmerksam mit Herz und Verstand auch wirklich achtsam hinhören, anstatt in Gedanken an die Vergangenheit oder Zukunft gefangen zu sein. Wenn die Worte des Redners eine solche Energie offenbaren, dass die anwesenden Menschen in ihren Bann gezogen werden, dann geschehen Wunder, die, wie wir wissen, im Grunde keine sind. Wir selbst haben es in der Hand, und es wurde uns der freie Wille gegeben, wem wir folgen wollen.

Viele Menschen kennen den Psalm 23, der uns doch eigentlich deutlich machen sollte, dass die Allgegenwart Gottes bei uns ist und es einzig auf unseren Glauben ankommt. Dem göttlichen Selbst zu vertrauen, bringt uns durch alle Täler der Erfahrungen – und wenn sie uns noch so fordern.

Davids Psalm im Wortlaut: *„Der HERR ist mein Hirte, mir wird nichts mangeln. Er weidet mich auf einer grünen Aue und führet mich zum frischen Wasser. Er erquicket meine Seele. Er führet mich auf rechter Straße um seines Namens willen. Und ob ich schon wanderte im finstern Tal, fürchte ich kein Unglück; denn du bist bei mir, dein Stecken und Stab trösten mich. Du bereitest vor mir einen Tisch im Angesicht meiner Feinde. Du salbest mein Haupt mit Öl und schenkest mir voll ein. Gutes und Barmherzigkeit werden mir folgen mein Leben lang, und ich werde bleiben im Hause des HERRN immerdar."*

Das zeigt uns, dass der mutige David mit einem starken Selbstvertrauen gesegnet war – ein Selbstvertrauen, das auch wir erlangen können, wenn wir bereit sind, uns wirklich auf das Außergewöhnliche, das Unendliche, das Grenzenlose, einzulassen. Die Allgegenwart Gottes ist unergründlich, doch wir können sie spüren, und sie lässt uns atmen. Wir leben, weil sie das Leben ist. Die Allgegenwart Gottes ist unser Hirte, unser Leben und auch unser Sein. Sie gibt uns frisches Wasser, das in uns sprudelt und zu einer nie versiegenden Quelle wird.

Erinnere dich an die Worte am Jakobsbrunnen, als Jesus zur Samariterin sprach: *„Wer dieses Wasser trinkt, wird bald wieder durstig sein. Wer aber von dem Wasser trinkt, das ich ihm gebe, der wird nie wieder Durst bekommen. Dieses Wasser wird in ihm zu einer nie versiegenden Quelle, die ewiges Leben schenkt." (Johannes 4, 13-14)*

Das Wasser des Alltags, das angefüllt ist mit allerlei Dingen, geprägt von Süchten, von Kummer und Sorgen, Gut und Böse, Schönem und Hässlichem, Gier, Neid, Begierde, Ängsten, Eitelkeiten, Aberglauben, Dogmen, Krieg, Urteil, Stolz, Trotz, Trennung usw. Diese Charakteristika löschen bekannterweise nicht unseren Durst, und wir wollen meist mehr von diesem Wasser, bis wir vielleicht eines Tages erkennen, dass wir eine Tretmühle *(Wiederholungsschleife)* erschaffen haben.

Das Wasser, von dem Jesus sprach, ist das Wasser vom goldenen Wissen, einer Weisheit, in der es keine Trennung gibt, nur endloses *SEIN.* Dieser segensreiche Mann, der ohne zu zögern einem Ausgestoßenen und Gezeichneten seine Hand reichte, zeigte den anwesenden Jüngern, dass einfach alles möglich ist, wenn ein absolutes Selbstvertrauen *(Gottvertrauen)* gelebt wird. Weil dieses Wasser, das das ewige Leben ist, in ihm als endlose Quelle sprudelt. Er wiederholte nicht täglich Affirmationen oder Mantras, die meist dazu führen, dass die räuberischen Armeen in unserem Königreich aus ihren Verstecken hervorkommen, um zum Angriff überzugehen. So wie im täglichen Leben, wenn wir uns in eine Diskussion hineinziehen lassen und dann auch noch emotional überreagieren. So schnell geht es, und schon sind wir Teil eines heftigen Wortgefechtes auf dem Kriegsschauplatz unserer Eitelkeiten. Wer kennt diese Situationen nicht! Sie dienen unserer Persönlichkeit, die durch die Lebenserfahrungen feingeschliffen wird.

Vierzehn Jahre sind seit meiner Begegnung mit Herrn G. aus Rheinhessen vergangen. Damals rief er mich an, weil ein lieber Freund von mir, Herr W., ihn an mich verwiesen und ihn mir als aufrichtigen Menschen beschrieben hatte. Herr W. hatte einst seinem Papa geholfen, als dieser von einem körperlichen Leiden (einer heftigen Störung) heimgesucht wurde. Herr W. beschrieb mir Herrn G. als hoffnungslosen Fall. Herr W. sagte zu mir am Telefon: „*Wenn ihm jetzt noch ein Mensch helfen kann, dann Sie mit Ihrer Geduld.*“ Also rief ich diesen Herrn G. an, und schon begann er, mir von seinem Kummer, seinen Nöten, Sorgen und Ängsten zu berichten. Es war offensichtlich, dass sein Geist von vielen Angstwesen heimgesucht wurde. Ich blieb in meiner Ruhe und unterbrach ihn kurz, um ihm zu sagen: *„Sie brauchen mir nicht alles zu berichten; es reicht, wenn Sie mir sagen, dass Sie Hilfe brauchen, alles Weitere wird sich von selbst regeln."* Damals fragte ich ihn: *„Glauben Sie an Gott?"* Er sagte ja, doch er habe seine Zweifel und sei der Meinung, Gott habe ihn vergessen. Meine Antwort darauf lautete: *„Gott hat niemals irgendwen vergessen oder verlassen, denn Gott ist die Lebensenergie, die dich atmen und deinen Körper leben lässt. Das heißt: Du bist es selbst, der sich einbildet, dass Gott ihn vergessen oder verlassen hat. Es ist der Mensch, der die Trennung erschaffen hat. Ich gebe Ihnen folgenden Rat: Bleiben Sie im Gottvertrauen und schauen Sie, dass Sie Ruhe in Ihr Haus bekommen."* Damit wollte ich ihm sagen, dass seine Familie wie ein Hafen sei, in dem er sein Geist-Körper-Schiff anlegen kann, um Ruhe aufzutanken. Es war sozusagen ein Gleichnis, das besagte, dass er dafür sorgen muss, dass auch in seinen Körper, den Heiligen Tempel Gottes, Frieden einkehrt. *„Herr G."*, sagte ich, *„Sie sollten nicht das Heil noch den Schuldigen im Außen suchen. Bitte ändern Sie Ihre Einstellung zum Leben, dann wird die Lebenskraft auch in Ihrem Leben wieder vollumfänglich fließen können."*

Dieser Mann hatte nicht nur einen Rucksack voller Probleme *(Störungen)* in sein Leben gerufen, das war schon ein ganzer Lastwagen voller Unrat. Doch wie heißt es so brillant: Es gibt mit Gott kein „Unmöglich". Wir müssen nur uns selbst und die Ursache allen Übels wirklich erkennen. Im Anschluss an unser Telefonat stellte ich mich auf die göttliche Quelle ein. Ich wusste natürlich, dass die himmlischen Helfer bei diesem Telefonat anwesend waren. In der Nacht vertiefte ich mich in mein Sein und sah mir alles noch einmal an, um Gottes Werke auf den Weg zu bringen. Das heißt nicht, dass Herrn G. unmittelbar der Segen einer vollständigen Heilung zuteil wurde. Nein, aber es waren sichtliche Erleichterungen, die ihm widerfuhren, als er seine Einstellung *wirklich* veränderte. Er

rief mich einige Wochen später an und berichtete mir, dass es ihm leichter ums Herz sei, und dass sich einige Probleme aufgelöst hätten.
Du kannst daran also erkennen, dass Gottes Allgegenwart ein tätiges Prinzip ist, und dass diese Kraft, wenn wir unsere Störungen beseitigen, vollumfänglich fließen kann. Das heißt aber auch, wir selbst sind die Störenfriede, die Verhinderer und Widerstände in *unserer Welt (unserem Königreich)*. Herr G. hatte diese Lebenskraft erfahren dürfen, doch auch er war von den dunklen Armeen in seinem Geist besetzt, die er immer wieder mit Energie *(seiner Angst)* nährte und somit am Leben hielt. Wie oft zweifelte dieser Mann. Wie oft wollte er nicht mehr leben. Wie oft waren er und seine Familie dem Ruin nahe. Wie oft war ihm seine Starrheit im Wege! So vergingen Jahre, in denen er immer wieder um Beistand bat, doch war diese Unterstützung auch gleichsam der Beginn einer tatsächlichen Veränderung in seinem Leben.

In einem weiteren Kapitel werde ich dir erzählen, wie sich das Leben von Herrn G. verändert hat, und wie auch andere Menschen davon profitiert haben.

„Er war in der Welt, und die Welt ist durch ihn geworden, aber die Welt erkannte ihn nicht. Er kam in sein Eigentum, und die Seinen nahmen ihn nicht auf." (Johannes 1, 10-11)

5. Idealismus, Aberglaube, Trennung, Endlichkeit, Hass und weitere Dogmen

Ja, wenn wir ihn wirklich erkannt hätten, so hätten wir ihn aufgenommen. Da gab es jedoch jemand, der etwas dagegen hatte. Das waren wir selbst und unsere aufgeblähte, konditionierte und eingebildete Persönlichkeit. In unserer Blindheit, und anscheinend auch unserer Schwerhörigkeit, hatten wir doch tatsächlich nicht das leise Klopfen an unserer inneren Herzenspforte wahrgenommen. „*Wer Ohren hat zum Hören, der höre!*"

Warum auch, wenn wir uns selbst mit vielen Beschäftigungsprogrammen ein- und zugedeckt hatten? Jeden Tag aßen wir erneut vom Baum der Erkenntnis, anstatt den Baum des Lebens wahrzunehmen. Und als dann die göttliche Quelle ein strahlendes Licht der Liebe auf die Erde sandte, das von Nächstenliebe und dem Wasser des Lebens sprach, wurden über die vergangenen 2.000 Jahre von dessen Lehre viele Menschen im Herzen berührt: Sehr viele Menschen erkannten *noch* nicht die Wirklichkeit dessen, was für ein Geschenk dieses Licht für die Menschheit war und ist. Seit seiner Auferstehung sind auf Erden zweitausend Jahre vergangen. Seine grandiosen Wanderjahre durch einige Länder der Erde hat man der Menschheit weitestgehend vorenthalten, doch wie es so ist: Es gibt immer eine Zeit, da geht die Saat Gottes auf und trägt Früchte. Gleichgültig, wie mächtig sich Menschen, Institutionen, Organisationen, Parteien, Konzerne, Kartelle, weltliche Königreiche, Religionsgemeinschaften etc. fühlen, sie sind *nicht allmächtig* – das ist allein Gott-Vater-Mutter. Wir können mit dieser Christuskraft wirken, doch wir sollten uns dabei nicht selbst im Weg stehen, indem wir dabei die Botschaft Christi vergessen – *bedingungslose Liebe aktiv zu leben.* Du erkennst bereits, dass du selbst es warst, der sich ein Gefängnis erschaffen hat. Schau dir die Gesellschaft an und erkenne selbst, welches Baumes Frucht die Menschen mehrheitlich zu sich nehmen. Täglich verzehren sie die Frucht vom Baum der Erkenntnis von Gut und Böse. Die Welt, in der wir jetzt leben, verändert sich rasant und unaufhaltsam; viele Menschen hinterfragen diese Frucht. Im Hintergrund offenbart sich uns eine elektronische und gleichsam geistige Kettenreaktion, die nur zum Teil vom Segen des weltlichen Fortschritts zeugt. Im Gegenteil: Es entstand durch diesen „Fortschritt" eine Gesellschaft von Deserteuren, die der Ansicht sind, sie könnten sich von der zeitlosen Intelligenz entfernen, indem sie sich noch tiefer in ihren selbst erschaffenen Sumpf der Trennungen eingraben. Das „freundliche" Übel, das mit diesem „Fortschritt" einhergeht und sich gleich einer Pandemie weltweit in den Menschen verbreitete, wurde teilweise mit Freude angenommen. Obwohl es immer wieder zu heftigen Reaktionen führte, zum Beispiel zu den vielen Kriegen der letzten tausend Jahre, die von Krieg zu Krieg zerstörerischer geführt wurden. Nationen erhoben sich gegen Nationen, obwohl es doch in der Heiligen Schrift hieß: *„Liebe den Nächsten wie dich selbst."*

Wie absurd es uns doch erscheinen mag, wenn wir erst als willkommene Gäste in einem Land beherbergt werden, und im Anschluss richten wir dann tödliche Waffen aufeinander. Wir können hier nicht „Auge um Auge und Zahn um Zahn" gelten lassen. Damit folgen wir nicht der bedingungslosen Liebe, die, wenn vollständig im Herzen entflammt, einfach alles in einen göttlichen Frieden transformiert. Nur wo der Wille dieser bedingungslosen Liebe *in die Tat umgesetzt wird*, offenbart sich der Friedensgeist Christi.

Schauen wir mit den Augen der Herzensliebe auf diese Welt, so können wir erkennen, dass in den vergangenen fünfhundert Jahren viele Freigeister (Gottesboten, Musiker, Maler, Schriftsteller, Poeten, Erfinder, geistige Wissenschaftler u.v.m.) mit *Herz* und Verstand die Erde als Landeplatz wählten. Weshalb wohl? Ja, wegen der Liebe, einer Liebe, die in uns allen wohnt, und die wir vor lauter Aberglauben *(Unwissenheit, Blindheit)* nicht erkennen oder erkennen wollen. Im Erfinden von Ausreden ist der Mensch Meister aller Klassen.

Was schrieb der Apostel Johannes? *„Liebe Brüder* (Geschwister), *wir wollen einander lieben; denn die Liebe ist aus Gott, und jeder, der liebt, stammt von Gott und erkennt Gott. Wer nicht liebt, hat Gott nicht erkannt; denn Gott ist die Liebe." (1. Johannes 4, 7-8)*

Wie wahr diese Worte doch sind. Gottes Liebe ist das ganze Sein, das *LEBEN.* Die Liebe ist Gott-Vater-Mutter, und wenn wir nicht lieben, heißt das nicht, dass die Liebe nicht in uns ist, denn sie ist alles, was ist. Der uns gegebene freie Wille gibt uns die Freiheit, diesbezüglich eine eigene Meinung heranzubilden. Dieser freie Wille ist eben nur *fast* ein freier Wille, denn letztlich ist dies scheinbar nur eine erforderliche Theaterrolle im Spiel des Lebens. Wir haben dieses Spiel einst selbst gewählt, als wir die Frucht vom Baum der Erkenntnis in unserem Geist aufnahmen.

Das gesellschaftliche Bewusstsein ist ein Sammelsurium von Trennungen, die dazu führen, dass der Mensch im Grunde ein unsouveränes Wesen geworden ist. Globale Reinigungen gab es viele, und alle dienten dem Aufstieg der Menschheit. Wenn wir uns *„wirklich"* reden hören könnten *(was in der Tat möglich ist),* so würden wir wahrscheinlich erkennen, was für ein Kauderwelsch sich oft durch unseren Mund offenbart. Der eine oder andere würde sich selbst in Frage stellen. Der Film, der in unserem Kopfkino abläuft, könnten wir getrost *„Und täglich grüßt die Wiederholungsschleife unserer eigenen Dramen."* nennen.

Ich erinnere mich an einen Mann, Herrn T., der in einer nahegelegenen Kleinstadt wohnte. Als ich ihn auf Bitte seiner lieben Frau besuchte, kam mir ein lebensfroher und sympathischer Mann entgegen, der mich herzlich begrüßte. Im Vorfeld dieser Einladung hatte mich seine Frau über seine Situation informiert. Herr T. litt an einer starken Störung seines Nervensystems, die zu einer ständig wiederkehrenden Muskelstarrheit führte. Herr T. und seine Frau hatten bereits ärztlichen Rat eingeholt. Es folgten verschiedenste Behandlungsmethoden. Aufgrund seiner beruflichen Laufbahn, die mit vielen Auslandsaufenthalten verbunden war, hatte er sein Körpersystem allerlei Fremdstoffen (Impfungen etc.) ausgesetzt.

Hier sind die weisen Worte der Bibel treffend: Wir sollten den heiligen Tempel Gottes in Liebe, Weisheit und Achtsamkeit pflegen. Wenn wir uns selbst betrachten, so können wir sicherlich erkennen, dass wir unseren Körper im Laufe eines Lebens (Inkarnation) vielen Strapazen aussetzen. Es scheint eine Selbstverständlichkeit zu sein, ihn täglich mit einer Vielzahl von Widersprüchen zu belasten.

Wie wir wissen, ist unser Geist-Körper-System ein sehr sensibles Instrument, auf dem wir die verschiedensten Melodien spielen können. Die allermeisten Menschen haben den Segen der Herzensliebe, der Freude, der Dankbarkeit und auch der entspannenden Stille in ihrem Leben schon einmal erfahren dürfen.

Über Jahrzehnte hatte Herr T. bereits einiges über sich ergehen lassen. Was für ihn sprach, war, dass er eine optimistische Lebenseinstellung hatte, und eine lebensbejahende Frau an seiner Seite, die für ihn ein liebevoller Hafen war. Doch wie so oft im Leben, plötzlich und unerwartet erscheint eine außergewöhnliche Herausforderung. Dabei kann es sich um einen Abschied von einem liebgewonnenen Menschen, eine berufliche Kündigung, einen Unfall mit gravierenden Folgen oder auch um ein Naturereignis (Erdbeben, Hurrikan, Vulkanausbruch, Überschwemmung, Tsunami usw.) handeln. So war es eben auch bei Herrn T. und seiner Frau; es kam unerwartet und veränderte von heute auf morgen ihren Tagesablauf. Die Ursache sind oft wir selbst, weil wir unserem *Tempel des Heiligen Geistes* nicht die ihm gebührende Sorgfalt angedeihen lassen?

Wenn wir beispielsweise mit einem Auto oder Fahrrad in technisch desolatem Zustand auf einer viel befahrenen Straße fahren, so wird dies früher oder später zumindest eine Panne, wenn nicht gar eine Karambolage nach sich ziehen. Sehen wir das Auto als unseren Körper – wer sitzt am Steuer? Wir folgen meist einem selbstgedrehten Film, der uns täglich in eine Wiederholungsschleife von liebgewordenen Gewohnheiten führt. Und unsere intelligenten Zellen nahmen diesen Film – oft Drama und Tragödie, bisweilen

auch Komödie – als Hauptprogramm an. Es lenkt der Autopilot, und obwohl wir heute eigentlich ganz woanders hin wollten, ist die Strecke dieselbe wie immer.
Eines Tages geschieht etwas Unerwartetes – vor uns läuft ein Reh über die Straße –, was dazu führt, dass unser liebgewordener (oder auch nicht) Alltagsfilm abrupt ins Stocken kommt. Die Liebe unseres Lebens, der Christus in uns, macht uns dieses Geschenk. Das ist jetzt unsere Gelegenheit, innezuhalten und unser Leben wieder aufs eigentliche Ziel auszurichten, bevor es für unseren Körper zu spät ist. Genau solch ein Ereignis widerfuhr diesen beiden Menschen, in diesem Fall verursacht durch die Unachtsamkeit des Mannes. Bei Herrn T. war es kein Reh, sondern aufgrund verschiedenster Ursachen (viele Impfungen, Karma, Lebensweise) kam es zu einer fortschreitenden Versteifung seiner Muskeln, die seinen gesamten Körper betrafen. Das vegetative Nervensystem war nicht mehr in der natürlichen Ordnung. Dieses Ereignis war ein segensreicher Impuls, eine Gelegenheit in seinem Leben, sich selbst zu erkennen.
Unsere erste persönliche Begegnung in seinem Hause gab ihm die Möglichkeit – wenn er mir denn zugehört und meinen Rat beherzigt hatte –, sein Körpersystem wieder in die göttliche Ordnung zu bringen. Wie ein goldener Sonnenstrahl direkt in sein Herz. Ich ermutigte ihn, gab ihm in Gottes Namen Kraft und zeigte ihm einen Weg. Wir trafen uns hernach noch über viele Monate in seinem Haus und arbeiteten miteinander an seiner Entspannung bzw. an seinem Nervenkostüm. Jedes Mal war es für ihn eine Bereicherung, und er fühlte, wie diese Kraft durch seinen gesamten Körper strömte. Seine sensible Frau war meist anwesend und machte bei diesen tiefgreifenden Meditationen mit.

Wie heißt es so erhaben: *„Denn wo zwei oder drei in meinem Namen zusammenkommen, da bin ich selbst in ihrer Mitte.“ (Matthäus 28, 20)*

So war diese Kraft für alle Anwesenden immer eine sprudelnde Quelle lebendigen Wassers. Die Tränen der Freude waren eben dieses Wasser, das ihren Körper in diesem Moment in ihren eigenen Himmel der Liebe erhob. Fortan wuchs er über sich und seinen konditionierten Geist hinaus. Eines Tages, als ich ihn wieder besuchte und er mir in seinem Haus mit seinem Rollator entgegenkam, ermunterte ich ihn im Beisein seiner Frau, mutig zu sein, und sagte zu ihm: *„Lass den Rollator los und gehe jetzt von der Treppe zur Küchenanrichte."* Was dann geschah, war für ihn und seine Frau ein Wunder. Er konnte plötzlich einige Meter frei gehen! Was war geschehen? Mein Bewusstsein übertrug sich auf seinen Geist, und er ließ in diesem Augenblick den Rollator los. Da ich ohne Zweifel war und er mir in diesem Moment absolut vertraute, war sein Körper in diesen Sekunden befreit.
Was kam danach? Wie einst der Gelähmte am Bethesda-Teich weinte Herr T. vor Freude. Es kam jedoch bei ihm anders: Er wählte wiederum den Selbstzweifel und damit seine Krücke (Rollator), weil sich sein konditionierter Geist und der Antichrist bei ihm meldeten: *„Du brauchst diese Krücke noch."* Des Menschen Wille ist eben sein Himmelreich. Sein Wankelmut kam ihm in die Quere. Der liebe „Thomas" hatte eine Vision, die er liebend gern der Menschheit geschenkt hätte. Er wollte ein souveränes Wesen sein und durch seine Erfahrung viele Menschen ermutigen, an sich selbst (an ihr göttliches Selbst) zu glauben. Mit der Persönlichkeit und der Selbstliebe ist es so eine Sache. Die Liebe sucht der Mensch meist im Außen und bindet sich diese Liebe ans Bein.

„Sucht (oder erkennt) *zuerst das Reich Gottes und seine Gerechtigkeit – alles andere wird euch dazugegeben werden." (Lukas 12, 31)*

Ich sagte oft zu unserem lieben „Thomas": *„Liebe dich und deinen Nächsten wie dich selbst, und Gott mit ganzer Seele, ganzer Kraft und ganzer Liebe. Verliere dich nicht in der allzu menschlichen Liebe, die ich in deinem Geiste erkennen kann. Sie wird dich nicht erheben kön-*

nen, da sie von dieser Welt ist.“ Weiter riet ich ihm, er solle sich täglich Zeit zur körperlichen Entspannung nehmen. Gib deinem Körper eine klare Nahrung, im Geistigen wie auch in der Materie. Offenbare den grenzenlosen Geist, der in deinem Innern wohnt und den du in ein Kämmerlein gesperrt hast. Vertraue dem Licht Christi, das dich führt, doch suche nicht im Außen. Dein Körper und deine Muskeln erstarren, weil du noch an Energien der Trennung (z.B. Verlustängste, Krankheit, Aberglaube, Eifersucht, Traditionen, Neid, Egoismus, Sturheit, Hochmut usw.) festhältst, die auch von den Gesundheitsvorkehrungen auf deinen Reisen verstärkt wurden. Sei dankbar, dass Gott dir dieses Geschenk gemacht hat: Dein wahres Selbst wieder entdecken zu dürfen. Wo auch immer deine Reise hingehen wird, sie wird dir ein Segen sein, da dieses Leben nicht deine Wirklichkeit ist.

Jesus antwortete: *„Mein Reich ist nicht von dieser Welt.“ (Johannes 18, 36)*

Es vergingen Monate, und es kam noch die Geschichte mit der „Pandemie“ in sein Leben, die ihn forderte und auch in seinem Bestreben nach körperlicher Heilung hemmte. Der Heilungsprozess kam ins Stocken, und die körperliche Starre nahm wieder zu. So konnte T. selbst mit dem Rollator kaum noch selbstständig gehen. Lebt ein Mensch erst einmal in der Krankheit und wird dieser Mensch auch noch täglich daran erinnert und durch Mitleid, Pflege der Störung und sein eigenes Denken darin festgehalten, so bleibt er in dieser Störung. Bei ihm kamen noch die Energien von Mutlosigkeit, Traurigkeit, Zweifel, Wut und Bitterkeit hinzu. Es kam irgendwann ein Zeitpunkt, da er die Einnahme von Medikamenten wählte, und deren Nebenwirkungen riefen dann Gefühlsschwankungen (Wesensveränderungen) hervor.

Es gilt für alle Menschen: Ein „Unmöglich“ gibt es nicht – hilf dir selbst, dann hilft dir Gott! Wie viele Wunder braucht ein Mensch, um aufzuwachen? Wie viele Wunder, die keine Wunder waren, hat Jesus, der Christus, den Menschen geschenkt, und dennoch war ihr Glaube schwach. Das Resultat kennen wir alle. Herr T. und seine Frau bekamen diese Wunder auch zu sehen; und als Zeuge meldete sich in hellem Glanze die Sonne im rechten Moment, sichtbar für alle Anwesenden.

Jesus war oft sehr betrübt über den schwachen Glauben seiner Jünger: *„Wo ist euer Glaube?" (Lukas 8, 25)*

Ich möchte an dieser Stelle nicht zu weit ausholen. Tatsache ist, wenn der Glaube an Heilung auf tönernen Füßen steht, wird die Heilung nicht von Dauer sein. Der liebe Herr T. *(erinnere dich an den Jünger mit Namen Thomas – wie stand es um seinen Glauben im Verhältnis zu seinem Verstand?)* hatte alles mitbekommen, was er für seine Reise in die Wirklichkeit brauchte, und so wusste er, was auf ihn warten würde. Auch waren liebe Geschwister anwesend, die ihn bei seinem Übertritt in die feinstoffliche Ebene begleiteten, die er in seinem Bewusstsein bereits sehen konnte.

Es ist immer die göttliche Kraft, die heilt, wir sind nur deren Klangkörper und haben einen *fast* freien Willen, ob wir in Resonanz mit dieser grenzenlosen Liebe schwingen möchten. Heilung ist eine Heiligung unseres Geistes und die Erkenntnis, dass alles SEIN grenzenlos ist.

Kapitel 2 – Die Verführung der Götter

1. Die Verwirrtheit im Menschen

Auch hier hat Jesus eine Antwort, als er zum Beispiel bei einem Besessenen den selbsterschaffenen Dämon austreibt. So begab es sich eines Tages:

> *„Da wurde ein Besessener zu Jesus gebracht, der war blind und stumm; und er heilte ihn, sodass der Stumme redete und sah. Und alles Volk entsetzte sich und sprach: Ist dieser etwa Davids Sohn? Aber als die Pharisäer das hörten, sprachen sie: Dieser treibt die Dämonen nicht anders aus als durch Beelzebub, den Obersten der Dämonen. Jesus kannte aber ihre Gedanken und sprach zu ihnen: Jedes Reich, das mit sich selbst uneins ist, wird verwüstet; und jede Stadt oder jedes Haus, das mit sich selbst uneins ist, wird nicht bestehen. Wenn nun der Satan den Satan austreibt, so muss er mit sich selbst uneins sein; wie kann dann sein Reich bestehen? Wenn ich aber die Dämonen durch Beelzebub austreibe, durch wen treiben eure Söhne sie aus? Darum werden sie eure Richter sein. Wenn ich aber die Dämonen durch den Geist Gottes austreibe, so ist ja das Reich Gottes zu euch gekommen. Oder wie kann jemand in das Haus des Starken eindringen und ihm seinen Hausrat rauben, wenn er nicht zuvor den Starken fesselt? Und dann wird er sein Haus ausrauben. Wer nicht mit mir ist, der ist gegen mich; und wer nicht mit mir sammelt, der zerstreut. (Markus 3, 22-27; Lukas 11, 14-23)*

Wir können daran erkennen, dass die Pharisäer im Grunde stellvertretend für die überwiegende, konditionierte Bevölkerung sprachen, und dass Jesus für sie ein Reformer oder Glaubensrebell war. Jesus kam vor ca. 2.000 Jahren in eine Welt, in der die Menschheit bereits zu einem Großteil im Geiste sehr verwirrt war. Sie erschufen sich Götzen, um sich an etwas festhalten zu können, und die Obrigkeit machte sich diese Verwirrtheit zu Nutzen. Wenn wir heute unsere Gesellschaft betrachten, so können wir diese Verwirrtheit auf der ganzen Welt beobachten. Zu Zeiten Jesu gab es noch keine Satelliten im Orbit, weder Telefone noch Fernseher, Computer, Flugzeuge, Autos, Eisenbahn usw. Da gab es segensreiche Orte und, prozentual auf die Weltbevölkerung gerechnet, mehr Menschen, die sich von dieser Verwirrtheit nicht anstecken ließen. Sie folgten einfach dem Geist der Natur, der das LEBEN ist.

Im Laufe der Jahrtausende vollzog sich durch machtbesessene Organisationen und weitere Kräfte eine weltweite Verwirrung. Es gibt jedoch noch immer Menschen, die sich dieser Verwirrung bewusst sind. Sie sind im Grunde die Leisen, die einfachen Weisen und die Sanftmütigen, die eines Tages die „erneuerte" Welt erleben werden, von der einst Jesus sprach, als er sagte: *„Ich bin bei euch alle Tage bis ans Ende dieser Welt."* Damit meinte er natürlich das Ende einer verwirrten Welt und Beginn einer liebevolleren Welt!

Kommen wir nun zu einem Beispiel, das uns aufzeigt, wie ein verwirrter Geist von der Besetzung durch menschenerschaffene Dämonen befreit werden kann. Auch hier zeigt uns Jesus, was mit einem ungestörten Geist möglich ist: *„Und es begab sich danach, dass er durch Städte und Dörfer zog und predigte und verkündigte das Evangelium vom Reich Gottes; und die Zwölf waren mit ihm, dazu einige Frauen, die er gesund gemacht hatte von bösen Geistern und Krankheiten, nämlich Maria, genannt Magdalena, von der sieben böse Geister ausgefahren waren, und Johanna, die Frau des Chuzas, eines Verwalters des Herodes, und Susanna und viele andere, die ihnen dienten mit ihrer Habe." (Lukas 8, 1-3)* Es sei hier erwähnt, dass die Bibel in Hunderte von Sprachen übersetzt wurde. Die ursprüngliche Botschaft leuchtet im Hintergrund, und wir finden sie sozusagen zwischen den Zeilen.

„Wer Augen zum Sehen hat, der sehe, und wer Ohren zum Hören hat, der höre." Maria Magdalena war nicht nur eine Jüngerin Jesu, sie war weit mehr als diese sympathische Frau, so wie sie die Bibel darstellt. Warum waren es hauptsächlich Männer, die dieses weltbekannte Schriftwerk verfassten? Wer hatte den größten Einfluss auf dieses Buch

und seine Übersetzungen? Was wäre, wenn Martin Luther eine Frau gewesen wäre? Was wäre, wenn die Verfasser der Evangelien auch Frauen gewesen wären, und wo sind all die weiblichen Jünger, die über zweitausend Jahre in dieser Welt anwesend waren? Haben sie der Menschheit ein Vermächtnis hinterlassen, das im Verborgenen ruht? Es gab einige weibliche Pharaonen. Wo ist ihre Geschichte geblieben? Es gab nicht nur Männer, die den Christus offenbarten! Diese Fragen möchten bei dir ein aufrichtiges Gefühl für beide Geschlechter und deren natürliche Einheit hervorrufen. Es gibt eben sehr viel mehr zwischen Himmel und Erde, das wir aufdecken sollten! Ein globales Erwachen hat bereits begonnen und es wird sich fortsetzen!

Kommen wir nochmals zurück auf Maria Magdalena, deren Geist und Körper seinerzeit von sieben bösen Geistern *(Dämonen)* besetzt war. Es gab Phasen im täglichen Leben, da ließen diese Dämonen sie in Ruhe, und dann gab es Herausforderungen, die so mächtig waren, dass seinerzeit selbst wissende Menschen ihr nicht helfen konnten. Hier wird von sieben Dämonen gesprochen, die Maria Magdalena besetzt hatten. Lassen wir unseren Blick durch unsere derzeitige Welt schweifen. Was können wir dabei erkennen? Eine verwirrte Menschheit, die zu einem sehr großen Teil mit vielen Störungsmustern und einem verspannten Körper ihren Alltag durchlebt. Wir dürfen uns hier selbst überprüfen, ob dies auch uns betrifft. Unser tägliches Leben ist erfüllt von selbsterschaffenen Dämonen, die uns auflauern und bei jeder günstigen Gelegenheit überfallen. Sie besetzen das Königreich unseres Geistes und somit auch unseren Leib. Im »Handbuch für Götter« berichteten wir über Orte und Menschen, die von den Geistern der Vergangenheit heimgesucht wurden. Oft waren es Verstorbene, die mit ihrer Seele noch an den verschiedensten Orten ein Scheindasein führten. In einer Zwischenwelt gefangen, warten sie auf Erlösung.

Jesus war ein praktisches Beispiel für das Leben: *„Und ein anderer unter seinen Jüngern sprach zu ihm: HERR, erlaube mir, dass ich hingehe und zuvor meinen Vater begrabe. Aber Jesus sprach zu ihm: Folge du mir* *und lasse die Toten ihre Toten begraben.“ (Matthäus 8, 21-22)* Die Worte und die Taten Jesu zeigen uns, dass dieser liebende Menschensohn eins mit der göttlichen Quelle, mit Gott-Vater-Mutter ist. Ein Meister, der den vielen Möchtegern-Meistern ein wirkliches Vorbild sein sollte. Es sind immer die Werke Gottes, die Er durch seinen Sohn bzw. seine Tochter vollbringt. Im Grunde sind wir „nichts“ und kommen aus dem „Nichts“. Gott-Vater-Mutter hat uns ins Leben gerufen, und als Seelen haben wir eine Form gewählt.

Kommen wir jetzt wieder auf diesen segensreichen Meister zurück. Jesus erlöste im Namen seines Vaters diese Besessenen oder von Quälgeistern besetzten Menschen. Wir könnten diese Taten nicht selbst vollbringen, ohne in Einheit mit der Quelle der Liebe zu sein. Es gibt noch immer Männer und Frauen, die wirklich meinen, sie können aus sich selbst heraus Menschen oder auch Tiere von Dämonen befreien oder auch die Seelen von verstorbenen Menschen ins Licht führen. Wir möchten hier nicht weiter auf dieses Thema eingehen, doch so viel sei gesagt: Ein jeder Mensch sollte sich selbst hinterfragen, wie weit er noch vom Außen abhängig ist. Sehr oft steckt nur ein Hokuspokus hercules oder ein Ritual dahinter. Licht ist nicht gleich Licht, und es gibt eine Vielzahl von Ebenen, Sphären und Dimensionen. Im Grunde müssten wir nichts tun, wenn unser Feld störungsfrei im freien Raum erstrahlen würde. So darf sich auch hier jeder selbst hinterfragen, inwieweit sein menschliches Gewand real/wirklich ist. Gibt es hier und da noch Widersprüche im eigenen Geist, der in Einheit mit dem Weltengeist sein sollte?

Dämonen können die reine Energie, die durch uns wirkt, nicht ertragen. Wenn sie nicht sogleich flüchten, wird sie dieses Licht der Liebe erlösen!

Wir kennen die Geschichten über ruhelose Seelen, die oft noch auf der Erde umherirren. Aus den verschiedensten Gründen verharren sie noch auf der grobstofflichen Ebene. Sie benötigen also weise, wissende Hilfe, um sich aus dieser Situation zu befreien. Natürlich sind da auch noch die geistigen Helfer, die wir Engel nennen. Es könnten jedoch auch Mitglieder aus dem eigenen Clan sein, unsere Ahnen, also unsere ehemaligen Familienmitglieder, die ihnen liebevoll zur Seite stehen. Oft sind sie in der Stunde anwesend, wenn sich die Seele vom menschlichen Leibe erhebt.

Nochmals auf das Licht zurückkommend, möchte ich darauf hinweisen, dass Licht nicht gleich Licht ist. Es gibt ja auch hier auf Erden unterschiedlichste Lichtquellen und Lichtstärken (*Frequenzen*). Die uns bekannte Astralwelt ist eine feinstoffliche Welt verschiedenster Lichtebenen und Verführungen. Aus diesem Grund haben wir bereits im »Handbuch für Götter« empfohlen, keine Reisen in die Astralwelt durchzuführen, jedenfalls nicht ohne wirkliches Wissen.

Hierzu ein Beispiel: Als Jesus Maria Magdalena begegnete, wusste er bereits alles, was er über sie wissen musste, um sie im richtigen Moment von diesen Dämonen zu befreien. Im Moment, als Maria ihm in die Augen schaute, wurde ihr Herz derart von der Liebe des Christus Jesus berührt, dass es zu einer Synchronisierung mit dieser reinen, klaren Energie kam. Die Dämonen hatten plötzlich keinen Raum mehr, da die Liebe grenzenlos war. Wirkliche Liebe existiert jenseits von Raum und Zeit.

Stell dir einmal vor, du bist in einem Raum, und plötzlich kommt ein Wesen herein, das in der absoluten Liebe und Akzeptanz Gottes schwingt. Dieses Licht würde deine Persönlichkeit blenden und somit auch reinigen. Wenn ein Mensch eine starre Persönlichkeit hat, so ist sein Geist vernebelt, und eine solche Begebenheit führt dann oft dazu, dass der besessene Mensch eine körperliche Reinigung durchläuft. Es können Minuten, Stunden, Monate und sogar Jahre sein, bis sich alles gereinigt hat. Die anfängliche Berührung dieses grenzenlosen Stromes bewirkt, dass sich alle Energiesysteme im Körper sehr viel schneller drehen, und dass dadurch die göttliche Ordnung wieder hergestellt wird. Es ist wie bei schmutziger Wäsche. Der Grad der Verschmutzung bestimmt den Zeitraum und die Stärke des Reinigungsprozesses.

Maria war jedoch bereits im Vorfeld von der göttlichen Quelle dazu bestimmt worden, Jesus zu folgen, weil ihr Bewusstsein und ihre Seele die Reife hatten, um ein strahlendes Licht für diese Welt zu sein.

Hierzu ein weiteres Beispiel aus meiner Praxis: Eines Tages rief mich eine Frau an und erzählte mir, sie wohne in einem kleinen Dorf am Rande des Odenwaldes. Meine Telefonnummer hatte sie von einem befreundeten Herrn bekommen. Es war an einem Sonntagmorgen. Sie klagte über Antriebslosigkeit, plötzlich auftretende Depressionen und ungewöhnliche Begebenheiten. Ich fragte, was sie denn beruflich mache. *„Ich bin selbstständige Physiotherapeutin und arbeite täglich mit den unterschiedlichsten Menschen auf körperliche Ebene."* – *„So"*, sagte ich, *„und was ist Ihr Anliegen?"* Sie berichtete mir dann von den bereits beschriebenen Vorfällen, und dass sie total erschöpft sei; sie sei am Ende ihrer Kräfte. Ich sagte zu ihr: *„Tatsache ist doch, dass Sie mit vielen Menschen arbeiten, die verschiedenste körperliche Leiden (Störungen, also Energien, Wesen, Besetzungen) in Ihre Praxis mitbringen. Diese Energien belasten auf Dauer Ihren Geist und auch Ihren Körper. Letztlich kommt es zu Störungen in Ihnen und in Ihrem Umfeld."* Die Leiden bzw. Störungen der hilfesuchenden Menschen, die zu dieser Frau kamen, hatten ja auch eine Ursache, die entweder von der Seele kam oder im Denken dieser Menschen entstanden war. Ich sagte ihr: *„Reinigen Sie Ihre Gedanken. Machen Sie einen langen Spaziergang im Wald und bitten Sie Gott um Führung und Erkenntnis."* Abschließend erklärte ich ihr: *„Ich werde mir Ihren Geist anschauen und etwas auf den Weg bringen."* Am darauffolgenden Montag rief sie mich freudestrahlend an und sagte: *„Es ist unglaublich, was am Sonntagnachmittag mit mir geschehen ist. Ich hatte eine Vollreinigung meines Körpers! Die Nase fing an zu laufen, ich musste ständig auf die Toilette, und, von Übelkeit geplagt, habe ich mich dann auch noch mehrmals übergeben. Im Anschluss war ich nur noch müde und wollte schlafen. Ich schlief am frühen Abend ein und wachte erst wieder am heutigen Montagmorgen auf."* Ferner sagte sie zu mir, sie fühle sich leicht, mit Lebensenergie aufgeladen und mit Lebensfreude erfüllt. Sie war sehr ergriffen von diesem Wunder und dankte mir tausendmal. Ich sagte ihr: *„Danken Sie nicht mir, danken Sie Gott."*

Dieses Beispiel zeigt uns deutlich, wie es einem Menschen ergehen kann, wenn er von Energiewesen besetzt wird. Es zeigt uns auch, was ein starkes, reines Feld der Liebe in Einheit mit Gott bewirken kann. Dieses Feld der Liebe ist angefüllt mit unzähligen liebevollen Helfern. Es ist für uns nicht erforderlich, zu wissen, was genau bei dieser Heiligung geschieht. Gottes Wege sind unergründlich. Wir brauchen lediglich in der Liebe zu sein.

Wie heißt es so wundervoll und tröstlich: *„Alle eure Sorge werft auf ihn; denn er sorgt für euch* (erlöst euch von euren Sorgen)." *(Petrus 55, 23)*

Eines Tages rief mich Frau L. aus München auf meinem Handy an. Sie bat mich um Hilfe für ihre lebensmüde Tochter, und es sei ein Notfall. Ihre Tochter sitze bereits auf der Fensterbank und wolle springen. Es war an einem Freitagmittag, und ich war außer Haus. In diesem Fall gab es nicht viel zu reden. Ich sagte ihr nur: Machen Sie sich keine Sorgen, sie wird nicht springen. Legen Sie jetzt bitte auf; alles Weitere werden *wir* tun (*Gottes Werk erfolgt durch seinen Sohn – den Christus im Menschen).* So suchte ich mir einen stillen Ort, um mich auf die Tochter einzustellen. Den Namen hatte mir die Mutter genannt. Frau L. rief mich am Abend an, um sich bei mir zu bedanken; es sei ein Wunder. Ich sagte: *„Wunder gibt es nicht, denn Wunder basieren immer auf Wissen und Weisheit! Danken Sie Gott und bitten Sie ab jetzt täglich um Führung und Erkenntnis für sich selbst und Ihre Tochter. Ihre Tochter sollte über ihr Leben nachdenken und nicht so einfach ein Geschenk Gottes wegwerfen."*

Die Tochter war Opfer ihrer selbst erschaffenen Umstände. Ihr Geist war von destruktiven Energiewesen in einer Weise besetzt, dass sie keinen klaren Blick, sprich Gedanken, mehr hatte. Ihr Geist musste gereinigt werden, als würden wir verschmutztes Wasser von allen Verunreinigungen befreien. Wir könnten auch sagen, dass der Geist der Tochter verwirrt war, zum Beispiel von Seelen, die ihren eigenen leiblichen Tod nicht wirklich wahrgenommen haben.

Es sind Gewohnheiten, die im Laufe vieler Inkarnationen in der Seele und der weltlichen Matrix abgespeichert wurden. Diese Gewohnheiten gilt es zu transformieren und zu erlösen, indem wir sie loslassen. Es gibt natürlich auch Gewohnheiten, die nicht begrenzend sind. Es ist wie mit dem Außergewöhnlichen, das sich vom Gewöhnlichen abhebt, doch wird es dann zur Gewohnheit – und ist dann nicht mehr außergewöhnlich. Wir könnten uns also auch die bedingungslose Liebe zur Gewohnheit machen, indem wir sie aktiv (im täglichen Leben und auch in unseren Gedanken) praktizieren.

Abb. 3: Maria Magdalena begegnet dem auferstandenen Christus – Darstellung von Giotto di Bondone (1267-1337)

2. *Gewohnheiten transformieren*

Was sehen und woran denken viele Menschen, wenn sie am Morgen ihr Nachtlager verlassen? Ihre gewohnte Umgebung und meist den Ablauf eines Alltags, der von Gewohnheiten durchwoben ist, seien sie privater oder beruflicher Natur. Unsere Gesellschaft ist ein Sammelsurium von Gewohnheiten. Was wäre, wenn wir uns ab jetzt vornehmen, wöchentlich etwas Außergewöhnliches in unseren Tagesablauf einzubauen. Bereits im »Handbuch für Götter« hatten wir dieses Thema behandelt und den Leserinnen und Lesern einige Lösungsmöglichkeiten an die Hand gegeben. Auch in diesem Buch soll dies nochmals angesprochen werden. Wenn wir weiterhin im selbstgeschaffenen Netz unserer Gewohnheiten gefangen sind, kann sich unsere Lebensenergie nicht vollständig in unserem Geist-Körper-System entfalten. Wir sollten deshalb ganz genau überprüfen, was uns täglich beeinflusst.

> *„Da wurde Jesus vom Geist in die Wüste geführt, damit er von dem Teufel versucht würde. Und da er vierzig Tage und vierzig Nächte gefastet hatte, hungerte ihn. Und der Versucher trat herzu und sprach zu ihm: Bist du Gottes Sohn, so sprich, dass diese Steine Brot werden. Er aber antwortete und sprach: Es steht geschrieben: »Der Mensch lebt nicht vom Brot allein, sondern von einem jeden Wort, das aus dem Mund Gottes geht.“ (5. Mose 8, 3)*

Jesus wurde vom Heiligen Geist in die Wüste geschickt, um auf beiden Ebenen zu fasten: der geistigen und der körperlichen. Letztlich sind beide nicht wirklich voneinander getrennt. Jesus *wurde* oder *hat sich selbst* in diesen vierzig Tagen und Nächten geprüft. Der Versucher, also seine Persönlichkeit (das kleine Ich), war aufgerufen, ihn mit all seiner scheinbaren Macht herauszufordern; wenn möglich, ihn zu verführen, um ihn vom Weg Gottes abzubringen. Das heißt: Die eigene Persönlichkeit, die Jesus hier mit Satan bezeichnete, musste überwunden werden, um vollends den Christus zu offenbaren. Der Verhinderer ist für die Trennungen (Widersprüche) in unserem Leben verantwortlich. Wir finden ihn überall, im Außen wie im Innen, doch letztlich lebt er, weil wir ihm das Leben geben. Wäre unser Glaube auf Fels gebaut, so würden wir wissen, dass es nur das LEBEN gibt.

Als Jesus drei seiner Jünger mit auf den Berg nahm, um zu beten, sahen die Jünger, nachdem Jesus sie aus ihrem Schlaf erweckte, dass zwei Menschen neben Jesus standen; Moses und Elia. Alle drei strahlten in einem blendend hellen Licht, und die Jünger fragten nach ihren Namen. Jesus sagte darauf zu Petrus, Jakobus und Johannes: *„Dies ist Moses und hier an meiner Seite ist Elia.“*

Obwohl diese beiden bereits seit 2.000 Jahren die Erde verlassen hatten, kannte Jesus beider Namen, und sie standen hier in aller Pracht neben ihm. Die Jünger staunten natürlich, doch Jesus wollte, dass sie sehen, dass es keine Trennung zwischen Himmel und Erde gibt. Die drei Jünger konnten es auf dem Berg selbst erleben, dass es keinen Tod geben kann.

In der Bibel kannst du die obengenannte Begebenheit bei Matthäus 17, 1-3 nachlesen: *„Sechs Tage später nahm Jesus die drei Jünger Petrus, Jakobus und Johannes, den Bruder von Jakobus, mit sich und führte sie auf einen hohen Berg. Niemand sonst war bei ihnen. Vor den Augen der Jünger ging mit Jesus eine Verwandlung vor sich: Sein Gesicht leuchtete wie die Sonne, und seine Kleider wurden strahlend weiß. Und dann sahen sie auf einmal Mose und Elia bei Jesus stehen und mit ihm reden.“*

Täglich gehen Menschen zum Friedhof, um die Verstorbenen zu besuchen, obwohl diese nicht wirklich tot sind. Meine Mama hat uns Kindern gesagt, dass sie, wenn sie eines Tages sterben würde, nicht wirklich tot sei. Wir sollten sie nicht auf dem Friedhof besuchen, da würden nur die Gebeine ihres irdischen Körpers liegen. Sie wusste aus eigener Erfahrung, dass sie in Wirklichkeit nur wieder in das ihr bekannte Reich gehen würde, das sie einst verließ, um auf Erden für eine gewisse Zeit Erfahrungen (Erkenntnisse) zu sammeln.

Sie bekam diese tiefgreifende Erkenntnis bei meiner „Landung“ auf Erden geschenkt. Meine Mama fiel in eine Art Koma, das Menschen oft als klinischen Tod bezeichnen. Ihre Seele war dabei auf dieser jenseitigen Ebene und wollte nicht mehr zurück, weil es so wunderschön für sie war. Sie sagte, es sei sehr hell und liebevoll gewesen. Eine angenehme Stimme sagte dann zu ihr: *„Du kannst hier nicht bleiben. du hast viele Kinder, und die brauchen dich: deine Zeit ist noch nicht gekommen.“*

Es ist für einen Menschen ein Segen, zu wissen, dass er nicht wirklich sterben kann. Menschen träumen davon, ihr Leben in ihrem irdischen Körper zu verlängern, obwohl sie auch einen geistigen Körper haben, der wunderschön ist. Auf der Erde gibt es aufgrund dieses Wunsches eine Vielzahl von Bestrebungen, den leiblichen Körper zu erhalten. Da offenbart sich uns wiederum ein Widerspruch der Störung in unserem Geiste. Wir suchen im Außen nach einer Erlösung vom leiblichen Tod, obwohl in unserem Innern bereits alles vorhanden ist. Einzig unser gewohnheitsbedingter Glaube erschafft scheinbar eine Endlosschleife von Leben und Tod.

Was hat uns Jesus mit folgenden Worten sagen wollen: *„Ich bin die Auferstehung und das Leben. Wer an mich glaubt, der wird leben, ob er gleich stürbe; und wer da lebt und glaubt an mich, der wird nimmermehr sterben.“ (Johannes 11, 25-26)*

Indem er diese Worte sprach, zeigte er uns die Wirklichkeit. Hier dürfen wir uns selbst fragen, ob wir diese Tatsache annehmen können, oder ob wir weiterhin in den uns bekannten Glaubensgewohnheiten verharren wollen.

Streben wir nach Erfolg, so erschaffen wir bereits dadurch einen Widerspruch in unserem Geiste, da Gott nicht Erfolg noch Misserfolg ist – ansonsten würde er sich begrenzen. Wir haben es selbst in der Hand, die bereits in uns anwesende Unendlichkeit anzunehmen. Es gibt Millionen von Büchern und eine Vielzahl von Autoren, doch im Grunde ist jeder Mensch sein eigener „Lebensverfasser". Er schreibt seine Erfahrungen ins Buch seiner Seele und wiederholt sie Leben um Leben.

In den von uns gepflegten und verehrten Traditionen offenbart sich für den Sehenden die Macht der Gewohnheiten. Ein einfaches Beispiel: *Wenn du deine Jacke immer auf die gleiche Weise anziehst, dann mache es mal anders. Du wirst vielleicht staunen.*

Wenn wir im Tagesablauf uns selbst und unser Umfeld beobachten, werden wir überall die Matrix der weltlichen Gewohnheiten erkennen. Was können wir tun, um dieses Programm zu löschen?

Vor vielen Jahren ist mir Herr T. aus Hamburg begegnet, der ein sehr erfolgreicher Manager eines großen Unternehmens war. Er erzählte mir, dass er eines Tages den Impuls hatte, dem Alltagstrott im Angestelltenverhältnis Adieu zu sagen. Seine Freunde, Bekannten und Kollegen hielten ihn vielleicht für etwas verrückt, als er eines Tages seine hochdotierte Position in diesem renommierten Unternehmen kündigte, um mit einer kleinen Firma nochmals neu durchzustarten. Er hatte eine Familie, die ihm dabei den Rücken stärkte.
Er sagte eines Tages zu mir: *„Ich war nicht immer überzeugt, dass ich es schaffen würde, doch irgendetwas in mir trieb mich voran."* So organisierte er seine kleine Firma, und von Jahr zu Jahr wuchs sie ein Stück. Es ging ihm nicht darum, ein Imperium zu erschaffen.
Herr T. war ein angenehmer Mensch, der seine Mitarbeiter respektvoll behandelte. Seine Ruhe war ansteckend, und sein Ideenreichtum kannte keine Grenzen. Sein körperliches Befinden hat dabei jedoch gelitten. Es gibt eben bei den meisten Menschen immer zwei Seiten. In diesem Fall war es der eigene Körper, der nicht achtsam behandelt wurde, so wie es ihm als Heiligem Tempel Gottes gebührte. Man sollte meinen, bei einem solchen Menschen käme Weisheit vor Torheit. Einerseits hat er durch seinen Mut, eingefahrene berufliche Gewohnheiten zu transformieren, ein florierendes Unternehmen aufgebaut, aber andererseits hat er seinem

Geist-Körper-System nicht die ihm gebührende Aufmerksamkeit geschenkt.
Eines Tages erklärte er mir, dass er sich damals entscheiden musste, ob er mit seinen Kollegen stehen bleiben will oder ob er einfach loslaufen sollte, um in seinem Leben etwas zu verändern! Er entschied sich für das Loslaufen und dachte: *„Egal, was die anderen denken, ich setze es in die Tat um!"* Allein für diesen Mut zur Veränderung gebührt ihm Anerkennung, denn dies hätte immerhin auch dazu führen können, dass er sich nicht nur beruflich aus den eingefahrenen Gewohnheiten befreien, sondern auch seinen Körper mit einbeziehen würde. Dieser Mann liebte sein Unternehmen und behandelte seine Mitarbeiter wie ein liebevoller Vater.

Natürlich gab es hier und da Störungen, doch so ist das Leben – eine Lehre Gottes, in der wir die Lehrlinge sind, die einfach erkennen dürfen, dass wir bereits alles sind. Alles ist Gott und Gott ist die Liebe; ist Geist und unendliches Sein. Eines Tages werden wir unseren Meisterbrief bekommen, weil wir alle Trennungen von uns geworfen haben. Dann haben wir uns aus einem Kreislauf von wiederkehrenden Gewohnheiten und Aberglauben befreit. Dann sind wir auferstanden von den Toten und erleben, dass das LEBEN in der Wirklichkeit dessen, was ES ist, IST.

Die Welt, in der wir noch leben, basiert auf *Über*leben. Es gibt ein politisches System, ein Finanz-, ein Wirtschafts-, ein Militär-, ein Unterhaltungs-, ein Medien-, ein Gesundheits- und dadurch im Grunde ein Krankheitssystem, das auf einer relativen Medizin bzw. einem pharmazeutischen System basiert. Des Weiteren gibt es ein Verkehrs-, ein Schul-, ein Haushalts-, ein Religions- und Glaubens-, ein Überwachungs-, ein Zeitsystem usw. Es gibt auch noch das organisierte Verbrechen, dies ist ein weiteres destruktives System. Wir leben in einer Welt von Systemen, denen wir folgen, als wären wir süchtig nach ihnen. Im universellen Aufstiegsprozess werden sich alle Systeme transformieren. Einige werden optimiert werden, um der Menschheit für eine gewisse Zeit zu dienen. Andere wiederum werden ganz von der Bildfläche verschwinden. Wenn wir uns selbst beobachten, können wir bei genauem Hinschauen in unserem Verhalten und Denken die Abhängigkeiten von diesen Systemen erkennen. Wir haben unsere Macht an sie abgegeben. Jetzt sollten wir uns fragen, wo uns dieser relative Fortschritt hingeführt hat.

Es wurden in den vergangenen zweihundert Jahren viele Kriege geführt, die einander jedes Mal an Brutalität und Menschenopfern überboten haben, mit stets „optimierten" Waffensystemen, die von unseren Wissenschaftlern konstruiert wurden. Das Absurde daran ist doch, dass damit Menschen und Tiere getötet werden, und auch oft die Infrastruktur (und quasi „nebenbei" auch die Natur) zerstört wird. In den Gewohnheiten von Traditionen und Nationalitäten, geprägt von Habgier, Machtstreben und purem Egoismus, haben wir ein Versklavungssystem erschaffen, das sich letztlich auflösen muss, da es auf der Trennung von Gott basiert. Hintergründig offenbart es Angstenergien, die seit jeher allein den Dunkelmächten dienen. Die universelle Liebe ist frei von all diesen relativen Systemen. Wir können uns als Menschen kein Bild von dieser Liebe machen, noch können wir sie wirklich erklären, und doch können wir sie in vielen Dingen erkennen und fühlen. Wir sehen sie in den spielenden, noch unbeschwerten Kindern, die erst durch das Eintrichtern der oben genannten Systeme zu Systemsklaven geformt werden. So fühlen sich viele Menschen gefangen und verführt. Ja geradezu *entführt* vom LEBEN, das im Grunde die Glückseligkeit der Liebe offenbart. Tatsache ist, dass diese Welt sich in diesem Zeitfenster transformiert und sich von allen destruktiven Gewohnheiten befreit. Es ist ein Prozess, der bei vielen Menschen mit den Energien von Herausforderungen, Entbehrungen, von Trauer, Leid, Sorgen, Trennung, aber auch von Freude begleitet wird. Diese Trennungen von Gewohnheitssystemen führen uns zur Einheit. Sie offenbaren uns wirkliche Freiheit – ein störungsfreies Geist-Körper-System – erfüllt und durchströmt von einer Melodie der Liebe, die die Ewigkeit des Seins darstellt. Natürlich gibt es auch Menschen – und es werden immer mehr –, die diesen Prozess bewusst wahrnehmen. Sie bleiben meist zentriert in der eigenen

Mitte und haben aufgrund ihrer Erkenntnis eine entspannte Lebenseinstellung.

Frau B. aus Baden-Württemberg lebt mit ihren beiden Kindern in einem Einfamilienhaus. Die Mutter und ihre Kinder stellen sich jeden Tag auf die göttliche Liebe ein. Wie bereits viele Menschen, haben auch sie das »Handbuch für Götter« gelesen. Es hat sie nur bestätigt in ihrem Gottvertrauen und in dem Wissen, dass Christus in allen Menschen lebt und sie auch *be*lebt. Obwohl sie in diesem Zeitfenster leben und sich des obengenannten Transformationsprozesses dieser Welt bewusst sind, ist ihr Alltag mit Freude, Demut und Liebe erfüllt. Natürlich läuft auch in dieser Familie nicht alles rund, doch diese Reibungen dürfen sein. Sie gehören zum eigenen Aufstiegsprozess dazu. Eine entspannte Sichtweise, die auf Erkenntnis und Wissen basiert, hilft jedem Menschen, in dieser außergewöhnlichen Aufstiegserfahrung zu bestehen. Wir dürfen lernen, einfach loszulassen. Das Festhalten von Gewohnheiten belebt sie immer und immer wieder. Als Beobachter können wir die Energien der Gewohnheiten wahrnehmen. Wir brauchen sie nicht wegzustoßen, doch wir dürfen erkennen, dass wir ihnen mit unserer emotionalen Energie immer wieder Leben einhauchen.

Blicken wir neutral auf diese Gewohnheiten; beleben wir sie nicht – und sie werden wie Wolken, die vom Wind getragen werden, am Horizont unserer Wahrnehmung verschwinden. Frau B. und ihre Kinder verlieren sich nicht im Labyrinth der Gewohnheiten. Sie sind sich bewusst, dass wir alle außergewöhnliche Wesenheiten sind, die irgendwann das Außergewöhnliche zur Gewohnheit werden lassen.

Sie praktizieren die Botschaft des Johannes und streben danach, diese grenzenlose Energie im Alltag zu leben. *„Gott ist die Liebe, und wer in der Liebe bleibt, der bleibt in Gott und Gott in ihm.“ (1. Johannes 4, 16b)*

3. Der universelle Virenscanner

Die Natur ist ein ideales Beispiel für einen universellen Virenscanner. Es wurde auch in der weltlichen Wissenschaft bewiesen, dass die Gemeinschaft der Bäume weltweit über Botenstoffe, die auf Energiemustern basieren, miteinander kommuniziert. Sobald irgendwo eine Störung im energetischen Kreislaufsystem dieser Gemeinschaft auftritt, reagiert dessen globales Immunsystem darauf. Wie bei den Menschen gibt es auch bei den Bäumen viele Baumarten *(in der Menschenwelt bezeichnen wir sie als Rassen)*. Das Immunsystem der Bäume steht in Verbindung mit vielen weiteren Lebensformen. Die Familie der Pilze arbeitet mit den Bäumen sozusagen Hand in Hand. Es gibt weitere Partner dieser Gemeinschaft: Mineralstoffe und Vitamine, geistige Helfer im Wurzelbereich und auch im oberirdischen Bereich der Bäume. Es ist ein sehr komplexes System, das hier am Werk ist. Wenn nun Störungen im Waldsystem auftreten, wird dieses System unterschiedlichste Maßnahmen ergreifen. Selbst wenn ein Waldgebiet abgeholzt wird, so wird der Wald diese Information weltweit an alle Bäume weiterleiten. Irgendwo wird dann die grüne Lunge der Erde diese Störung durch natürliche Fortpflanzung ausgleichen. Was meint der Mensch, wer er ist? Im Grunde weiß er nichts und meint nur, etwas zu wissen. Weltliche Wissenschaft hat ihre Grenzen – geistige Wissenschaft nicht!

Die Intelligenz Gottes drückt sich durch die Natur in wundervoller Weise aus. Die Erde braucht den Menschen nicht, aber der Mensch braucht die Erde! Hierzu ein anschauliches Beispiel: Kohlendioxid bedeutet für die Bäume, die gesamte Natur, die Tiere und auch für uns Menschen Leben. Kohlendioxid entsteht durch Zersetzung von Biomasse. Jeder Mensch atmet es aus. Es ist ein Baustoff der Pflanzen und Tiere. Alle Pflanzen sind ohne dieses Gas (Frequenz) nicht wirklich lebensfähig. Wir können behaupten, dass es den Pflanzen als segensreicher Dünger dient. Was wäre, wenn es in dieser momentan noch grobstofflichen Welt kein Kohlendioxid geben würde? Die Erde würde nicht in dieser Pracht erscheinen. Mensch und Tier könnten mit ihrem derzeit erforderlichen Organismus nicht auf diesem Planeten existieren. Was wir damit sagen möchten: Unsere Atmung ist im weltlichen Sinne lebensnotwendig für ein wohl funktionierendes Kreislaufsystem. Dieses Kreislaufsystem dürfen wir als einen globalen, intelligenten Kreislauf auffassen, der immer im idealen Moment auf Störungen reagiert. Alles ist mit allem verbunden und kommuniziert auf der Basis einer universellen Intelligenz, die das Schöpfungsprinzip darstellt. Das Sein ist *LEBEN,* und die Heilige Kraft der Liebe fließt in stiller Weise unendlich durch das Sein.

Jesus hat dies mit folgenden Worten beschrieben: *„Ich bin im Vater und er ist in mir."* Schauen wir nun auf uns selbst und lassen am Abend unseren Tag vor unserem inneren Auge wie einen Spielfilm ablaufen. Was werden wir erkennen? Eine klare Sicht offenbart sich dir durch eine klare Offenlegung all der Störungsmuster, die du in deinem Geist erkennen kannst.

Zur Veranschaulichung: Wenn du ein defektes Fernsehgerät in eine Werkstatt deines Vertrauens bringst, wird der Techniker alle Störungen beseitigen.

Ein weiteres Beispiel, das die Optimierung der Geist-Körper-Firewall wie auch des Virenscanners betrifft: Ein Netzwerktechniker oder Informatiker, der für die EDV-Sicherheit in einem Unternehmen zuständig ist, wird die Firewall bzw. den Virenscanner täglich überprüfen. Wenn erforderlich, wird ein aktuelles Update vom Hersteller der Software (Gott, Schöpferintelligenz) auf den Zentralrechner (Geist-Körper-System, GKS) heruntergeladen (Download). Im Grunde sind diese beiden Systeme (Firewall und Virenscanner) so programmiert worden, dass sie sich automatisch updaten. Das heißt auch, dass sie automatisch das EDV-System überprüfen, und eine Störung, sobald sie auftritt, eliminieren, um sie dann zur Herkunftsbestimmung in Quarantäne zu verschieben.

Dieses Beispiel veranschaulicht die Wirkungsweise unseres Geist-Körper-Systems. Wir sind also unser eigener Sicherheitsbeauftragter oder Netzwerk-Controller und haben die Pflicht, unser Geist-Körper-System täglich bzw. immerwährend aufmerksam zu beobachten, um rechtzeitig Störungen zu erkennen und deren Ursachen zu beheben. Wir wissen aus Erfahrung: Wenn Störungen und deren Ursachen nicht behoben werden, können diese Störfelder chronisch werden. Bei Achtsamkeit und regelmäßiger Selbstüberprüfung werden auch wir in unserem System eine automatische Behebung der Störungen erfahren. Es wird dann zu einer willkommenen Gewohnheit, die unser gesamtes Leben verändern wird. Die Funktionen von Empfangen und Senden werden reibungsloser funktionieren.

Eines Tages rief mich ein Herr H. aus Schleswig-Holstein an. Er hatte verschiedenste Probleme im beruflichen wie auch im privaten Bereich. Wir telefonierten anfänglich fast wöchentlich miteinander, oder er schrieb mir einfach per Handy eine Nachricht. So konnte ich ihm als erfahrener Geist-Körper-System-Netzwerker mit Rat und Tat zur Seite stehen. Im Grunde braucht es keinen persönlichen Kontakt, obwohl auf der geistigen Ebene natürlich auch dies möglich ist. Dies ist jedoch eine andere Geschichte. Herr H. nahm sich unsere Gespräche zu Herzen. Er war begeistert, weil sich eben durch unseren Kontakt in seinem Alltag außergewöhnliche Dinge ereigneten.

Auch hier dürfen wir uns einige Worte von Jesus zu Herzen nehmen: *„Dein starker Glaube (ein reines Selbstvertrauen) wird dich heilen.“*

Sein Leben hatte noch einige Herausforderungen auf Lager, die er jedoch aufgrund seiner modifizierten Sichtweise meisterte. Es ist ganz natürlich, wenn wir Narben und Beulen aus diesen Erfahrungen mitnehmen. Manchmal erkennen wir nicht gleich, was uns diese Erfahrungen sagen möchten. Wenn wir jedoch unser Betriebssystem *(G-K-S)* von Viren (Räubern, destruktiven Energiemustern, auch unserer eigenen Blindheit usw.) befreien bzw. sie erst gar nicht in unseren Geist eindringen lassen, dann wird unser Leben leichter. Herr H. hatte über viele Jahre an sich gearbeitet, und parallel dazu erweiterte sich sein Horizont (sein Bewusstsein). Aus eigener Erfahrung wusste er, wie schnell man sich die Finger verbrennen kann, nur weil man manchmal mit dem Kopf durch die Wand gehen will. Unsere konditionierte Persönlichkeit möchte weiterhin die Zügel in der Hand halten, doch sie werden ihr mehr und mehr entgleiten. Wir können uns nicht gegen das stellen, was wir in Wirklichkeit sind.

4. Die Konditionierung deines Geistes und Leibes

„Des Menschen Wille ist sein Himmelreich."

So lautet eines der bekanntesten und gebräuchlichsten aus dem reichhaltigen Schatz unserer Sprichwörter. Und wie oft möchte man aus gegebenem Anlass hinzufügen: *„Aber auch seine Hölle!"* Dieses Zitat stammt von Karl May, der bekannterweise einen goldenen Humor hatte. Darin können wir erkennen, dass der Wille auch ein Tor darstellt, und dass dadurch verschiedensten Energiemustern Einlass in Geist und Leib gewährt wird.

Ein weiteres Zitat: *„Legt von euch ab den alten Menschen mit seinem früheren Wandel, der sich durch trügerische Begierden zugrunde richtet. Erneuert euch aber in eurem Geist und Sinn." (Epheser 4, 22-23)*

Jesus hat uns mit seiner Botschaft und seiner Mission auf Erden einen goldenen Weg aufgezeigt. Er offenbart sich als Christus und spricht klare Worte, die uns aufrütteln, berühren und motivieren sollen. Seine Botschaft handelt von dieser intelligenten Christuskraft, die unseren Körper mit Leben erfüllt und die im Grunde alles beobachtet, was wir so in unserem Alltag schöpfen! *Sie* gilt es, bewusst als einziges Ideal anzuerkennen. Sie wirkt wie ein allmächtiger Flaschengeist, der uns alle Wünsche erfüllt, die wir emotional umarmen, sei es mit Freude oder mit Angst. Wir entscheiden uns jeden Augenblick durch unsere Gedanken, mit welchen Dingen und Begebenheiten wir uns selbst beschenken! Tatsache ist, dass das Alltagsleben, das wir im Grunde selbst erschaffen haben, uns mit vielen eingefahrenen Abläufen konfrontiert. Sei es beim Einkaufen, im Beruf oder in der Schule, beim Sport, im gewohnten Familienkreis, mit Freunden und Bekannten oder im Freizeitbereich. Wir wollen dieser Liste unserer eingefahrenen Gewohnheiten an dieser Stelle nicht noch mehr Raum geben. Wenn wir uns aufrichtig im Spiegel betrachten, können wir all diese Dinge selbst erkennen! Vergessen wir dabei nicht unsere konditionierten Denkweisen, die bereits in der Kindheit durch eine Menge Umgebungsmuster stark beeinflusst wurden. Ob bewusst oder unbewusst, in unserem Geist-Körper-System wird ein Betriebssystem installiert, das eine Lebenszeit *(Inkarnation)* lang Auswirkungen auf unser eigenes Leben und das Bewusstsein der Menschheit haben wird. Wie wir wissen, ist alles mit allem verbunden.

Um dies zu veranschaulichen, gibt es viele Beispiele: Das Wetter wird oft indirekt durch unser aller Gedankenenergie beeinflusst, so auch der gesamte Alltag. Tatsache ist auch, dass es in dieser Welt sogenannte Dunkelmächte gibt, die das globale Wetter durch verschiedenste Möglichkeiten beeinflussen *(möchten)*. Wir haben es jedoch selbst in der Hand, etwas daran zu verändern, und die Möglichkeiten, die wir haben, sind unbegrenzt! Wir dürfen dies einfach in aller Klarheit erkennen, ohne Wenn und Aber! Unser Wohlbefinden ist ein Spiegel unserer Einstellungen. Wir machen in einem vorgeschriebenen Zeitfenster den Führerschein, um scheinbar unabhängig zu sein, doch im Grunde bilden wir uns dies nur ein, da wirkliche Unabhängigkeit nicht im Außen heranwachsen kann. Sie gedeiht in einer Umgebung, die uns die Leichtigkeit der Botschaft Jesu aufzeigt. Nicht die komplizierte und undurchsichtige Kost, die wir von den verschiedensten Glaubensorganisationen eingeflößt bekommen. Natürlich gibt es auch hier konstruktive Ansätze, weil es auch in diesen Religionsgemeinschaften mutige Menschen gibt, die sich von Doktrin und Unaufrichtigkeit befreien möchten. Sie möchten nicht weiterhin Handlanger von starren und manipulierten Glaubensmustern sein. Viele Menschen nehmen das Angebot von Jesus an und verabschieden sich von alten, eingefahrenen Glaubensbekenntnissen. Hier dürfen wir die Botschaft der Bibel zwischen den Zeilen wahrnehmen. Wenn wir offen für diese grenzenlose Medizin Gottes sind, die Jesus der Welt mit seinen vielen Botschaften und seiner bedingungslosen Liebe schenkte, so wird die Einheit wie eine Blume erblühen. Im Moment können wir doch das Wunder dieser Botschaft bereits überall erkennen. Es fühlt sich wie ein warmer, wohltuender Sommerregen an, der uns unserer Sinne beraubt und unser Herz entflammt. Es sind nicht nur Gedanken – es sind auch Taten und Aktionen, die wir beobachten können! Einhergehend mit einer klaren Entscheidung, in unserem Leben etwas zu verändern, können wir ein globales Erwachen erkennen: ein klares „Nein“ gegenüber den Manipulationsmächten im Hintergrund, die bisher ganz unverblümt vor aller Augen ihr Unwesen trieben.

Im Epheserbrief *(Epheser 4, 22-23)* werden die Menschen bewusst aufgefordert, sich von „alten“, also eingefahrenen Konditionierungen, sprich Gewohnheiten, zu verabschieden, so, als würden wir ein Medikament, das uns lange Zeit begleitet hat, aus unserem Geist und Körper ausleiten. Immer mehr Menschen sprechen offen über einen globalen Bewusstseinswandel, der uns unsere konditionierte Vergangenheit vor Augen hält, um destruktive Muster *(Trennungen, Störungen, Widerstände)* loszulassen. Wir erinnern uns an die kalten Lötstellen auf einer „alten“, gebrauchten und stark beanspruchten Platine *(Elektronik, Fernseher, Geräte, Maschinen, Computer usw.)*, die es bei auftretenden Störungen zu erneuern gilt *(mit einem neuen Geist mit aufstrebenden, konstruktiven Energiemustern)*.

Wenn im Epheserbrief von *„einem früheren Wandel, der sich durch trügerische Begierden zugrunde richtet“*, gesprochen wird, so will uns dies auffordern: Befreie dich von trügerischen Gewohnheitsmustern *(Begierden, Süchten, Beurteilung, Neid, Eifersucht, Arroganz, Zweifel, Gier nach Macht und Geld und all den Widersprüchen in deinem Geist)* und *„Erneuere deinen Geist und deine Sinne.“* Wir können in jedem Moment entscheiden, wie wir unsere Gedankenwelt gestalten möchten, selbst dann, wenn uns Menschen in ein Gespräch hineinziehen oder uns weltliche Herausforderungen begegnen.

„Nehmt die unendliche Liebe in euch wahr und lobpreist die Glorie Gottes, die immerwährend ist.“ Das könnten jetzt auch die Worte von Jesus sein. Was möchten uns diese Worte sagen? Sie fordern uns auf, eine klare Entscheidung für unser unbegrenztes Selbst (ICH BIN) zu treffen, eine intelligente Lebenskraft, deren Jüngerinnen und Jünger wir sind. Tatsache ist eben auch: Wenn wir bei uns selbst beginnen, so wird

sich dieser Impuls global auch auf den Geist aller Menschen (*und alles, was ist)* auswirken. Erinnere dich an das Gleichnis von den Bäumen und die Art und Weise, wie sie weltweit mit ihren Geschwistern und allem Leben verbunden sind.

Der Mobilfunk zum Beispiel zeigt uns doch, wie Menschen weltweit miteinander kommunizieren. Dabei hat sich dieses Kommunikationssystem hier auf Erden immer weiter entwickelt, so dass es auch nicht vor dem Weltall halt macht. Im unendlichen All gibt es Spezies, die den Menschen bewusstseinsmäßig bereits Lichtjahre voraus sind. Bewusst lassen wir hier die weltliche Technik außen vor, da die Technik ohne Bewusstsein nicht existieren würde. Wir können auch hier erkennen, dass die „alten" Denkweisen in der weltlichen Wissenschaft erneuert wurden. Gleiches gilt es in unserem Geist und Körper zu implizieren *(einzubeziehen)*. Paulus spricht vom Blendwerk trügerischer Begierden. Sie betrügen uns und konditionieren auf Dauer unseren Geist und Körper. Der „alte" ausgediente Mensch pocht oft aus Stolz und überheblicher Arroganz auf seine bisherige Denkweise: *„Es wird schon immer so gemacht, also muss es wohl die richtige Denkweise sein."* Schauen wir in unsere Welt, so erkennen wir deren Auswirkungen. Wir erschaffen damit eine Welt, die sich irgendwann durch dieses Blendwerk zugrunde richten würde *(sich durch unsere zerstörerische Denkweise selbst richtend)*, doch letztlich wird sich diese Entwicklung umkehren, da immer mehr Menschen dieses Spiel durchschauen. Es liegt der Duft eines globalen Erwachens in der Luft! *„Wo steuern wir hin?"*, fragen wir immer wieder, obwohl wir einen kosmischen Führerschein im Gepäck haben, der mit einem goldenen Kompass ausgestattet ist. Es geht direkt in Richtung geistiges Nadelöhr, durch das wir hindurch müssen und letztlich auch wollen.

Jesus Christus offenbart uns einen Weg, uns selbst zu betrachten, auf dass wir diese bedingungslose Liebe in der von uns gewählten Welt ins Leben rufen. Dieses Erkennen befreit uns von unserem Egoismus und von unserem Stolz. Es erlöst unsere Arroganz und Überheblichkeit und offenbart Demut. Die Freude, die wir durch diesen Prozess des

Selbsterkennens erfahren, ist nicht von Menschen und Dingen abhängig. Das Leben der bedingungslosen Liebe wird in uns immerwährende Freude entzünden.

Warum können wir in der Bibel immer wieder die Worte *„Freuet euch"* lesen? Jesus sagte doch auch: *„Trachtet zuerst nach Gottes Reich und seiner Gerechtigkeit, so wird euch alles andere zufallen." (Matthäus 6, 33)*

Die Vergangenheit hat uns gelehrt, dass sich der *„alte"* Mensch, *der Mensch, der in Vergangenheit und Zukunft lebt,* zugrunde richtet, doch der „neue" Mensch, *der sein göttliches Erbe erkannt hat und es auch lebt,* der offenbart die Wirklichkeit, das ihm innewohnende ewige Leben.

> *„Dann wird das Himmelreich gleich sein zehn Jungfrauen, die ihre Lampen nahmen und gingen aus, dem Bräutigam entgegen. Aber fünf unter ihnen waren töricht, und fünf waren klug. Die törichten nahmen Öl in ihren Lampen; aber sie nahmen nicht Öl mit sich. Die klugen aber nahmen Öl in ihren Gefäßen samt ihren Lampen. Da nun der Bräutigam verzog, wurden sie alle schläfrig und schliefen ein. Zur Mitternacht aber ward ein Geschrei: Siehe, der Bräutigam kommt; geht aus ihm entgegen! Da standen diese Jungfrauen alle auf und schmückten ihre Lampen. Die törichten aber sprachen zu den klugen: Gebt uns von eurem Öl, denn unsere Lampen verlöschen. Da antworteten die klugen und sprachen: Nicht also, auf dass nicht uns und euch gebreche; geht aber hin zu den Krämern und kauft für euch selbst. Und da sie hingingen, zu kaufen, kam der Bräutigam; und die bereit waren, gingen mit ihm hinein zur Hochzeit, und die Tür ward verschlossen. Zuletzt kamen auch die anderen Jungfrauen und sprachen: Herr, Herr, tu uns auf! Er antwortete aber und sprach: Wahrlich ich sage euch: Ich kenne euch nicht. Darum wachet; denn ihr wisset weder Tag noch Stunde, in welcher des Menschen Sohn kommen wird." (Matthäus 25, 1-13)*

Dieses Gleichnis offenbart uns, was erforderlich ist, um im rechten Augenblick im Geiste anwesend zu sein. Es deutet klar darauf hin, dass wir uns von allen Konditionierungen, die Trennung schaffen, lösen müssen. In einem erneuerten, vorbereiteten Geist sind wir bereit, uns mit der unvorstellbaren Energie von Christus zu einen. Den Moment dieser Einung, wie ihn Jesus im Gleichnis der Jungfrauen mit den Öllampen beschrieb, kennt kein Mensch. So wie den Jungfrauen erging es einst auch Noah, als er den Auftrag bekam, die Arche zu bauen. Er und seine Familie wurden belächelt und verspottet. Das Gottvertrauen Noahs und auch seiner Familie wurde auf die Probe gestellt. Seine Vision war deutlich und seine Hingabe unerschütterlich. Noah und seine Familie waren vorbereitet, doch die anderen Menschen, gleich wie die törichten Jungfrauen, hatten es versäumt, dass ihr Geist im reinen Lichte erstrahlte *(die Öllampen waren erloschen, und sie hatten kein Öl zum Nachfüllen)*, als der Bräutigam kam *(als Christus sich in ihren Herzen offenbarte)*. Diese Art von Menschen vertraut nur noch ihren Konditionierungen, ihrem Aberglauben und ihren Begierden. Sie folgten dem Antichristen und aßen mit Freude vom Baum der Erkenntnis. Wie töricht Menschen doch sein können, obwohl sie aufgrund ihrer vielen Erfahrungen so manches erkannt haben sollten.

Folgende Worte zeigen uns, dass es möglich ist, vorbereitet zu sein: *„Weil du dich an meine Aufforderung gehalten hast, standhaft zu bleiben, werde auch ich zu dir halten und dich bewahren, wenn die große Versuchung über die Welt hereinbricht, jene Zeit, in der die ganze Menschheit den Mächten der Verführung ausgesetzt sein wird." (Offenbarung 3, 10)*

Anders ausgedrückt: Durch konstante Einstellungen *(beständig, beharrlich, gleichbleibend)*, wie z.B. Standhaftigkeit, Willensstärke, Demut, ein friedvolles Gemüt, bedingungslose Liebe, Lebensfreude, einen Geist, der sich im Jetzt befindet und frei von destruktiven Konditionierungen ist, bringen wir uns in eine ideale Position. Wir müssen unseren Geist vorausschauend entwirren, anstatt ihn mit einer Vielzahl von intellektuellem Wissen anzufüllen bzw. vollzustopfen.

Die folgende Geschichte möchte uns zeigen, was mit einem Menschen geschehen kann, der seinen Geist und Verstand so überfordert, dass es zu einem chemischen Kollaps bzw. Kurzschluss im Gehirn kommt. Das Resultat ist ein verwirrter *(verirrter)* Geist. Vor vielen Jahren begegnete mir in einer Kleinstadt in der Pfalz ein verwirrter Mann. Ein Getränkehändler vor Ort erzählte mir von dessen Schicksal. Dieser Mann war einst ein angesehener Professor. Der Händler sagte zu mir: „*Der war so intelligent, dass irgendwann in seinem Oberstübchen ein paar Sicherungen durchgebrannt sind.*" Er erzählte mir, wie freundlich dieser Mann einst war, und jetzt sei er so verwirrt, dass er auf offener Straße Selbstgespräche führe.

Dieses Beispiel ist ein Zeugnis dafür, was durch eine permanente Konditionierung des menschlichen Geistes passieren kann. Ja, er war in den Augen der Allgemeinheit ein kluger Mann und aufgrund seiner Stellung als Professor ein angesehener Mann in dieser ländlichen Stadt. Als Kind und Jugendlicher, und auch noch danach als gestandener Mann, eignete er sich eine Menge weltliches Wissen an. Sein Großhirn war angefüllt mit theoretischen Thesen, die aus der Vergangenheit stammten. So kann es passieren, dass gewisse Ereignisse einen solchen Menschen aus der Bahn werfen können. In seinem Fall kam es zu einem „Kurzschluss" im Gehirn, so dass sein Geist vernebelt wurde. Er lebte in seiner eigenen Welt der Verwirrung.

Es ist nicht die Regel, dass derlei Dinge geschehen. Tatsächlich findet in dieser Welt eine Massenkonditionierung statt, der eine kontrollierte Beeinflussung durch verschiedenste Medieninstrumente vorausgegangen ist.

5. Der Unterschied zwischen der Lehre Christi und Med-Betten

Liebe Leserinnen und Leser, im Hintergrund der „Weltenbühne“ wird seit Jahren über die verschiedensten Heiltechnologien gesprochen. Eine davon sind die sogenannten medizinischen Betten, auch Med-Betten genannt, die mit Hilfe einer Künstlichen Intelligenz (KI) betrieben werden. Sie führen eine Volluntersuchung des menschlichen Körpers durch, bevor sie diesen in kürzester Zeit komplett wiederherstellen.

In diesem Kapitel möchten wir diese „intelligente“ Technologie beleuchten, die einem Teil der Menschheit bereits bekannt sein dürfte. Meist sind es Menschen, die ein Interesse an Science-Fiction, außerirdischem Leben oder an spezieller Literatur haben. In vielen Filmen wurde diese Technologie einem breiten Publikum vermittelt. In einigen Science-Fiction-Romanen wird sie als ganz normal dargestellt, und auch in wissenschaftlichen Fachbüchern über Freie Energie wurde vielfach darüber berichtet. Nicht nur feinfühlige Menschen sehen darin außergewöhnliche Möglichkeiten. Wir können beobachten, dass sich viele Menschen aufgrund von verschiedensten körperlichen Störungen eine derartige Behandlungsmethode wünschen. Im Allgemeinen wird von „medizinischen Betten“, kurz „Med-Betten“, gesprochen.

Wir werden dieses Thema in diesem Kapitel etwas genauer unter die Lupe nehmen. Im Mittelalter hätte der überwiegende Teil der Menschheit ein Med-Bett noch als Teufelswerk angesehen. Am Ende dieses Kapitels wirst du mehr darüber wissen und erkennen, was vielleicht der eine oder die andere auf den ersten Blick nicht wirklich wahrnehmen wollte oder konnte.

Viele Menschen würden diese „medizinischen Betten“ selbstverständlich gutheißen. Wenn wir uns umschauen, können wir eine Menschheit erkennen, deren Geist-Körper-System dringend eine Generalüberholung nötig hätte. Betrachten wir die Technik doch einmal genauer. Einige Leserinnen und Leser haben sich sicherlich bereits einige

Informationen darüber verschafft, doch wir werden in die Tiefe gehen, um Klarheit in dieses Thema zu bringen. Es geht hier auch nicht darum, ob es der Leserschaft in ihr Weltbild passt oder nicht: Ich diene dem einen Prinzip, das bereits Jesus Christus der Menschheit in aller Deutlichkeit als Allheilmittel offenbart hat. Letztlich ist ES die Quelle allen Seins, die uns mit Leben erfüllt!

Zurzeit befindet sich die Menschheit in einer Übergangsphase. Sie wird von allen Seiten mit einer Flut von Informationen überschüttet. Dies führt beim einen oder anderen Menschen auch dazu, dass er sich eines Tages überlastet fühlt. Vielleicht ausgebrannt, erschöpft, antriebslos und müde. Therapeuten bezeichnen dies meist als Erschöpfungssyndrom oder Burnout.

Ein solcher Mensch fühlt sich dann überfordert und will einfach nur noch seine Ruhe haben. Er ist nicht mehr im Stande, den Alltag mit dieser Überbelastung zu ertragen. Besonders in den Industriestaaten werden Menschen von den verschiedensten Medien permanent mit oberflächlichen Informationen geflutet. Wir haben es ja selbst so gewollt und stecken nun in diesem Dilemma. Dies wird jedoch dazu führen, dass der Mensch irgendwann von dieser manipulativen Medienlandschaft genug hat. Tatsache ist doch, dass dies bereits stattfindet! Immer mehr Menschen durchschauen diese Art von Medien. Viele Menschen haben mir geschrieben, dass sie im Grunde an gar nichts mehr glauben wollen, weil die Informationsflut eben auch mit egoistischen Einstellungen verbunden ist. Wir sollten uns selbst prüfen und selbstverständlich auch die Informationen, die uns im Alltag beschäftigen. Warum hat jeder Mensch eine Intuition? Warum vertrauen sehr viele Menschen irgendwelchen Orakeln oder Hilfsmitteln, die seit vielen, vielen Jahrtausenden existieren? Im Grunde ist der Mensch eine gespaltene Persönlichkeit, die meist an der Oberfläche lebt und nur selten in die Tiefe, in das Innere ihres Seins, abtaucht, um in sich hineinzufühlen! Wir könnten die oberflächliche Persönlichkeit als das *konditionierte „Matrix-Selbst“* und das innere Selbst als das *souveräne Selbst der Wirklichkeit* bezeichnen.

Fangen wir mit einem interessanten Satz an, der von einem weltweit bekannten Mann stammt: *„In etwa einem Jahr werden fast alle Krankenhausverfahren veraltet sein."* Diese Worte klingen interessant, und tatsächlich wird es eines Tages soweit sein. Es existiert diesbezüglich ein Zeitfenster, doch wir sollten wissen, dass nur die göttliche Quelle die entsprechenden Ereignisse veranlassen kann. Dies hat mit vielen Faktoren zu tun. Jede Prophezeiung und auch alle Informationen basieren auf Energiemustern, die jederzeit von der allumfassenden Intelligenz verändert werden können. Es gibt nichts, was nicht wirklich möglich ist!

Auch wenn es viele Menschen noch nicht wirklich wahrnehmen können, so ist es eine Wahrheit, dass die „Med-Bett-Technologie" existiert, und das auch jenseits der Erde, an vielen Orten und auf vielen Ebenen. Was wissen die Menschen denn wirklich? Auf diesem Planeten wurde diese Technologie bisher erfolgreich der Menschheit vorenthalten. Teilweise wurde sie geheim gehalten, und es wurde ihr auch nicht die erforderliche Beachtung geschenkt. Die Macht-„Elite" hatte kein Interesse daran, dass Menschen die Wahrheit über Gesundheit und Krankheit erfahren. Sie profitierte stets vom oberflächlichen Verhalten der Menschheit. Ihre Profitgier und auch ihr Machtgehabe wird eines Tages ihr Untergang sein, denn die Dunkelheit ihren Zenit erreicht und die Menschen ein für alle Mal ablassen von Gewalt, Kriegen und Dekadenz, wird dies der Untergang der Macht-„Elite" sein!

Erst mehrere Jahrzehnte nach dem Zweiten Weltkrieg veränderte sich aufgrund einer zunehmenden Aufstiegsfrequenz das Bewusstsein der Menschheit. So kam es, dass immer mehr Menschen nach dem Sinn des Lebens fragen. Es ist im Grunde eine friedliche Revolution, die sich im Geist der Menschheit aufmacht, dem eigenen Souverän wieder auf den rechtmäßigen Platz zu verhelfen. Der Souverän ist der Christus, der niemals vom Throne seines Reiches verbannt werden konnte. Der Mensch hat sich diese Illusion selbst erschaffen und im Laufe vieler Zeitalter in Stein gemeißelt. In den Jahrzehnten nach dem Zweiten Weltkrieg offenbarte sich uns in einem rasanten Tempo eine Welt der

Technologie. Es ist mittlerweile soweit, dass die „Künstliche Intelligenz“ in viele Bereiche des Alltags integriert wird. Die Vielfalt der Einsatzmöglichkeiten würde ein weiteres Hauptkapitel füllen. Viele Menschen wollen sie auch gar nicht mehr missen, denn diese „Intelligenz“ übernimmt für uns die Arbeit. Wir werden dadurch noch abhängiger und bequemer gemacht. Sehr viele Menschen haben dies bereits bereitwillig angenommen!

Die „Künstliche Intelligenz“ wird also von vielen Menschen auch aus Bequemlichkeit gern in ihr Leben einbezogen. Es gibt jedoch auch eine Opposition, die davor warnt, dass die KI eines Tages eine von uns Menschen vernetzte Welt kontrollieren könnte. Wenn dem so ist, dann ist doch die Frage berechtigt: Weshalb wird jetzt diese „intelligente“ Technologie in dieser Welt als Heilsbringer angepriesen? Es gibt Menschen, die behaupten, sie sei Teufelswerk. Nun ja, man spricht im Volksmund ja auch über das Teufelsgold, das einst vielen Blinden zum Verhängnis wurde, weil die Gier danach sie um den Verstand brachte.

Wie war das mit dem Zwergenkönig Thrór, dem Großvater von Thorin II, auch Eichenschild genannt, der dem Glanz des Goldes und letztlich dem Arkenstein im Berge Erebor verfiel? Der Arkenstein (Arken = edel) war einer Kugel mit tausend Facetten gleich, er schimmerte wie Silber im Schein des Feuers, wie Wasser im Sonnenlicht, wie Schnee unter den Sternen, wie Regen unter dem Mond. Er galt als prächtigster Edelstein in Mittelerde und war der Schatz der Könige unter dem Berg. Im Grunde wurde diese Störung (die Gier nach Gold und Macht) auch Thorin zum Verhängnis. Er fiel in der Schlacht der fünf Heere und wurde mit dem Arkenstein auf seiner Brust begraben. Wenn dies auch als eine fiktive Geschichte in diese Welt kam, so möchte ich doch daran erinnern, dass aller Worte Urgrund der Geist Gottes ist. Es gibt unendlich viele Dimensionen, die vom Schöpfergeist *(nicht nur)* für die Menschen erschaffen wurden.

Es ist auch allgemein wahrnehmbar, dass seit vielen Jahren immer mehr mutige Seelen auf diesem Planeten landen. Das Licht der Sonne wird vieles an verborgenem Wissen zum Vorschein bringen – ein Wissen, das seit Anbeginn der Erde immer mehr im Hintergrund verschwand, weil eine Vielzahl von Seilschaften ihre Macht nicht verlieren wollte. Doch damit nicht genug: Außerirdische und geistige Intelligenzen führten das Zepter über diesen Planeten. Ja, sie führten es, doch ihre Zeit ist abgelaufen.

Kommen wir nun zu einer dieser intelligenten Technologien, die im Weltenraum im Grunde seit Äonen existiert. Es gibt in der Neuzeit (seit ca. 200 Jahren) einige Wissenschaftler, die mit der Erforschung der freien Energie auf sich aufmerksam gemacht haben. Einer davon ist Nikola Tesla, der zahlreiche Patente angemeldet hatte, doch dem gewisse Interessengruppen übel mitgespielt haben. Seine Forschungen sollten zum Wohle der Menschheit wie auch des Planeten Erde beitragen. Banken und Industriemagnaten waren keinesfalls mit kostenlosem Strom für die gesamte Menschheit einverstanden. Es ist ja auch jetzt noch eine Tatsache, dass mit den natürlichen Gaben der Natur und somit der göttlichen Intelligenz viel Geld verdient wird. Wie ist diese Praxis mit der „Med-Bett-Technologie" vereinbar? Im Grunde gar nicht. Jedoch wird sich aufgrund des aktuell stattfindenden Paradigmenwechsels mit der damit einhergehenden Reinigung eine grenzenlose Welt der Nächstenliebe offenbaren.

Zu Petrus gewandt sagte Jesus: *„Simon, Simon, pass auf! Der Satan* (der Antichrist in uns selbst – unsere konditionierte Persönlichkeit und alle von uns erschaffenen Quälgeister, sprich Dämonen) *ist hinter euch her, und Gott hat ihm erlaubt, die Spreu vom Weizen zu trennen. Aber ich habe für dich gebetet, dass du den Glauben nicht verlierst. Wenn du dann zu mir zurückgekehrt bist, so stärke den Glauben deiner Brüder! „Herr", fuhr Petrus auf, „ich bin bereit, mit dir ins Gefängnis und sogar in den Tod zu gehen."*

Doch Jesus erwiderte: „*Petrus, ich sage dir: Heute Nacht, noch ehe der Hahn kräht, wirst du dreimal geleugnet haben, mich zu kennen.*"

Jesus weist hier in deutlichen Worten darauf hin, dass diese Welt mit all ihren Kreaturen eine Reinigung erfahren wird. Der Mensch hat den freien Willen bekommen. Nicht Gott erschuf den Satan oder Antichristen, es waren die Menschen, die dies taten. Den Anti-Christus, dem Gott erlaubt hat, sich aller Menschen zu bedienen.

Hier sei doch die Frage erlaubt: Wer ist noch vom Äußeren abhängig? Selbst Petrus ist dem Satan (Antichrist) auf den Leim gegangen, obwohl er dachte, er wäre stark genug, ihm zu widerstehen. Was einst Petrus erfahren musste, dürfen nun auch wir am eigenen Leib verspüren.

Was haben die Worte von Jesus Christus mit „Künstlicher Intelligenz" zu tun? Eine ganze Menge, denn sie zeigen uns auf, dass diese Reinigung bis in die Tiefen der menschlichen Begrenzungen einwirken wird. Ein weiser Mann sagte einst: „*Die Technik ist eine Sackgasse, wenn aus ihr keine Erkenntnis über die Grenzenlosigkeit der Schöpferkraft gewonnen wird.*"

In solch einer Welt wäre kein Platz mehr für begrenzte Technologien und ein Gesundheitssystem, das im Grunde meist zum Gegenteil führt. Wir dürfen und müssen uns doch auch hier fragen: Was ist wirkliche Freiheit und Souveränität? Kann diese Technologie der „Medizin-Betten" uns vielleicht dabei unterstützen, dass wir unbeschwerter an unserer Bewusstseinsentwicklung arbeiten können? Ist sie wirklich ein Segen oder kann sie unsere Persönlichkeit in eine weitere, vielleicht noch stärkere Abhängigkeit führen? Es wird allein auf *uns* ankommen, ob wir uns dieser Technik mit Leib und Seele hingeben! Oder sind einige Menschen bereits so weit, dass sie dabei nicht sich selbst vergessen werden? Wir haben in der Vergangenheit stets bewiesen, wie anfällig wir als menschliche Spezies für Aberglauben, Süchte, Eitelkeiten und eingefahrene Gewohnheiten sind. Es wäre also ratsam, diese Technologie mit Bedacht anzuwenden. So ist es vorgesehen, um den darauffolgenden Entwicklungsschritt auch annehmen zu können. Das heißt: In der göttlichen Vorsehung ist diese „intelligente“ Technologie als eine Möglichkeit für einen weiteren Bewusstseinssprung der Menschheit hinterlegt worden! Sie sollte mit Weisheit genutzt werden und dem Wohle der Menschheit dienen! In der Vorsehung sind viele Möglichkeiten vorhanden. Wir können dies mit dem „Nichts“ vergleichen, das nicht materiell ist, doch in allen Dingen potenziell vorhanden! *(Der Begriff „Potenzial” beschreibt die Möglichkeiten von Personen, Situationen und elektrischen und magnetischen Feldern in der Physik. Dieses Wort stammt vom lateinischen Wort „potentia” ab und bedeutet Energie, Fähigkeit, Stärke, Befähigung, Eignung, Einsetzbarkeit, Kompetenz oder Qualifikation.)*

Wie könnte die Einführung dieser „intelligenten“ Technologie auf der Erde aussehen, und handelt es sich dabei tatsächlich um „Künstliche Intelligenz“? Zeichnen wir hier einmal auf einer Leinwand ein Szenario, ohne dabei wirklich unser Gehirn zu aktivieren. Können wir das wirklich, ohne dass der Frontallappen unbewusst eingeschaltet wird? Ja, denn wir sind im Grunde souveräne Wesen! Wir müssen nur wirklich überzeugt sein! Nehmen wir den geistigen Stift in die Hand und skizzieren ein Bild oder einen weisen, intelligenten Plan von dieser im Moment noch außergewöhnlichen Möglichkeit.

Zum Beispiel werden in vielen Städten Zentren entstehen, die mit „Medizin-Betten“ ausgestattet sind. Krankenhäuser *(hier steckt die Krankheit bzw. Störung drin)* wie auch die meisten therapeutischen Praxen werden irgendwann der Vergangenheit angehören, weil eben diese „Medizin-Betten“ innerhalb sehr kurzer Zeit weltweit eingesetzt werden. Diese Technologie wird in der Lage sein, die DNS zu reparieren *(zu heilen)* und gleichzeitig alle Störungsfelder *(Krankheiten)* aufzulösen. Wir sollten davon ausgehen, dass es mehrere Varianten dieser

Technologie geben wird. Es werden weitere „intelligente“ Technologien hinzukommen, die bisher im Verborgenen ruhen.

Welche Störungsmuster kann diese Technologie beseitigen? Eine ganze Menge. Zum Beispiel kann sie:

- fehlende Organe wieder nachwachsen lassen und
- sämtliche Frequenzmuster, die zu Störungen im menschlichen Geist-Körper-System führen, zu unbegrenzten Frequenzen harmonisieren.

Es würde an dieser Stelle zu weit führen, alle Störungsmuster *(auf der 3D-Ebene werden diese Störungsmuster der energetischen Form als Krankheit bezeichnet)* aufzuzählen. Der Geist des Menschen ist voll davon, und der Körper reflektiert diese begrenzten Gedanken. Wir bezeichnen diese Zusammenhänge mit *Ursache und Wirkung* und nennen das Ergebnis „Krankheit“. Was könnte eine neunzigjährige Frau für einen Nutzen von einer solchen Technologie haben? Ihr Körper könnte sich durch eine solche Behandlung derart verjüngen, dass wir sie nach kürzester Zeit als Dreißigjährige erblicken würden. Das heißt, ihre DNS bzw. ihr gesamter Körper würde wieder in einer vollkommen störungsfreien Frequenz schwingen. Was wäre mit einem solchen Körper möglich? Sie könnte erneut Kinder gebären und eine Familie gründen. Sie könnte so vieles tun, was ihr als Neunzigjährige nicht mehr möglich ist. Sie hätte wieder einen kraftvollen, beweglichen, dynamischen Körper, anstatt eines gebrechlichen und bereits verbrauchten Körpersystems. Wir können dadurch den Eindruck gewinnen, dass diese Technologie ein ewiger Jungbrunnen ist.

Wir werden diese Thematik nochmals aufgreifen, wenn wir im Anschluss den Christus in uns zu Wort kommen lassen.

Was genau macht diese Technologie in Verbindung mit einem solchen „Medizin-Bett?“ Es könnte auch „intelligente Liege“ heißen, doch bleiben wir bei der eingeführten Bezeichnung „Med-Bett“. Dieses „intelligente“ System scannt den menschlichen Körper auf Fehlfunktionen

(Unvollkommenheiten) und repariert ihn dahingehend, dass er wieder in einer grenzenlosen Frequenz schwingt. Diese Technologie wurde nicht von den Menschen erschaffen, die derzeit diesen Planeten Erde bewohnen. Unsere Brüder von jenseits unseres Sonnensystems haben der Menschheit diese Technologie als Hilfsmittel gegeben. Weshalb sie dies taten, klären wir an anderer Stelle. Sie wurde der menschlichen Rasse bisher absichtlich vorenthalten, denn die machtgierigen Führer der selbsternannten „Elite“ dachten doch wirklich, sie könnten die Menschheit für alle Zeiten versklaven. Sie haben diesen Plan jedoch ohne den Christus gemacht!

Was für eine Technologie verbirgt sich hinter den Med-Betten? Diese Technologie basiert auf der Energie von Tachyonenpartikeln und Plasmaenergie. Wie dir vielleicht bekannt sein dürfte, bestehen der Erdboden, das Wasser, die Natur und die Atmosphäre aus Plasmaenergie. Im Grunde besteht alles im Universum aus Plasmaenergie, einer grenzenlosen Schwingungsfrequenz. Wir möchten nicht so tief in dieses Wissen eintauchen, da dies im Grunde nicht erforderlich ist, um einen grenzenlosen Geist zu offenbaren. Bleiben wir noch bei der Tachyonenenergie und deren Partikeln. In der göttlichen Ordnung schwingende menschliche Zellen bzw. Zellstrukturen haben eine magnetische Ladung, die Tachyonenpartikel anzieht. Das führt dazu, dass sie die Tachyonenpartikel in biologische Energie *(nutzbare Elektronen)* umwandeln.

Oft verhält es sich so, dass Zellstrukturen aufgrund verschiedenster Störungen unnatürliche Veränderungen aufweisen. Es entstehen Entzündungsprozesse, die auf einen gestörten Säure-Basen-Haushalt hindeuten. Destruktiver Stress führt im menschlichen Körper in vielen Fällen zu einer Übersäuerung, der wiederum die Basis für eine Vielzahl von körperlichen Störungen *(Krankheiten)* bildet. Das ist jedoch noch nicht alles. Es gibt weitere Störungsmuster, die sich im elektromagnetischen Feld im Körper und um ihn herum bewegen. Wenn Zellen derart gestört sind, so können sie nicht mehr ausreichend feinstoffliche Energie umwandeln, und dies führt zu einem Energiemangel in den Zellen. Hier kann die Tachyonenenergie einen Umkehrprozess bewirken, der dazu führt, dass die göttliche Ordnung wiederhergestellt wird. So kommt es zu einer körperlichen Erholung mit einer damit einhergehenden ganzheitlichen Harmonisierung.

Vor einigen Jahrzehnten begegnete mir ein Mann, dem das linke Bein teilweise amputiert worden war. Er sagte mir, dass er immer noch das Bein als Ganzes fühle und überzeugt sei, dass sein linkes Bein eines Tages wieder vollständig sein werde. Bei angenehmen Waldspaziergängen bekam er von meiner Seite bzw. der göttlichen Quelle außergewöhnliche Informationen. Tatsache ist, wenn er sie in seinem Geist bewusst aufgenommen *(anerkannt und vollumfänglich akzeptiert)* hätte, wäre das Unmögliche in seinem Leben geschehen! Fakt ist jedoch, dass die breite Masse der Menschen ein degeneriertes Selbstbewusstsein hat. Mit einer konditionierten Persönlichkeit und einem vernebelten menschlichen Geist scheint es für viele Menschen eine unüberwindbare Hürde zu sein, das „Unmögliche" als reale Möglichkeit zu akzeptieren und in ihr Leben zu rufen (zu materialisieren), oder es gar als Gewohnheit anzunehmen.

In der Tat ist es so, dass Jesus Christus immer wieder auf unseren wankelmütigen Glauben hingewiesen hat. Glauben bedeutet eben, nicht im Wissen zu sein. Das Sein ist das Wissen, das uns durchströmt und umgibt. Es ist alles, was ist, und zwar grenzenlos. Das Unmögliche offenbart sich uns, wenn wir sämtliche Widersprüche in unserem Geist loslassen! Ob in der Vergangenheit oder Zukunft, alle Widersprüche, sprich Begrenzungen, basieren auf diesen Anschauungsmustern.

Dieser Mann arbeitete hart an sich und wollte solches in die Tat umsetzen. Doch er scheiterte daran, weil er noch nicht die erforderliche Leichtigkeit besaß. Sein Alltag war noch durchwoben von familiären Herausforderungen und vielen persönlichen Einstellungen. In seinem Geist waren auch noch einige Süchte erkennbar, von denen er noch nicht lassen konnte. Sein Ziel war es, seine Vorstellung wirklich in die Tat umzusetzen, doch in seinem geistigen Königreich waren die Räuber am Werk. Diese emotionalen Widersprüche führten zu Blockaden, die den Heiligen Strom der Erneuerung in seinem Geist-Körper-System *(die Ursprungsblaupause seines linken Beins)* daran hinderten, sich zu entfalten.

Als wäre ein Bautrupp mit dem Originalplan auf der Baustelle bereit, die notwendigen Arbeiten durchzuführen, doch der Hausherr *(konditionierte Persönlichkeit)* würde dies durch seine Gedanken verhindern. Das Wissen, das wir ihm schenkten, führte dazu, dass sich sein Leben beschleunigte, als sei er mit seiner Schwingungsfrequenz in außergewöhnliche Bereiche eingedrungen. In der Tat befand er sich durch die Aufnahme dieser geistigen Nahrung mit seiner Geist-Körper-Frequenz (dem *Wassers des Lebens)* in einer beschleunigten Aufwärtsspirale. Es gereichte ihm zum Segen, und somit kam sehr viel Schmutz zum Vorschein. Es folgten Regelungen bzw. Reinigungen, die ihn in ungeahnte Situationen brachten. Letztlich meisterte er diese Widrigkeiten mit der Hilfe Gottes und seines modifizierten Selbstbewusstseins. Sein linkes Bein hat die gewünschte Materialisierung zwar noch nicht erfahren, aber das heißt nicht, dass dies nicht noch möglich wäre. Heute ist er ein glücklicher Familienvater.

Eines Tages wird uns diese Seele wieder begegnen und sie wird die nächste Stufe ihrer Entwicklung meistern. Diese liebe Seele befindet sich in den liebevollsten Händen, denn Christus ist ihr Leben.

Diese Technologie der Med-Betten könnte für ihn vielleicht segensreich sein, wenn er sie nicht als Ideal, sondern als Hilfsmittel betrachtet. Innerhalb von Minuten hätte er sein vollständiges linkes Bein wieder. Der menschliche Körper erinnert sich immer daran, wenn ein Organ, ein Arm, ein Bein oder sogar nur eine Zelle entfernt wurde oder nicht mehr vollständig funktioniert. Die kontrollierbare „Intelligenz" dieser Technologie (*Med-Betten, Quantentechnologie)* verbindet sich mit der Schwingungsfrequenz und der DNS eines menschlichen (und auch tierischen) Körpers, um das Organ zu regenerieren. Das heißt, es gibt nichts im menschlichen Körper, was nicht wiederherstellbar wäre oder gar grenzenloser gestaltet werden könnte. Das Bewusstsein dieses Mannes mit dem amputierten Unterschenkel hat die Reife, diese Technologie als Hilfsmittel anzunehmen und ihr nicht anzuhängen. Unsere Begegnung war im Schicksal dieses Mannes vorgesehen, und wir haben ihm das Wissen vermittelt, das ihm eines Tages in seinem Aufstiegsprozess weiterhelfen wird. Weshalb das so ist, wirst du anschließend, wenn wir die Christuskraft beleuchten, erkennen.

Die Med-Betten-Technologie verfügt über eine kontrollierbare „Künstliche Intelligenz" (KI). Aufgrund einer „intelligenten" Quanten-Technologie als Basis kann sie nicht aus dem Ruder laufen. Diese „Künstliche Intelligenz" ist die Zentrale.

Ein Beispiel zur Veranschaulichung: Seit vielen Jahrzehnten gibt es den Kernspintomographen, bei dem man sich auf eine Liege legt und in eine Röhre *(Tunnel)* gefahren wird. Der menschliche Körper befindet sich also in einer Röhre, um daraufhin eine magnetische Oszillation und einen Resonanz-Scan über sich ergehen zu lassen. Dabei werden von dieser Technologie alle vorhandenen Störfelder aufgezeichnet. Mit einfachen Worten ausgedrückt: Diese „Med-Betten-Technologie" scannt deinen Körper, das heißt, die Haut deines Körpers, alle Organe, das gesamte Skelett, alle Drüsen, alle Zellen, das Muskelgewebe, also einfach deinen gesamten Körper. Dieser Vorgang identifiziert alle Störungsmuster, und dein Körper wie auch deine DNS wird dabei einer vollständigen Überprüfung unterzogen. Diese Technologie analysiert also dein intelligentes Geist-Körper-System!

Einige Leserinnen und Leser werden jetzt fragen: Ist das überhaupt möglich, wenn der Geist grenzenlos ist? Diese Frage werden wir anschließend beleuchten, wenn es um die Christuskraft geht.

Liebe Leserin, lieber Leser, wie du weißt, kann es bei Gott nichts geben, was nicht möglich ist, da diese intelligente Lebenskraft sich in grenzenloser und unendlicher Weise offenbart. Wenn also einige Menschen im Glauben sind, dass diese Technik der Med-Betten nur eine Science-Fiction-Story ist, so sollten sie über die Quelle der Elektrizität nachdenken. Es steht jedem Menschen frei, dieses für sich selbst zu überprüfen. Die freie Wahl, uns für eine Sichtweise zu entscheiden, ist uns von der Gott-Vater-Mutter-Quelle gegeben worden. Es ist in dieser Welt mit all diesen vielen Konditionierungen auch nachzuvollziehen, dass der eine oder andere an diesen Dingen zweifelt. Wenn wir in die Welt schauen, so sehen wir eine Menschheit, die an sich selbst, an Gott und an der bedingungslosen Liebe zweifelt! Eines Tages wird auch dieser Prozess der Selbsterkenntnis vollendet sein!

Die „freundliche" Dunkelheit, die dir jetzt vielleicht noch nicht so freundlich erscheinen mag, hat die Menschheit mit allen ihr zur Verfügung stehenden Mitteln beeinträchtigt und manipuliert *(und müssen, denn dies diente dem Erwachen des menschlichen Individuums)*. Zu einem Teil hat dies funktioniert, doch eben nicht in Gänze, da der göttliche Funke in uns, die Christuskraft, sich niemals von einem Außen manipulieren lässt. Die Dunkelheit wurde mit der Schöpfungskraft der göttlichen Quelle erschaffen und kann nur dann weiter existieren, wenn wir als Kinder Gottes und Schöpfer dieser Dunkelheit eine Berechtigung bzw. Raum geben.

Ein Beispiel aus dem Epos »Der Herr der Ringe« von J.R.R. Tolkien: Sauron, und mit ihm alle Schatten, lösten sich erst vollständig auf, als der Ring, der die Welt fesseln und knechten wollte, in das „göttliche Feuer" des Schicksalsberges geworfen wurde. Dieser Ring, der einst dafür erschaffen wurde, diente nur einem Zweck, sich durch alle Widrigkeiten wieder selbst zu erkennen und die Glorie Gottes, die Christuskraft, die in uns allen wohnt, zum Licht zu führen.

Wir haben es selbst in der Hand, dies in die Tat umzusetzen! Wir geben hier nur wieder, was in einem bestimmten Zeitfenster für die Menschheit als Möglichkeit offenbart werden kann, wenn die Menschheit dies selbst erwählt. Der eine oder andere Mensch wird einen anderen Weg gehen, vielleicht einen in seinen Augen sehr unbegrenzten Weg, doch die Energiewesen der Worte in diesem Buch möchten bei den Leserinnen und Lesern eine unendliche Wahrnehmung bzw. Sicht der Dinge hervorrufen! Wir sollten anerkennen, dass die göttliche Quelle alles Leben liebt, und dass wir die Freiheit haben, alle Möglichkeiten wählen zu dürfen. Die Liebe ist neutral, eben ohne jegliche Bedingungen! Letztlich wird sich das Licht Christi in allen Menschen, ja in allem Leben selbst entfachen. Es ist so vorgesehen! Das menschliche Individuum bekam einen freien Willen, um eine Zeitreise zu erfahren, auf der sich Gottes Liebe durch alles Leben *(denn es gibt nichts außer der Lebenskraft)* beweist und sich auch durch alle Menschen ausdrückt. Es erweitert sich permanent im ewigen Sein, damit der Mensch erkennt, dass Gott *IST. ES* ist Gottes Allmacht!

Kommen wir nun zu der Frage: Was hat das alles mit dem Christus in dir zu tun? Können wir einen Unterschied zwischen der Christuskraft und der von menschengemachter Technologie (KI) erkennen? Ist das überhaupt möglich, wenn der Geist grenzenlos ist?

Es gibt eine entscheidende Tatsache, die ich hier ansprechen möchte. Die unergründliche Christuskraft ist die Basis allen Lebens und aller Materie. Das heißt, diese „intelligente" Technologie, die wir als Med-Betten kennen, ist im Grunde auf der Basis dieser Kraft erschaffen worden, doch sie ist nicht die Quelle allen Seins. Wenn wir dieser Erfindung vom fertiggestellten Prototyp über die Blaupause, dann weiter über den Gedanken des Schöpferindividuums *(des Schöpferwesens dieser Technik, das einer menschlichen Rasse oder auch einer außerirdischen Spezies aus diesem oder einem anderen Planetensystem entstammt)*, und was davor ist, nachgehen, so ist es absolut einleuchtend, dass die Christuskraft die Ursubstanz ist, da alles, was ist, dieser Quelle entstammt. Das Wort „Ursubstanz" kann nicht annähernd die Wirklichkeit der

Christuskraft erklären! Sie kommt aus Gott, und Gott ist ein ewiges Mysterium.

Wie bereits erwähnt: Diese Technologie wurde von Lebewesen erschaffen, die nicht auf der Erde leben. Betrachten wir diese außerirdische Technik einmal mit den Augen eines folgsamen und konditionierten Menschen. Die allermeisten Menschen hat man in Unwissenheit gehalten. Es gab keinen nennenswerten Widerstand, und so konnte die Macht-„Elite" diese Menschen in einen Pferch sperren und mit der erforderlichen Verblödungsnahrung versorgen, die sie dankbar annahmen. Sie waren so sehr beeinflusst worden, dass sie nicht mehr erkennen konnten (selbst wenn sie es gewollt hätten), was aus ihnen geworden ist! Doch im Jetzt unseres Seins offenbart sich ein weltweites Erwachen, und natürlich wird ein Großteil der Menschheit dieses Geschenk der Med-Betten-Technologie sehr gern annehmen. Die Menschheit leidet seit so vielen Jahren an all den Krankheiten und Beeinflussungen, die ihr von den selbsternannten, quasi angebeteten „Eliten" aufgebürdet wurden.

Wir nehmen bereits die vielen Stimmen wahr: „*Natürlich sind wir den Heilsbringern dankbar, wenn unsere bereits zur Gewohnheit gewordenen körperlichen Gebrechen mit dieser intelligenten Technik aufgelöst werden können. Wir sehen dies als ein Geschenk von intelligenten Außerirdischen an die Menschheit an. Sie wurde uns wohl zur Verfügung gestellt, um für unser Geist-Körper-System ein Segen zu sein.*"

Liebe Leserinnen und Leser, so könnte sich dies aus der Sicht der allgemeinen Weltbevölkerung darstellen. Es wird sich zeigen, was wir Menschen daraus machen werden.

Kommen wir nun zur nächsten Frage, nämlich, wie Menschen, die als einziges Ideal den Christus erwählt haben, diese Technologie sehen. Was könnten sie über diese Technik denken? Sie werden wohl einige Zitate aus der Bibel und dem Fundus ihrer eigenen Lebenserfahrungen anführen, die sich auf die liebende Allmacht Gottes beziehen. Hier offenbart sich die Tatsache: Das einstige Außergewöhnliche wird zum ursprünglichen Gewöhnlichen!

Einige Beispiele aus dem Wirken Jesu Christi:

Jesus spricht zu ihr (Schwester von Martha): *„Ich bin die Auferstehung und das Leben. Wer an mich glaubt, der wird leben, ob er gleich stürbe; und wer da lebet und glaubet an mich, der wird nimmermehr sterben. Glaubst du das?"* (Johannes 11, 25-26)

Jesus aber sah sie an und sprach zu ihnen: *„Bei den Menschen ist's unmöglich, aber bei Gott sind alle Dinge möglich."* (Matthäus 19, 26)

Im Lukas-Evangelium finden wir die Worte: *„Denn bei Gott ist kein Ding unmöglich."* (Lukas 1, 37)

Wenn Jesus Christus den Bruder von Martha von den Toten erwecken konnte, so sollte es doch auch uns, die wir der Botschaft Christi folgen, eines Tages möglich sein, das Geist-Körper-System in allen Bereichen und auf allen Ebenen in die Urordnung zu erheben. Das heißt, wir werden mit der Christuskraft, die durch uns wirkt, alle Störungen in unserem Geist-Körper-System beheben. Bei Gott und mit einem absoluten Vertrauen, ohne jeglichen Zweifel, ist alles möglich, denn bei Gott gibt es kein „Unmöglich"! Es hat also mit der eigenen Einstellung zu tun, ob wir uns hinsichtlich des Gottvertrauens in vollkommener Akzeptanz befinden. Der Glaube an Gott genügt nicht, um diese Welt und uns selbst in das Christus-Sein zu erheben. Wenn dem so wäre, dann stellt sich uns doch die Frage, warum sich diese Welt nach wie vor in einer Abwärtsspirale bewegt, obwohl doch in der Vergangenheit so viele Menschen an Gott geglaubt haben. Was ist mit den vielen Menschen in den vergangenen beiden Weltkriegen? Haben sie etwa nicht an Gott geglaubt? Ein Großteil dieser Menschen flehte diesen Gott der Kirche an, dass er diese Kriege beenden solle! Warum gab es Abermillionen von Opfern? Frauen, Männer, Kinder und Tiere mussten teils unbeschreibliche Qualen erdulden. Vergessen wir dabei nicht die Natur, die zerbombt und verbrannt wurde. Wo war da Gottes Hilfe, wo doch

Menschen in ihrer Not darum gefleht haben? Der Glaube genügt eben nicht, und wir können an dieser Vergangenheit auch erkennen, dass wir Taten folgen lassen müssen. Was nützt ein Glaube, wenn er nicht in die Tat umgesetzt wird? Gott machte es uns doch vor, indem er uns und alles Leben erschuf. Das waren doch Taten! In uns ist eine Energie der Liebe, die ins Leben gerufen werden möchte. Warum wollen Kinder alles entdecken? Was bedeuten Barmherzigkeit, Mitgefühl, Gemeinschaft, Frieden, Freundschaft, Herzensliebe und Demut für dich, wenn du sie nicht wirklich im Leben praktizierst? Ein Gedanke wird erst dann von uns verinnerlicht, wenn er gefühlt wurde! Wodurch kommt ein Gefühl ins Leben?

Die Jünger und Jüngerinnen Jesu Christi vollbrachten eines Tages selbst Wunder, weil sie den Worten Jesu Christi vertrauten und seinen Worten bei passender Gelegenheit Taten folgen ließen. Eine Frage dazu: Was für einen Nutzen haben die Fertigkeiten eines Handwerkerlehrlings, wenn er sie nicht im täglichen Leben in die Tat umsetzt? So ist es auch mit dem Wissens- und Weisheitsschatz, den dieser Meister an die Menschheit weitergab.

Jesus Christus wiederholte immer wieder seine Botschaften, und stets berührten sie die Anwesenden im Herzen. Seine Gleichnisse sind noch heute, im Hier und Jetzt, erfüllt von einer kraftvollen Lebendigkeit und Liebe. Seine Worte: *„ICH BIN das Wasser des Lebens, wer da dürstet, komme zu mir und es wird ihn nimmermehr dürsten!“* sind flammende Botschaften, die im Geist von folgsamen Menschen sichtbar sind. Wenn wir immer mehr auf unsere Intuition hören, so bekommen wir ein Gefühl dafür, welche Gedanken vom Christus und welche von unserer konditionierten Persönlichkeit kommen! Wir können wirklich etwas in unserem Sein verändern! Wir sind die Schöpfer unserer Realität! Es ist eine Programmierung in der DNS, die die Menschheit vom Wasser der Materie abhängig macht!

Man denke an Jesu Worte zur Samariterin am Jakobsbrunnen in Samaria:

Sein (Jesu) Weg führte ihn auch durch Samarien, unter anderem nach Sychar. Dieser Ort liegt in der Nähe des Feldes, das Jakob seinem Sohn Josef geschenkt hatte. Dort befand sich der Jakobsbrunnen. Müde von der Wanderung setzte sich Jesus an den Brunnen. Es war um die Mittagszeit. Da kam eine Samariterin aus der nahe gelegenen Stadt zum Brunnen, um Wasser zu holen. Jesus bat sie: „Gib mir etwas zu trinken!" Denn seine Jünger waren in die Stadt gegangen, um etwas zum Essen einzukaufen. Die Frau war überrascht, denn normalerweise wollten die Juden nichts mit den Samaritern zu tun haben. Sie sagte: „Du bist doch ein Jude! Wieso bittest du mich um Wasser? Schließlich bin ich eine samaritische Frau!" Jesus antwortete ihr: „Wenn du wüsstest, was Gott dir geben will, und wer dich hier um Wasser bittet, würdest du mich um das Wasser bitten, das du wirklich zum Leben brauchst. Und ich würde es dir geben." „Aber Herr", meinte da die Frau, „du hast doch gar nichts, womit du Wasser schöpfen kannst, und der Brunnen ist tief! Wo willst du denn das Wasser für mich hernehmen? Kannst du etwa mehr als Jakob, unser Stammvater, der diesen Brunnen gegraben hat? Er selbst, seine Söhne und sein Vieh haben schon daraus getrunken." Jesus erwiderte: „Wer dieses Wasser trinkt, wird bald wieder durstig sein. Wer aber von dem Wasser trinkt, das ich ihm gebe, der wird nie wieder Durst bekommen. Dieses Wasser wird in ihm zu einer nie versiegenden Quelle, die ewiges Leben schenkt." „Dann gib mir von diesem Wasser, Herr", bat die Frau, „damit ich nie mehr durstig bin und nicht immer wieder herkommen und Wasser holen muss!" Jesus entgegnete: „Geh und ruf deinen Mann. Dann kommt beide hierher!" „Ich bin nicht verheiratet", wandte die Frau ein. „Das stimmt", erwiderte Jesus, „verheiratet bist du nicht. Fünf Männer hast du gehabt, und der, mit dem du jetzt zusammenlebst, ist nicht dein Mann. Da hast du die Wahrheit gesagt." (Johannes 4, 4-18)

Die DNS folgt deinem bewussten Sein! Du bist der Programmierer deines Lebens und deines Geist-Körper-Systems! Wie lange willst du noch im Außen einen Therapeuten aufsuchen? Der einzig wahre Therapeut ist dein göttliches Selbst, und in ihm lebt die Christuskraft, die deinen Geist und deinen Körper mit Leben erfüllt!

Was steht im »Handbuch für Götter«? Du bist der Schöpfer deiner Welt! Erhebe dich, o Kind Gottes, und lebe das Leben, anstatt nur zu überleben! Anhand dieser Sichtweisen von Menschen mit festgefahrenen Konditionierungen und danach von Menschen, die der Botschaft Christi folgen, können wir erkennen, dass auch ein Weg ohne diese „intelligente“ Technologie existiert. Es erfordert jedoch einen offenen Geist, einen eisernen Willen und ein liebevolles Herz, diesen Weg der Erleuchtung zu beschreiten. Glauben ist nicht gleichzusetzen mit *Im-Wissen-Sein*! Erhebe deinen Glauben, indem du ihn mit Taten ins Leben rufst! *Werde* nicht genial, sondern *sei es* im Hier und Jetzt deines Seins.

Wir werden noch tiefer in die Christuskraft eintauchen, um dem Titel dieses Kapitels gerecht zu werden. Was für einen Weg empfehlen uns die aufgestiegenen Meister aus dem fernen Osten? Viele kennen die Expeditionsberichte von Baird Thomas Spalding, die er in einer Buchreihe mit dem Titel »Leben und Lehren der Meister im Fernen Osten« veröffentlichte. Das erste Buch erschien 1924, in dem die Reisen einer Forschungsgruppe von elf Wissenschaftlern im Jahr 1894 nach Indien und Tibet beschrieben werden. Auf diesen Reisen bekamen sie Kontakt zu den „großen Meistern des Himalaya“, bei denen es sich um unsterbliche Wesen handelt. In den folgenden dreieinhalb Jahren erlebten sie viel Interessantes und wurden auch Augenzeugen zahlreicher Wunder (Gehen auf dem Wasser oder das Manifestieren von Brot). Die Meister erklärten diese Wunder mit der Kraft des ICH BIN, hervorgerufen durch das „Christusbewusstsein“, wie sie es selbst in Anlehnung an die überlieferten Taten Jesu Christi nannten. Diese Meister erklären, dass Buddha den Weg zur Erleuchtung darstellt, führen aber weiter aus, dass das Christusbewusstsein eine Art der Erleuchtung oder ein Bewusstseinszustand ist, nach dem der Mensch strebt. Es ist das Christuslicht jedes Einzelnen – die Entdeckung der Kraftquelle des Menschen in sich selbst!

Baird T. Spalding berichtet: „*Wir hörten eine Stimme. Zuerst schien sie uns undeutlich und aus weiter Ferne zu kommen. Als aber unsere Aufmerksamkeit geweckt und unsre Gedanken auf sie gerichtet waren, wurde die Stimme deutlicher und erklang in glockenreinen Tönen. Jemand von uns fragte: „Wer redet zu uns?" Unser Anführer sagte: „Bitte, seid still! Unser geliebter Meister Jesus redet." Dann sagte einer unsrer Freunde: „Ihr habt recht, Jesus spricht." Die Stimme sprach: „Als ich sagte: „Ich bin der Weg, die Wahrheit und das Leben", hatte ich nicht im Sinn, der Menschheit beizubringen, ich selber sei das eine, wahre Licht. Ich sagte auch: „Alle, die vom Geiste Gottes geleitet werden, sind Söhne und Töchter Gottes." Wenn ich sagte: „Ich bin der vollkommene Sohn, der erstgeborene Sohn Gottes, an dem der Vater sein Wohlgefallen hat", wollte ich allen Menschen verkünden, dass eines von Gottes Kindern seine Göttlichkeit sah, verstand und als Erbteil beanspruchte; dass dieses Gotteskind in Gott lebte, sich bewegte und sein Wesen hatte, in Gott, dem großen Vater-Mutter-Prinzip aller Dinge; dass es dann das Wort aussprach, es sei Christus, der erstgeborene Sohn Gottes, und dass es mit reinem Herzen und in beständiger Zielbewusstheit* (mit einem goldenen Willen und konstantem Geist) *sein Leben lebte und zu dem wurde, was es zu sein behauptete. Es richtete seinen Blick auf dieses Ideal, es erfüllte mit diesem Ideal sein ganzes Wesen, und so geschah es, dass es seine Bestimmung erfüllte. Viele haben mich nicht erkannt, weil sie mich auf einen Altar erhoben haben und mich in unerreichbare Ferne rückten. Sie haben mich mit Wundern und Mysterien umgeben und haben Schranken aufgebaut zwischen mir und den einfachen Leuten des Alltags, die ich doch so innig lieb habe. Ich liebe sie mit unbegrenzter Liebe. Ich habe mich nicht von ihnen zurückgezogen, sie haben sich selber von mir entfernt. „Sie haben Schleier…"*(1)

Die folgenden Worte wurden von einer weisen Meisterin und Gastgeberin offenbart, die die Mitglieder der Expedition auch kennenlernen durften. Dies war nur deshalb möglich, weil die Meister die Schwingungsfrequenz ihres leiblichen Körpers erhöht hatten.

„Als wir in den ersten Raum zurückgekehrt waren, fragte unser Führer, ob ein Wunsch erfüllt werden könne, sobald er ausgesprochen sei. Unsere Gastgeberin erwiderte, wenn der Wunsch in richtiger Form vorgebracht worden sei, werde er erfüllt werden. Sie fuhr dann fort, Wün-

schen sei eine Art des Betens, und zwar die richtige Form, die Jesus angewendet habe, dessen Gebete immer erhört worden seien. Ein Gebet, das erfüllt werden soll, müsse ein wahres Gebet (das auf der Wirklichkeit basiert) *sein, das bedeutet, es müsse wissenschaftlich sein: Wenn es wissenschaftlich sein solle, müsse es einem bestimmten Gesetz entsprechen.*" (1)

Im Wissen zu sein ist die Offenbarung eines Geistes, der erfüllt ist von Akzeptanz. Liebe, Weisheit und Wissen sind *eins*! Die Menschheit darf erkennen, was Gottesliebe wirklich ist!

Ferner sagte sie: „*Das Gesetz lautet: Nach deinem Glauben wird dein Gebet erhört, und was du auch immer wünschst. Wenn du darum bittest, so glaube daran, dass du es empfangen wirst und du wirst es erhalten. Wenn wir genau wissen, dass das, um was wir auch bitten werden, uns schon gehört, dann können wir sicher sein, dass wir in Übereinstimmung mit dem Gesetz wirken. Wird unser Wunsch erfüllt, so können wir erkennen, dass das Gesetz sich erfüllt hat. Wird der Wunsch nicht erfüllt, so können wir sicher sein, dass wir etwas Unrichtiges erbeten haben. Dann aber sollen wir den Fehler in uns und nicht bei Gott suchen. Denn so lautet das Gebot: du sollst lieben den Herrn, deinen Gott, von ganzem Herzen, von ganzer Seele und mit allen deinen Kräften. Nun geht tief hinein in eure eigene Seele, nicht mit Vorahnungen, Furcht und Unglauben, sondern vielmehr mit freiem, dankbarem Herzen, in der vollen Überzeugung, dass das, wonach ihr Verlangen tragt, euch schon angehört. Das Geheimnis besteht darin, die Verbindung mit Gott zu erlangen, sich ihrer bewusst zu sein und unbeirrbar an ihr festzuhalten, auch wenn alle Welt sich widersetzt. »Ich selber kann nichts wirken«,* sagte Jesus, *»der Vater, der in mir ist, tut die Werke«. Habt Glauben und fürchtet nichts. Seid dessen eingedenk, dass Gottes Macht ohne Grenzen ist. Alle Dinge sind möglich!*
Erfüllt alle anscheinend leeren Räume um euch herum mit dem Gedanken an Gott, an das unendlich Gute. Dann erinnert euch daran, dass das Wort ein Samenkorn ist. Es muss wachsen und überlässt das Wie, Wann und Wo Gott allein. Was ihr zu tun habt, ist allein nur, zu

sagen, was ihr nötig habt, und Danksagungen auszusprechen, da ihr wisst, dass ihr in dem Augenblick, da ihr gebeten, auch empfangen habt. Alle Einzelheiten bis zur Offenbarung oder Erfüllung könnt ihr Gott überlassen. Seid dessen gewiss, dass er sein Werk tut. So tut denn auch ihr getreulich euern Teil und vertraut darauf, dass ihr Gott Seinen Teil überlassen dürft. Bittet, bejahet, schaut empor zu Gott für das, was ihr nötig habt und ihr werdet die Erfüllung erfahren. Behaltet den Gedanken an Gottes Überfluss immer im Sinn. Wenn ein anderer Gedanke in euch auftaucht, weist ihn ab und setzt an dessen Stelle Gottes Überfluss und preist diesen Überfluss. Dankt ohne Unterlass, dass das Werk geschehen ist. Geht nicht zurück zur Wiederholung der Bitte. Dankt und lobpreist, dass das Werk getan ist, dass Gott in euch wirkt, und dass ihr erhaltet, was ihr wünscht, da ihr nur das wünscht, was gut ist, damit ihr das Gute weitergeben könnt. Lasst alles dies schweigend geschehen und im Geheimen. Bittet zu eurem Vater im Verborgenen, und der Vater, der ins Verborgene eurer Seele sieht, wird es euch öffentlich vergelten. Wenn dann die Offenbarung sich erfüllt, werdet ihr auf die gläubig darauf verwendete Zeit als auf euren größten Schatz zurückschauen. Ihr werdet das Gesetz erprobt haben, und ihr werdet die Macht eures Wortes, das im Glauben und mit Lobpreisung gesprochen wurde, bekommen. Seid dessen eingedenk, dass Gott Seinen vollkommenen Plan vollendet hat. Er sendet fortwährend liebevoll und verschwenderisch alles Gute auf uns herab, alle guten Dinge, nach denen wir verlangen, wie Er es seit aller Zeit getan hat. Und so spricht Er: „Erprobe Mich, und siehe, ob Ich nicht auftue die Fenster des Himmels und ausgieße solchen Segen, dass kein Raum vorhanden sein wird, ihn aufzunehmen."[(1)]

Anhand dieser Worte können wir deutlich erkennen, was es erfordert, um einen solchen konstanten Geist zu offenbaren! Glaube ist nicht gleich Wissen! Es bedeutet auch, es im Geiste zu praktizieren, oder meinst du, dass es nur eine Ebene der praktischen Anwendung gibt? Christus ist auf allen Ebenen gleichzeitig anwesend! Wenn der Sohn im Vater ist und der Vater im Sohn, so ist das einfach die reine Wirklichkeit! Was wir dafür tun können, finden wir auch im »Handbuch für Götter«. Des Weiteren ist es empfehlenswert, oft in der Natur zu sein und sich mit ihr und dadurch bewusst mit dem Geist Gottes zu verbinden. Geh in die Natur und fühle diese grenzenlose Kraft. Lass einfach öfters die Seele baumeln, lass deinem Geist freien Lauf, damit er sich klärt, und binde ihn nicht, indem du an die Vergangenheit oder an die Zukunft denkst. Dadurch wird die Schwingungsfrequenz deines Geist-Körper-Systems in Einheit mit unserem Schöpfer in dir erhöht! Lobpreise die Christuskraft, das Leben und die Liebe, sei dankbar und achte auf deine Ernährung. Nimm das Wasser des Lebens auf und trinke auch viel flüssige Nahrung. Habe einen goldenen Humor und Freude am Leben. Atme bewusst das Leben ein und schenke der Welt dein Lächeln. Sei zu dir selbst aufrichtig und liebe deinen Nächsten bedingungslos. Erfülle deinen Geist mit Freude und Leichtigkeit. Bewege dein Körpersystem *(körperliche Ertüchtigung)*. Arbeite weniger mit Mobilfunkgeräten wie Handy, PC und Tablet. Sei dir bewusst, was du auf dem PC und im Fernsehen anschaust. Bedenke, all diese Filme basieren auf Drehbüchern, die von Menschen *(Autoren)* erschaffen werden. Im Gegensatz dazu ist die Natur klar und ohne Makel.

Abschließend möchte ich die Frage, inwieweit die Christuskraft mit der Wissenschaft der Quantenmechanik einhergeht, mit einem Textauszug aus dem Buch von Baird T. Spalding »Leben und Lehren der Meister im Fernen Osten« beantworten:

> *„Wieder hub unsre Gastgeberin an: Wir sind imstande, Gedankenschwingungen in die Atmosphäre auszusenden, die sich mit den Gedankenschwingungen derer verbinden, die das irdische Leben verlassen haben, und unsre Vibrationen fangen Schwingungen von Gedanken an längst vergangene Ereignisse auf, bis sie dieselben auf einen bestimmten Punkt zusammenziehen können. Auf solche Weise können Szenen so sichtbar gemacht werden, als ob sie sich eben ereignen würden. Dies mag euch phänomenal vorkommen, aber es dauert nicht mehr lange, bis euer eigenes Volk ähnliche Bilder wie diese produzieren wird. Der einzige Unterschied wird nur darin bestehen, dass sie photographisch und mechanisch hergestellt sein werden, während wir keine dieser Methoden*

anwenden. Die Häupter der Christenheit sind so geschäftig gewesen mit ihren Auseinandersetzungen, die verschiedenen Sekten betreffend, und jede Sekte ist so entschlossen, den anderen nicht die Oberherrschaft zu lassen, dass sie darüber beinahe vergessen haben, was ein wirklich geistiges Leben eigentlich ist. In ähnlicher Weise haben die orientalischen Völker sich mit solcher Entschiedenheit auf die esoterische, okkulte und wissenschaftliche Seite ihrer Philosophie geworfen, dass auch sie das Geistige übersehen haben. Man wird an einem Punkte anlangen, da Einzelne, die derartige Bilder auf mechanische Art entwickeln und sich darin immer mehr vervollkommnen, die wahre geistige Bedeutung, den erzieherischen Wert und den Nutzen einsehen, den man aus diesen Dingen ziehen könnte, und wie viel daran noch zu verbessern wäre. Dann werden diese Wenigen den Mut haben, vorzutreten, und mit den von ihnen geschaffenen Bildern die Vollendung verkündigen oder kundtun. Es wird sich zeigen, dass diese Erfindungen und die Leute, die sich mit ihnen abgeben, die heute als die materialistischsten gelten, zum größten Machtfaktor werden, den euer Volk je hervorgebracht hat, und daraus wird das wahrhaft Geistige hervorgehen. So wird es derjenigen, die heute als die materiellste der großen materiellen Menschenrassen scheint, vorbehalten sein, das wirklich Geistige herauszubilden. Euer Volk geht voran und wird eine Entdeckung machen, welche die Stimmen derer reproduziert, die dahingegangen sind, so genau, wie sie heute die Stimmen der Lebenden reproduziert, ja sogar deutlicher. Ihr geht immer weiter voran und werdet bis zu einem gewissen Grad auf mechanische Weise vollbringen lernen, was wir durch Gedankenkraft tun. Dies ist der Punkt, an welchem ihr in eurer zukünftigen Entwicklung alle Welt übertreffen werdet.“[(1)]

Liebe Leserinnen und Leser, die Gedankenkraft, wenn sie rein und ungestört ist, offenbart die vollkommene Christuskraft. Für diese intelligente Kraft, der wir unter anderem den Namen „Gott“ gegeben haben, gibt es kein „Unmöglich“, noch Grenzen. Bedenke auch, dass die Med-Betten, die auf Quantentechnologie basieren, nicht wirklich grenzenlos sind. Sie sind aus dem Geist erschaffen und wurden auf verschiedenste

Schwingungsfrequenzen eingestellt, die zur Reparatur und Wiederherstellung der ursprünglichen menschlichen DNS führen. Materie ist im Grunde Geist.

Da Gottes Geist das Sein durchströmt und das Sein ist, und du das Kind dessen bist, was Gott ist, so bist du auch Erbe dieser grenzenlosen Kraft. Jesus offenbarte sie an Tausenden von Beispielen und zeigte uns den einzig wahren Weg, den wir Menschen mit vielen Umwegen versehen haben. Letztlich führt alles in die Quelle allen Seins!

Ein Beispiel zur Verdeutlichung: Wenn wir alle Wasserstraßen *(Wasseradern)* der Erde oberirdisch zur Ursprungsquelle zurückverfolgen würden, so kämen wir zum inneren Ozean in der Erde, der unterirdisch durch feinste Wasserbahnen verbunden ist. Folgen wir der Fließrichtung aller oberirdischen Wasserstraßen, so kommen wir zum Ozean, der mit allen Meeren und Seen an der Oberfläche der Erde verbunden ist. Wenn wir die Luftfeuchtigkeit und das Wasser im menschlichen Körper dazunehmen, so erkennen wir, dass keine Trennung existiert. Das Fazit dieses Beispiels offenbart uns, das alles Wasser *eins* ist. So ist es auch mit dem Geist – Urgrund allen Seins und doch nicht ergründbar. Das intelligente Leben gibt uns also eine Wahlmöglichkeit an die Hand, und wir dürfen entscheiden, welchen Weg wir gehen möchten. Was auch immer wir wählen, was auch immer wir tun, ist dieser Kraft einerlei, denn sie ist grenzenlos – sie ist die *eine Quelle*. Wir können uns natürlich auch einer Sichtweise bedienen, welche diese „intelligente" Technologie auf Quantenbasis als willkommene Unterstützung betrachtet. Durch diese Sichtweise würde sie der Offenbarung eines grenzenlosen Bewusstseins im Menschen dienen. Sie wäre damit ein Hilfsmittel, das uns bei der eigenen Bewusstseinsentwicklung hilfreich unterstützt. Im Allgemeinen führt diese Bewusstseinsentwicklung zum Christusbewusstsein oder zur bewussten Anerkennung der Christuskraft. Wir wissen, dass Jesus Christus einst auf die Erde kam, um diesen Bund zu erneuern. Die Christuskraft erweckt in jeder von uns selbst gewählten Inkarnation unseren jeweiligen materiellen Körper zum Leben. Diese Energie pulsiert in allen Bereichen unseres Geist-Körper-

Systems. Dies ist auf dem Entwicklungsweg der menschlichen Spezies keine neue Errungenschaft. Sie existierte bereits vor dem Aufstieg dieser Menschheit, als die DNS zum Wohle ihrer Entwicklung modifiziert wurde – so, wie auch die „Freie Energie“ schon immer existiert hat und auch hier auf Erden einen weiteren Wandel einleiten wird. Es ist eben eine Wahlmöglichkeit!

Eines Tages wird sich der Christus im Menschen in absoluter Glorie offenbaren, und alle Technik wird der Vergangenheit angehören. Als Bruno Gröning im Jahre 1949 vom Balkon des Traberhofes bei Rosenheim die dort versammelten dreißigtausend Menschen mit all ihren Störungen betrachtete, sah er nicht diese Störungen, sondern das Licht Christi in den Menschen. Diese Menschen hatten den eisernen Willen, an diesem Tag und zu dieser Stunde dort zu sein: Sie flehten den Gott der Liebe um Heilung und Barmherzigkeit an. Sie sahen in Bruno Gröning einen Botschafter und Wegweiser Gottes *(So mancher Mensch sah in ihm auch einen Heiler, doch Bruno sagte selbst: Heilen kann nur Gott, und der Heiland lebt in allen Menschen.)* und baten um eine Verbindung zu dieser grenzenlosen Kraft. Sie waren durch den Zweiten Weltkrieg und die entbehrungsreiche Zeit danach so sehr durch das Tal des Leides geschleift worden, dass ihnen alle Eitelkeiten abhanden gekommen waren. Sie waren im Kleid der Demut auf dem Platz vor dem Traberhof erschienen, und auch das Wetter stellte für sie kein wirkliches Hindernis dar. Bruno sah diese flehenden Augen, und der Christus, der durch ihn wirkte, offenbarte seine segensreiche Gnade für die allermeisten Menschen, die gekommen waren! Eine Heiligung durchströmte die Anwesenden, und ein Lobpreis in Form eines alten Kirchenliedes erfüllte zugleich die Stille der Luft: „*Großer Gott, wir loben dich!*“ ertönte, und Gottes Liebe vollbrachte für diese Menschen das scheinbar Unmögliche. Es gibt darüber eine Vielzahl von Augenzeugenberichten, die dem Interessierten in Form von Literatur, Film und Internet angeboten werden. Das Beispiel vom Traberhof mit Bruno Gröning zeigt uns ein weiteres Mal, was alles möglich ist, wenn wir im Hier und Jetzt die Vergangenheit und die Zukunft vergessen. So kann der Heilige Strom ohne

Störungen durch alle feinstofflichen Bahnen unseres Geist-Körper-Systems fließen, und es wird in das grenzenlose Sein erhoben.

Es gab noch viele weitere Menschen, die diese Kraft in der einen oder anderen Art und Weise offenbarten. Sie alle haben der Menschheit mit Rat und Tat zur Seite gestanden und unermüdlich an Gottes Werk mitgearbeitet, so dass es eines Tages im Lichte der Ewigkeit hell erstrahlt!

Gedenket folgender Worte: *„Materie ist in der Form manifestierter Geist."* Die lebendige Wirklichkeit verändert sich niemals – sie IST. Der Mensch wurde nach dem Bilde und Gleichnis Gottes erschaffen – also ist der Mensch der materialisierte Gott. Was ist die Intelligenz? Sie ist das aktive Lebensprinzip!

Liebe Leserinnen und Leser, im »Handbuch für Götter« habe ich über einen elektromagnetischen Impuls geschrieben, der von unserer Sonne kommen wird. In den vergangenen Jahren ist bereits öfter darüber berichtet worden, ob er sich tatsächlich ereignen könnte. Wir sollten einfach wissen, dass dies eine Option ist, die sich, wenn sie zum Wohle der Erde erforderlich sein sollte, offenbaren wird. Hier stellt sich uns doch die Frage: Was geschieht dann mit all den elektronischen und elektrischen Geräten in dieser Welt? Werden Med-Betten-Technologie und auch KI (*„Künstliche Intelligenz"*) davon betroffen sein? Es wird auf die Frequenz ankommen, ob die genannten Technologien dieses Ereignis überstehen werden. *„Erforderlich"* heißt doch auch, der überwiegende Teil der Menschheit könnte der KI anhaften. Es wäre also eine notwendige Befreiung, die von den Sonnenwesen im Auftrag der göttlichen Quelle veranlasst werden würde! Die Wirklichkeit werden wir erst erkennen, wenn wir unser wirkliches Selbst erkennen, anstatt dem *„Relativen"* anzuhaften! Unsere konditionierte Persönlichkeit wird uns immer wieder neue Möglichkeiten aufzeigen, wie wir auch weiterhin in unserer liebgewonnenen Realität verweilen können. Die Persönlichkeit weiß, es wird ihre Auflösung bedeuten, wenn wir sie demaskieren, und sie wird sich dieser Erlösung mit allen verfügbaren Mitteln widersetzen. Die Menschheit ist im Moment dabei, zu erkennen, dass die Dunkelheit „freundlich" ist und unserem Erwachen (*Selbsterkenntnis*) dient!

Im Grunde leben wir, seit wir den menschlichen Körper aus dem Geiststoff erschaffen haben, in einem heiligen Raumschiff, das von einer grenzenlosen, intelligenten Kraft immerwährend gespeist wird. Wir im ewigen Geist Gottes reisen mit unserem Raumschiff, das von der Liebe Gottes ins Leben gerufen wurde. Gott ist die einzige Wirklichkeit. Die Med-Betten, die auf einer kontrollierten, künstlichen Technologie im Quantenbereich basieren, sind nur Produkte, die aus dem Geiststoff Gottes, dem LEBEN, erschaffen wurden. Bedenke dabei all die Wünsche, die von deiner konditionierten Persönlichkeit kommen. *Hast du wirklich das Relative erkannt, oder lebst du noch immer in deinen Erinnerungen an die Vergangenheit*? Träumst du von der Zukunft? Folgst du den Visionen der Massenmedien, dem Aufklärungsjournalismus oder irgendwelchen Film-, Buch- und Drehbuchautoren? Was schreiben diese Medien/Menschen, und worauf basieren deren Filme? Was ist der Unterschied zwischen einem Naturfilm und einem Film, der einem Drehbuch der scheinbaren Realität (Matrix) entspringt *(Komödie, Fernsehfilm, Spielfilm, Serie, Geschichts- und Historienfilm, Geschichtsdokumentation (z.B. Archäologie), Comedy, Show (z.B. Talkshow), politischer Stammtisch, Unterhaltungsfilm, Realityfilm, Soap usw.)*? Was ist mit all den Büchern, die auf Basis des Relativen geschrieben wurden? Was ist mit den Verfassern, Drehbuch- und Buchautoren, Regisseuren und Schauspielern – was für ein Bewusstsein offenbaren sie durch ihre Werke? Leben sie mit ihrem Bewusstsein im Relativen oder im *Jetzt*?

Was zeigte uns Jesus, der Christus? Eine bedingungslose Liebe und ein Wissen, das sich im lebendigen *Jetzt* offenbart! Das Relative ist voller Grenzen, und das *Jetzt* ist grenzenloses Sein!

6. *Betet und wachet*

„Seid wachsam und betet, damit ihr nicht in Versuchung kommt! Der Geist ist willig, aber der Körper ist schwach." (Markus 14, 38)

Diese Botschaft von Jesus gilt uns als Anleitung für das, was kommen wird: die Offenbarung Christi. Viele Menschen erwarten, dass Jesus Christus auf einer Wolke vom Himmel auf die Erde herabschweben wird. Dies wird nicht so sein, denn Jesus war niemals in einem fernen Himmel von uns getrennt. Er ist auch hier auf Erden, doch die Ebenen, Sphären und Dimensionen, wo Jesus wandelt und den Menschen zur Seite steht, sind sehr hochschwingend. Als er Johannes, Jakobus und Simon Petrus auf den Berg mitnahm, wollte Jesus seinen geliebten Jüngern das Reich zeigen, von dem er ihnen so oft erzählte.

Er sagte zum Beispiel: *„Mein Reich ist nicht von dieser Welt"*, und zum Satan *(Antichrist, eigene Persönlichkeit, die in der Polarität lebt)* sagte Jesus: *„Du kannst mir nicht dahin folgen, woher ich komme!"* Nachdem sie sich auf diesem Berg gemeinsam in einen tiefen Gebetszustand versetzt hatten, schliefen seine Jünger ein. Die anwesende Energie, die der Christus Jesus durch diese tiefe Hingabe erzeugte, führte dazu, dass seine Jünger einschliefen. Jesus weckte sie, doch sie waren in einem verklärten Geisteszustand, und so konnten sie Jesus in einem strahlend weißen Licht sehen, das selbst sein Gewand umfasste. Sie wollten ihn berühren, doch er sagte: *„Berührt mich nicht!"* Er wusste, dass diese Energie für seine Jünger *noch* zu hochschwingend war. Sie sahen an der Seite Jesu zwei weitere Menschen und fragten ihn, wer denn die beiden seien. Jesus antworte: *„Meine geliebten Brüder Moses und Elia."* Auch sie strahlten in einem sehr hellen weißen Licht.

Dieser Einblick in das Reich Gottes/Christi sollte sie derart verändern, dass sie später als Apostel diese Botschaft an die Menschen weitergeben konnten. Im Laufe der Jahrhunderte und Jahrtausende sind Menschen immer mehr vom wahren Gottglauben abgekommen. Sie vergaßen, dass Gott in ihnen ist, und beteten einen Gott im Außen an.

Wir könnten jetzt sagen, nun, alles hat eben seinen rechten Moment in der Vorsehung, doch wir als Menschengemeinschaft *(was wir bisher nicht waren)* mussten erst noch die Bedeutung der wirklichen Liebe erkennen. Die Offenbarung einer liebenden Menschengemeinschaft, die nur ein Prinzip lobpreist, nämlich die universelle Liebe, die Lebensenergie und *einen* Gott der Liebe. Das heißt auch, wir dürfen uns auf diesen Weltenwandel vorbereiten, indem wir wachsam sind.

Warum heißt es in Lukas 21, 36: *„So seid allezeit wach und betet, dass ihr stark werdet, zu entfliehen diesem allen, was geschehen soll und zu stehen vor dem Menschensohn."*

Ja, wir sollten wach sein im Geiste, mit einer reinen Herzensliebe, mit Respekt und Andacht gegenüber der All-Schöpfung, Gott-Vater-Mutter und dessen Sohn, dem *Christus*, und unserem Selbst. Natürlich sollten wir Jesus Christus danken und im Wissen sein, dass er immer anwesend ist und uns alle begleitet. Wir stehen bereits vor dem Gottessohn in unser aller Königreich in uns selbst und auch in der Einheit dessen, was Einssein ist.

Wir haben bereits über die Familie der Bäume gesprochen und auch darüber, wie sie mit der gesamten Natur verbunden ist. Es ist die göttliche Intelligenz, die sich durch alles Leben ausdrückt. Sie ist das LEBEN. Wir können nicht getrennt von ihr sein, auch wenn wir im Alltag unseres Seins scheinbare Trennungen erschaffen. Unser Menschengeist sowie unser Körper sind ein Spiegelbild dieser Störungsmuster. Wir denken, wir sind getrennt vom *einen Geist*, doch im Grunde sind wir nur verwirrt.

Wir könnten uns diese weisen Worte zu Herzen nehmen und diesen Rat befolgen: *„Hört nicht auf zu beten und zu flehen! Betet jederzeit im Geist; seid wachsam, harrt aus und bittet für alle Heiligen." (Epheser 6, 18)*

Sie möchten allen Menschen dieser Welt eine willkommene Botschaft in der heutigen Zeit sein. Wenn unser Geist wach ist, dann werden sie uns inspirieren. Jesus Christus lehrte seine Jünger einen goldenen Weg. Er sagte: *„Bittet, so wird euch gegeben."* Das heißt auch, du wirst das empfangen, was du ausgesendet hast. Egal was wir erbitten, wenn es mit einer starken Emotion (*Energie)* befeuert wird und wir sie im Geiste und im Körper fühlen, so wird sie sich offenbaren. Eine solche Emotion kann Vorfreude sein, doch es könnte auch die Energie der Angst sein. Angst ist eine sehr machtvolle Emotion.

Jesus sagte auch: *„Wenn ihr bittet, so glaubt, das ihr empfangen werdet."* Das heißt nichts anderes: Wenn wir im Gewahrsein dessen sind, worum wir bitten, so wird es sich unweigerlich erfüllen! Menschen haben jedoch die Angewohnheit, vieles zu hinterfragen, und zweifeln auch oft, wenn es um die Erfüllung eigener Wünsche geht. Sie wurden über viele Leben hinweg mit Angst und Zweifel programmiert.

Wenn Jesus sagte: *„Ihr Kleingläubigen, warum seid ihr so furchtsam?"*, so wusste er bereits um die Ängste der Menschen. Wir brauchen einen klaren und wachen Geist, um die vielen Herausforderungen, die dieser Weltenwandel mit sich bringt, zu meistern. Jesus empfahl uns ein weltumspannendes Gebet, das im Grunde allen Menschen ein Segen ist. Wenn wir voller Hingabe und mit lebendigen Herzen das „Vaterunser" beten, so kommuniziert es über das „Allnetzwerk" der Universellen Intelligenz mit allem Leben. Wir sollten jedoch einige Worte darin mit unbegrenzten Gedanken und Worten offenbaren.

Es sollte nicht *„und führe uns nicht in die Versuchung"* heißen, sondern: *„du führst uns in der Versuchung und zeigst uns den Irrtum"* oder *„du führst uns hinaus aus der Versuchung und zeigst uns den Irrtum"*. Weiterhin könnten wir am Anfang des Gebetes sagen: *„Vater, Mutter unser"*, oder es ist uns bereits bewusst, dass, wenn wir sagen *„Vater unser"*, Gott *als Vater und Mutter* gemeint ist.

Es gibt eine Audioaufnahme vom »VaterMutterUnser« (demnächst auch als Audio-CD), die du unter folgendem Link als MP3-Datei herunterladen kannst: *www.medium-johannes.de/buecher-cds-downloads*

Kapitel 3 – Die Botschaft Jesu

1. Das Wasser des Lebens, die Liebe

Die Essenz der Liebe ist ein Mysterium und für viele Menschen ein Wunder. Jesus kam in diese Welt, um von dieser Liebe zu künden. In den Jahren, die er hier im physischen Leib auf Erden verbrachte, waren seine Taten ein Zeugnis für diese Liebe. Seine Jünger lernten, indem sie seinen Worten lauschten und Zeuge seiner Taten wurden. Es war der Weg zu einem außergewöhnlichen Selbstvertrauen und unerschütterlichen Glauben, der sich erst mit der Zeit im Bewusstsein der Jünger einbrannte. In dieser Zeit, die sie mit Jesus verbrachten, gab er ihnen den Auftrag, *auch* solche Wundertaten zu vollbringen. Dadurch erkannten sie, dass einem Glauben, der auf Wissen basiert, auch Taten folgen sollten, um die innewohnende Christuskraft vollumfänglich zu erfahren. Die Lehrzeit der Jünger war auch nach der bekannten Kreuzigung Jesu Christi noch lange nicht vorüber. Er erschien bekanntlich Maria Magdalena nach seiner Auferstehung.

Im Johannes-Evangelium finden wir folgende Geschichte:
„Maria aber stand draußen vor dem Grab und weinte. Während sie weinte, beugte sie sich in die Grabkammer hinein. Da sah sie zwei Engel in weißen Gewändern sitzen, den einen dort, wo der Kopf, den anderen dort, wo die Füße des Leichnams Jesu gelegen hatten. Diese sagten zu ihr: Frau, warum weinst du? Sie antwortete ihnen: Sie haben meinen Herrn weggenommen, und ich weiß nicht, wohin sie ihn gelegt haben. Als sie das gesagt hatte, wandte sie sich um und sah Jesus dastehen, wusste aber nicht, dass es Jesus war. Jesus sagte zu ihr: Frau, warum weinst du? Wen suchst du? Sie meinte, es sei der Gärtner, und sagte zu ihm: Herr, wenn du ihn weggebracht hast, sag mir, wohin du ihn gelegt hast! Dann will ich ihn holen. Jesus sagte zu ihr: Maria! Da wandte sie sich um und sagte auf Hebräisch zu ihm: Rabbuni, das heißt: Meister. Jesus sagte zu ihr: Halte mich nicht fest, denn ich bin noch nicht zum Vater hinaufgegangen. Geh aber zu meinen Brüdern und sag ihnen: Ich gehe hinauf zu meinem Vater und eurem Vater, zu

meinem Gott und eurem Gott. Maria von Magdala kam zu den Jüngern und verkündete ihnen: Ich habe den Herrn gesehen. Und sie berichtete, was er ihr gesagt hatte.“ (Joh. 20, 11-18)

Jesus erschien auch allen weiteren Jüngern am Osterabend: *„Am Abend dieses ersten Tages der Woche, als die Jünger aus Furcht vor den Juden bei verschlossenen Türen beisammen waren, kam Jesus, trat in ihre Mitte und sagte zu ihnen: Friede sei mit euch! Nach diesen Worten zeigte er ihnen seine Hände und seine Seite. Da freuten sich die Jünger, als sie den Herrn sahen. Jesus sagte noch einmal zu ihnen: Friede sei mit euch! Wie mich der Vater gesandt hat, so sende ich euch. Nachdem er das gesagt hatte, hauchte er sie an und sagte zu ihnen: Empfangt den Heiligen Geist! Denen ihr die Sünden erlasst, denen sind sie erlassen; denen ihr sie behaltet, sind sie behalten.“ (Joh. 20, 19-23)*

„Tage danach erschien Jesus nochmals den Jüngern, um dem ungläubigen Thomas zu zeigen, dass er von den Toten auferstanden war.“ (Joh. 20, 24-29)

Jesus Christus lehrte seine Jünger nach seiner Auferstehung noch über Jahrzehnte. Das Bewusstsein der Jünger reifte dadurch in einer Weise heran, dass wir es mit dem Gesellenbrief eines Zimmermanns vergleichen können. Als Geselle durfte der Handwerker auf die Walz, also auf seiner Reise durch die Welt Erfahrungen sammeln bzw. auch ein Botschafter der Zimmermannslehre sein.

Als gereifte Jünger und Empfänger des Heiligen Geistes durch den Atem Christi in Gestalt von Jesus sollten sie die Botschaft der bedingungslosen Liebe an die Menschheit weitergeben. Der Meistertitel war der Lohn für ihre Hingabe und konstante Bereitschaft, dieses Gotteswerk im Namen Christi in den folgenden Jahrzehnten zu verbreiten.

In jener Zeit sprach Jesus zu seinen Jüngern:
„Das ist mein Gebot: Liebt einander, so wie ich euch geliebt habe. Es gibt keine größere Liebe, als wenn einer sein Leben für seine Freunde hingibt. Ihr seid meine Freunde, wenn ihr tut, was ich euch auftrage.

Ich nenne euch nicht mehr Knechte, denn der Knecht weiß nicht, was sein Herr tut. Vielmehr habe ich euch Freunde genannt, denn ich habe euch alles mitgeteilt, was ich von meinem Vater gehört habe. Nicht ihr habt mich erwählt, sondern ich habe euch erwählt und dazu bestimmt, dass ihr euch aufmacht und Frucht bringt, und dass eure Frucht bleibt. Dann wird euch der Vater alles geben, um was ihr ihn in meinem Namen bittet. Dies trage ich euch auf: Liebt einander." (Johannes 15, 12-17)

Natürlich ist damit nicht gemeint, dass du leichtsinnig dein Leben für einen Menschen hingeben solltest, der durch seine eigene Torheit in eine brisante Situation hineingeschlittert ist. Jesu Worte zeugen auch von der Treue seiner Jünger, die sich die Bezeichnung „*Freunde*" verdienen mussten: „*Ihr seid meine Freunde, wenn ihr tut, was ich euch auftrage. Ich nenne euch nicht mehr Knechte, denn der Knecht weiß nicht, was sein Herr tut. Vielmehr habe ich euch Freunde genannt, denn ich habe euch alles mitgeteilt, was ich von meinem Vater gehört habe.*" Er hat ihnen also einen goldenen Weg aufgezeigt, und sie waren von ihrer Charakteranlage und Seelenreife bereit dafür, diesem Weg zu folgen.

Ein weiteres Beispiel aus dem Munde von Jesus Christus:
„*Ich bin der wahre Weinstock, und mein Vater ist der Weingärtner. Jede Rebe an mir, die keine Frucht bringt, nimmt er weg. Jede aber, die Frucht bringt, reinigt er, damit sie mehr Frucht bringt. Ihr seid schon rein um des Wortes willen, das ich zu euch geredet habe. Bleibt in mir, und ich in euch* (denn ICH BIN in euch)*! Gleichwie die Rebe nicht von sich selbst aus Frucht bringen kann, wenn sie nicht am Weinstock bleibt, so auch ihr nicht, wenn ihr nicht in mir bleibt* (wenn ihr euch nicht meiner bewusst seid oder euer Glaube an mich schwach ist)." *(Johannes 15, 1-4)*

Das heißt, jeder seiner Jünger und jede seiner Jüngerinnen wurde durch seine Worte gereinigt, da Jesus es vor ihnen auch bezeugte und in die Tat erhob. „*ICH BIN die Auferstehung und das Leben.*" „*ICH BIN das Wort, das die Frucht offenbart.“* Du kannst in deinem eigenen Leben erkennen, inwieweit du dieses Wort im Alltag leichtsinnig verwendest.

Eines Tages rief mich eine Frau aus Heidelberg an. Sie war verzweifelt und erzählte mir, dass ihr Leben immer mehr aus den Fugen gerate. Sie redete unentwegt, was sie durchmachen müsse, und aufgrund all dieser bitteren Erfahrungen rutschte sie immer weiter in ihr selbst erschaffenes Elend. Ich sagte zu ihr, sie solle erst einmal ihren Wortschatz reinigen. Sie beteuerte mir, sie wolle es sich zu Herzen nehmen, doch sie würde „ja“ über sehr viel Wissen verfügen. In ihrer direkten Art forderte sie von mir eine direkte Hilfe ein. Nun, was würdest *du* dieser Frau sagen? Es klingt im ersten Moment aussichtslos, doch in jedem Menschen wohnt die ICH-BIN-Essenz.

Das Wort ist der Weinstock. Ich sagte ihr, sie solle Geduld mit sich haben: *„Bleiben Sie in der Ruhe und entfernen Sie die Gedanken an Vergeltung in Ihrem Geiste.“* Das leuchtete ihr ein, und im darauffolgenden Telefonat begrüßte mich eine besonnene Stimme. Unsere weiteren Telefonate stärkten ihren Willen und ihre Bereitschaft, nachhaltig an sich zu arbeiten. Es vergingen Wochen, und die Frucht, die in ihrem Geiste *(Rebe)* heranwuchs, öffnete ihr freudige, liebevolle Wege. Eines Tages rief sie mich erneut an und verkündete, sie würde für einige Zeit in einer Landwirtschaftsgemeinschaft mit psychosomatischen Beschäftigungstherapien mitarbeiten. Unsere Gespräche und die damit einhergehende Bereitschaft, etwas Grundlegendes in ihrem Leben zu verändern, trugen also Früchte. Es sei an dieser Stelle noch etwas erwähnt: Nicht *sie* wählte mich – es war Gott, der ihr einen Impuls gab, mich anzurufen, da sie von Gott auserwählt worden war, mir zu begegnen. Die Worte, die ich zu ihr sprach, waren meines Vaters Worte, und es war sein Werk, das er durch mich vollbrachte. Damit war meine Aufgabe soweit erfüllt, da sie ihre Ketten ablegte, die sie in ihrem Leben einschnürten. Sie bekam das Wasser des Lebens, das sich fortan als sprudelnde Quelle in ihr offenbaren würde. Nach einigen Wochen rief sie mich abermals an und sagte zu mir, sie sei bereits vor Ort. Sie würde es jetzt anpacken, sie wolle nicht mehr so leben wie in der Vergangenheit. Sie möchte sich nicht mehr mit den Energien von Wut, Selbstzweifel, Hass, Urteil und Not verbinden. Sie sei jetzt gut angekommen und bedankte sich für meine Begleitung. Ich habe seit dieser Zeit nichts mehr von ihr persönlich gehört, doch wenn ich im Geistigen nach ihr sehe, sehe ich ein glückliches Wesen. Sie hat sich aus der eigenen Knechtschaft befreit und wurde eine Freundin Christi.

Wenn wir uns aus der eigenen Knechtschaft befreien und das Wasser des Lebens annehmen, von dem Jesus einst sprach, so werden wir zu einer Quelle in uns selbst. Wir haben dann im Grunde erkannt, dass diese Quelle immer anwesend ist. Wir hatten sie nur zu einem Rinnsal verkommen lassen.

Erinnere dich an die Worte von Jesus am Jakobsbrunnen, als er zur Samariterin sprach: *„Wer von diesem Wasser trinkt, wird wieder Durst bekommen. Wer aber von dem Wasser trinkt, das ich ihm geben werde, wird niemals mehr Durst haben. Vielmehr wird das Wasser, das ich ihm gebe, in ihm zu einer Quelle werden, deren Wasser ins ewige Leben fließt." (Johannes 4, 13-24)*

Du wirst dich vielleicht fragen, warum ich immer wieder Worte von Jesus wiederhole, und auch inhaltlich so manches seiner Gleichnisse? Aus Erfahrung weiß der Mensch, dass sich in der Wiederholung eines Tages die erforderliche Erkenntnis offenbart, die dich von der Lehre der Trennung befreien wird. Wir haben an jedem Tag unseres Lebens die Möglichkeit, diese Liebe, von der Jesus sprach, zu leben. Es ist an uns, dass wir das uns gegebene Leben veredeln. Wie oft habe ich mit Menschen über ihre Wahlmöglichkeit gesprochen? Dieser Tage geschehen außergewöhnliche Dinge in dieser Welt, und es werden noch weitere folgen. Das Wasser des Lebens beginnt von Tag zu Tag mehr in der Einheit der Menschheit zu sprudeln.

Als Jesus das Wasser des Lebens seinen Jüngern gab, war dies eine segensreiche Gabe an die Weltgemeinschaft. Er wusste, die Zeit ist nahe, da sich das Reich Gottes der Menschheit zeigen wird. Hören wir in die Worte von Jesus und Nikodemus hinein, so können wir auch hier das Wasser des Lebens erkennen. Nikodemus sagte zu Jesus: *„Wie kann ein Mensch geboren werden, wenn er alt ist? Er kann doch nicht in den Schoß seiner Mutter hineingehen und ein zweites Mal geboren werden?" Jesus antwortete: „Ich sage dir die tiefe Wahrheit: Wenn ein Mensch nicht aus Wasser und Geist geboren wird, kann er in das Königreich Gottes nicht hineinkommen." (Johannes 3, 4-5)*

Das heißt: Wenn wir nicht mit unserem Geist und unserem Körper in der absoluten Liebe schwingen, so wird sich das Königreich des Himmels nicht in uns öffnen. Es sei hier auch gesagt, dass eine Seele sehr wohl ein zweites Mal in den Schoß einer Mutter hineingehen und sich erneuert offenbaren könnte! Es gibt Dinge zwischen Himmel und Erde, die der Mensch noch erkennen darf. Die Auferstehung des Lazarus war nur eine Begebenheit, die unseren begrenzten Horizont erweitern sollte.

Frage: Hat sich der Horizont im Bewusstsein des Menschen wirklich geöffnet, oder wird nach wie vor ein weit verbreiteter Aberglaube gepredigt? Es ist doch offensichtlich, dass die Menschheit in unserer Zeit nicht von goldenen Hirten aus den finsteren Tälern herausgeführt wird. Dieser Weg bedarf der verschiedensten Wehen. Wir beten einen Himmel im Außen an, obwohl er *in uns allen* ist. Die Botschaft Jesu ist für *alle* Menschen, egal welcher Konfession oder welchen Glaubensmustern sie anhängen, und es gilt, sie anzunehmen und zu befolgen.

Ein Atheist sagt zum Beispiel, er folge keiner Religion, doch seinem persönlichen Selbst ist er ein treuer Diener. Das heißt, er vertraut im Grunde *(auch er)* auf die *eine* Quelle, die sich in der Tat auch in einem kraftvollen Selbstvertrauen offenbart. Ich kann es nur bestätigen: Es geschehen außergewöhnliche Dinge im Leben, wenn du das Wasser des Lebens aufnimmst, von dem Jesus sprach.

Mein Alltag ist angefüllt mit Ereignissen, die von vielen Menschen als unmöglich betrachtet werden würden. Darum ist leise eben weise. *„Alles wird dir im rechten Moment gegeben."* Der konditionierte Mensch ist *neugierig*, nicht durstig nach dem Wasser des Lebens. Er meint meist, bereits alles zu wissen, was wir zum Leben brauchen. Doch schau dir das Leben der Menschen an! Die meisten scheinbar reichen Menschen leben in ihrer selbst erschaffenen Wohlfühl-Fata-Morgana. Und sehr viele scheinbar arme Menschen haben sich mit der selbst erschaffenen Situation, in der sie leben, abgefunden, oder sie sind in ihrem Glauben bereits so sehr geschwächt, dass sie aufgeben.

Jesus wusste, was auf die Menschheit zukommen wird, und darum waren seine Worte nicht nur eine Botschaft. Sie waren die Heilung für alle Menschen. Er war das lebendige Wort im Fleische eines menschlichen Individuums. Schau auf die Welt und du kannst erkennen, dass das Licht die Dunkelheit bereits überwunden hat. Die Macht der Dunkelheit und deren Instrumente, Medien, Regierungen, Finanzsystem, Industrie- und Militärkomplexe, Parteien, Menschen, Dämonen, falsche Propheten usw. haben im Grunde bereits vor der Allmacht kapituliert. Es ist wie bei einem Menschen, der im Sterbevorgang noch an der Materie festhalten will. Sein Körper wehrt sich noch dagegen, obwohl Geist und Seele bereits neben ihm stehen.

Wir sollten die folgenden Worte einmal im Geiste hin und her bewegen. Es liegt eine wundervolle Botschaft darin, die, wenn erkannt, dein Leben bereichern wird: *„Am Anfang war das Wort. Das Wort war bei Gott und das Wort war Gott selbst. Von Anfang an war es bei Gott. Alles wurde durch das Wort erschaffen. Nichts ist ohne das Wort entstanden. In ihm ist das Leben, und dieses Leben war das Licht für alle Menschen. Es leuchtet in der Finsternis, und die Finsternis hat es nicht auslöschen können." (Johannes 1, 1-18)*

2. *ICH BIN jener ICH BIN*

> *„Kommt her zu mir alle, die ihr mühselig und beladen seid, so will ich euch erquicken! Nehmt auf euch mein Joch und lernt von mir, denn ich bin sanftmütig und von Herzen demütig; so werdet ihr Ruhe finden für eure Seelen! Denn mein Joch ist sanft und meine Last ist leicht." (Matthäus 11, 28-30)*

Im Grunde könnte dies jeder Mensch von sich behaupten, wenn er nicht vom Zweifel besetzt wäre. Erinnere dich an die Worte: *„Am Anfang war das Wort. Das Wort war bei Gott und das Wort war Gott selbst."* Das zeigt uns, dass das Wort in uns lebt und sich durch den Menschen offenbart. Es wurde ja zu Fleisch. Jesus kam und zeigte uns einen Weg, dieses Wort in uns auch anzuerkennen *(wirklich aufzunehmen)*. Er *(der Christus)* kam und wurde jedoch nicht *wirklich* erkannt, d.h. tatsächlich wurde er von seinen Geschwistern *nicht* erkannt und aufgenommen. Wie oft gab es Reibereien unter den Jüngern, die von Konditionierungen und Glaubensmustern aus der Vergangenheit stammten. Seit der Auferstehung sind viele Jahre vergangen, und die allermeisten Menschen haben den Sohn des Vaters noch immer nicht erkannt. Sie beten ihn im Außen an, und dieses Außen haben wir selbst erschaffen. Wenn wir ihn vollumfänglich in uns aufgenommen hätten, so wäre die Angst vor der Angst nicht derart im Bewusstsein der Menschen hinterlegt.

Dieses Buch möchte dir in einfacher und doch direkter Weise einen Ausweg aus diesem Dilemma zeigen. Jesus wird uns dabei begleiten, und ich möchte dir mitteilen, dass er beim Schreiben dieses Buches anwesend ist. Meine Finger fliegen regelrecht über die Tastatur meines Laptops, und die Flut von Informationen, die im Moment des Schreibens auf mich einwirken, ist mit Worten nicht zu beschreiben. Es ist einfach fantastisch und gleichsam eine Gnade, dass ich dieses Buch schreiben darf. Es klingt für viele Leserinnen und Leser jetzt vielleicht übertrieben, doch die Menschen, die mich wirklich persönlich kennen, werden erkennen, wer hier wirklich schreibt.

Kommen wir jetzt zum eigentlichen Thema dieses Kapitels zurück. *„ICH BIN der ICH BIN" und jener, der ICH BIN, ist das Licht der Welt.* Jesus spricht: *„Ich bin die Tür. Wenn jemand durch mich hineingeht, wird er selig werden und wird ein- und ausgehen und Weide finden." (Johannes 10, 9)*

Das bedeutet doch für uns Menschen, dass wir einfach durch diese Tür des Erkennens schreiten könnten, und unser Leben wäre erfüllt von Glückseligkeit. Was hindert uns daran, dies in die Tat umzusetzen?

Jesus sagte seinen Jüngern: *„Habt Vertrauen, fürchtet euch nicht." (Matthäus 14, 27)*

Kannst du dich noch an die Frau in Kapitel 1.1 erinnern? Frau S. lebt in einer Stadt in NRW, und ich habe mit ihr sehr oft über das Thema Angst gesprochen und darüber, wie man diesem Zustand die Kraft nehmen kann. Natürlich habe ich mich für sie auch eingestellt. Somit hatten Frau S. und mein Wesen eine gemeinsame Datenleitung. Schritt für Schritt hat diese Frau ihr Selbstvertrauen aufgebaut. Sie weiß es, und ich habe es ihr auch gesagt, dass sie noch eine Menge Entwicklungsarbeit vor sich hat. Jedoch kann ich behaupten: Diese Gott liebende Frau hat ihr Leben bis zum heutigen Tag immer wieder durch das lebendige Wort optimiert.

Sie hat nicht den lieben langen Tag Affirmationen oder Mantras heruntergeleiert. Diese Dinge erzeugen meist nur eine Gegenbewegung, da sie an der Oberfläche ablaufen. Das bewusste Betrachten der Ursache führt zur Erkenntnis. Wenn die Tat folgt, führt sie zur Offenbarung von Wissen und Weisheit.

Wie oft sagen Menschen: *„Ich bin krank, ich bin hässlich, ich bin schwach, ich bin dumm, ich bin arm."* usw.? Wenn du jetzt denkst, das Gegenteil davon, zum Beispiel: *„Ich bin gesund, ich bin schön, ich bin stark, ich bin klug, ich bin reich."* usw. würde dir einen Vorteil bringen, so irrst du dich. Es wird dich nur auf die andere Seite des Pendels bringen. Die Einstellung und das tiefste Gefühl in der Einheit mit der absoluten Akzeptanz: „ICH BIN All-Liebe“ oder „ICH BIN Allgegenwart“ offenbart uns die Neutralität, welche das Wort ist, das bei Gott war und das Gott ist und das zu Fleisch wurde.

Hierzu ein anschauliches Beispiel: Ein Computer ist ein elektronisches Datenverarbeitungssystem, in das mitunter auch KI integriert wurde, das uns in vielerlei Hinsicht nützlich ist. Dieses elektronische Datenverarbeitungssystem hat im Innern einen Mikroprozessor, der ohne elektrischen Strom nutzlos wäre. Wenn dieser Prozessor nicht eingebaut wäre, so würde das Computersystem nicht funktionieren. Es wäre im Grunde nutzlos, weil fast leblos. Die Zentraleinheit würde fehlen. Wenn nun beim Menschen nicht das Wort wäre und das Wort den Menschen nicht mit dem intelligenten Lebensstrom durchströmen würde, so wäre das System Mensch ohne Energie und *LEBEN.*

Jesus hat der Menschheit also bereits vor Tausenden von Jahren etwas mitgegeben, das im Grunde seiner Zeit voraus war. Er erklärte seinen Jüngern, was das Wort *„ICH BIN“* für eine grenzenlose All-Macht offenbart. Er ging sogar so weit und sagte: *„ICH BIN die Auferstehung und das Leben“*, und Lazarus erwachte, obwohl bei seinem Leichnam bereits die Totenstarre eingesetzt hatte. Das Blut bekam keinen Sauerstoff mehr, da die Seele nicht mehr im Körper weilte, und mit ihr der intelligente Lebensstrom. Für die Familienmitglieder des Lazarus und die vielen Menschen, die diesem Ereignis beiwohnten, war es ein für sie *(noch)* unglaubliches Wunder. Jesus wusste und kündete ja auch davon, dass diese grandiose Tat seines Vaters *(intelligenter Lebensstrom, Heiliger Geist, ICH-BIN-Gegenwart, Gott-Vater-Mutter, Christus)* den beiwohnenden ein aufklärendes Licht sein wird – und nicht nur ihnen, sondern weitblickend eines Tages auch der ganzen Welt!

So begab es sich, dass dieses Erlebnis auch den Glauben an Christus stärkte:

„Der Tod des Lazarus
Ein Mann namens Lazarus war krank. Er wohnte mit seinen Schwestern Maria und Marta in Betanien. Das ist dieselbe Maria, die dem Herrn das kostbare Duftöl über die Füße goss und sie mit ihrem Haar trocknete. Weil ihr Bruder Lazarus krank geworden war, schickten die beiden Schwestern Jesus eine Nachricht und ließen ihm ausrichten: „Herr, der, den du lieb hast, ist sehr krank." Als Jesus jedoch davon hörte, sagte er: „Lazarus' Krankheit wird nicht zum Tode führen; sie dient vielmehr der Verherrlichung Gottes. Der Sohn Gottes wird durch sie verherrlicht werden." Jesus hatte Marta, Maria und Lazarus lieb. Als er von seiner Krankheit erfahren hatte, blieb er noch zwei Tage, wo er war. Erst dann sagte er zu seinen Jüngern: „Lasst uns wieder nach Judäa gehen." Doch seine Jünger wandten ein: „Meister, erst vor wenigen Tagen haben die Juden dort versucht, dich zu steinigen. Und nun willst du dorthin zurückkehren?" Jesus erwiderte: „Es ist doch zwölf Stunden jeden Tag hell. Solange es hell ist, können die Menschen sicher einen Fuß vor den anderen setzen. Sie können sehen, weil sie das Licht dieser Welt haben. Nur in der Nacht laufen sie Gefahr zu stolpern, weil das Licht nicht bei ihnen ist." Und er fuhr fort: „Unser Freund Lazarus ist eingeschlafen, doch nun gehe ich hin und wecke ihn auf." Die Jünger meinten: „Herr, wenn er schläft, wird er bald wieder gesund!" Sie dachten, Jesus Rede von einem heilsamen Schlaf; Jesus sprach aber davon, dass Lazarus gestorben war. Da sagte er ihnen offen: „Lazarus ist tot. Euretwegen bin ich froh, dass ich nicht dort war, weil ihr so einen weiteren Grund haben werdet, an mich zu glauben. Kommt, wir wollen zu ihm gehen." (Johannes 11, 1-15)

Das Wort, das am Anfang war und bei Gott war und Gott ist, war auch der Sohn, und war im Sohn, und der Sohn wurde zu Fleisch, und es lebte, weil das Wort das *LEBEN* ist. Im Laufe der Geschichte haben gewisse Mächte versucht, dieses Wort zu manipulieren. Sie wollten nicht, dass die Menschen erkennen, was dieses Wort bewirkt. Stattdessen wird bereits den Kindern die Frucht vom Baum der Erkenntnis reichlich verabreicht. Kinder vor der Pubertät sind wahre Leuchtfeuer des Wortes, das das *LEBEN* ist. Diese heranwachsenden Kinder offenbaren eine solche Energie, dass sie den ganzen Tag über in Bewegung sein können. Wie oft haben mir Eltern gesagt, ihre Kinder sind so unglaublich lebendig!

Heute, an einem Sonntag, hat mir Frau L. aus Ludwigshafen berichtet: Ihr Sohn J. war in der Kindheit so von Lebensenergie erfüllt, dass er oft den ganzen Tag am Spielen war, bis er dann ganz plötzlich, als würde ein Schalter betätigt, einschlief. *„Jetzt frage dich mal selbst: Bist du als scheinbar Erwachsener noch so aktiv, wie du es einst als „kleines" Kind im täglichen Leben vermutlich warst? Wohl nicht, da eine Fülle von begrenzenden Einstellungen dein Geist-Körper-System geflutet hat. Dein Königreich wurde von räuberischen Eindringlingen (verschiedenste Widersprüche, z.B. Ängste, Zweifel, Gut und Böse, Sieg und Niederlage usw.) befallen und bis heute belagert. Der König oder die Königin floh nicht, doch zog sich auf deinen Wunsch hin zurück. Deine kindliche Gelassenheit ist mit der Zeit verloren gegangen.*
Natürlich ist sie in deinem Geist und Herzen noch anwesend, doch du bist ja jetzt erwachsen! Frage dich selbst: Bist du ein großes Kind oder ein intelligenter Erwachsener?"

Weshalb haben Kinder Jesus so geliebt? Er hat mit ihnen gespielt und ihnen oft Geschichten erzählt. Jesus sagte doch auch: *„Wahrlich, ich sage euch, wenn ihr nicht umkehrt und werdet wie die Kinder, so werdet ihr nicht in das Reich der Himmel eingehen." (Matthäus 18, 3)*

Diese Worte erinnern uns doch auch an das Gleichnis vom Senfkorn und dem Glauben. Wenn unser Glaube einem winzigen Senfkorn gleich wäre, so würde er dennoch in unserem täglichen Leben außergewöhnliche Dinge vollbringen. Sobald sich ein Samenkorn öffnet, schreitet es zur Tat und wächst zu einer Pflanze heran, z.B. zu einem Strauch oder einem Baum. Die Energie und die Informationen im Samenkorn offenbaren sich im Hier und Jetzt. Es klammert sich nicht an die Gedanken der Vergangenheit noch der Zukunft! Wir dürfen dabei uns und unsere Gesellschaft anschauen und uns der Frage stellen: Was ist dadurch letztlich aus dieser Welt geworden? Eine begrenzte Vergangenheit und die Aussicht auf eine begrenzte Zukunft!

Kinder sind im Vergleich zu Erwachsenen vielleicht nach menschlichen Maßstäben klein, doch ist ihr Glaube oft unermesslich. Sie sind lebendige Wunder und tun Dinge, die für Erwachsene oft nicht nachvollziehbar sind. Würden wir sie nicht derart konditionieren, so wären sie als Erwachsene Riesen im Geiste und nicht, wie die allermeisten Menschen, erwachsene Zwerge.

Es gibt einen natürlichen Weg, der uns wieder selbstbewusster und souveräner macht. Es handelt sich dabei um ein Gebot, das Jesus der Menschheit gab: *„Du sollst den Herrn, deinen Gott, lieben mit ganzem Herzen, mit ganzer Seele und mit all deinen Gedanken. Das ist das wichtigste und erste Gebot. Ebenso wichtig ist das zweite: Du sollst deinen Nächsten lieben wie dich selbst." (Matthäus 22, 37-39)*

Dieses Gebot, das Jesus das Wichtigste von allen nannte, soll die Brücke zum nächsten Kapitel sein.

3. Liebe deinen Nächsten

Diese Worte „*Liebe deinen Nächsten…!*" sollten für uns jeden Tag ein Fingerzeig Gottes sein. Es sei auch nochmals darauf hingewiesen, dass Gott alles, was ist, IST! Wandere also mit deinen Gedanken nicht im Relativen herum, wenn du das Wort „Gott" liest! Wir dürfen uns selbst prüfen, ob wir wirklich bedingungslos lieben, so wie es uns Jesus in der Tat auf Erden vorlebte.

Auf meiner Reise durch dieses Leben traf ich einst einen bescheidenen Meister, der sich nicht in der Öffentlichkeit auf eine Bühne stellte, noch sich als Heiler bezeichnete. Im Gegenteil, er sagte mir mit klaren Worten, dass ein Mensch nicht heilen kann. Das könne nur Gott bzw. das Wort, das Gott ist. Er hatte einen geheimen Namen, den er niemandem sagen durfte, außer es wäre ein Mensch, der als blühender Garten daher kam. Er sagte zu mir: „*Sei wachsam und auf der Hut, prüfe deine Nahrung, ob geistig oder weltlich. Sei wachsam, denn der Antichrist kennt alle deine Gedanken. Prüfe sie, und du wirst erkennen, was Liebe ist.*" Dieser Mensch tat Wunder im Namen Gottes, doch er behauptete nicht, dass es seine Werke seien. Was für ein weises Wesen. Ich verneige mich noch heute mit allergrößtem Respekt vor diesem Menschen.

Ein Beispiel bzgl. der Schlauheit des Antichristen: In meinem Umfeld befinden sich einige Menschen, die mir nicht immer wohlgesinnt sind. Das kann Neid, Eifersucht usw. sein. Wo viel Licht ist, ist auch die Dunkelheit präsent. Jesus hat dies am eigenen Leib erfahren und er war sich dessen auch bewusst! An ihren Gedanken und Verhaltensweisen können wir ihre Maskierung erkennen. Sie haben ihre Schwächen uns gegenüber schon oft unbewusst gezeigt. Die Persönlichkeit möchte eben selbst etwas sein und lauert auf Augenblicke, wo sie sich in Szene setzen kann. Viele Menschen möchten ihre Schwächen verbergen und ihre Stärken zeigen. Ob Frau oder Mann, da gibt es keine Unterschiede. In beiden lebt eine konditionierte Persönlichkeit mit Widersprüchen – der Antichrist. Alle Menschen haben zwei Seiten, bis sie eines Tages nicht mehr mit der Frequenz der Erkenntnis mithalten können. Sobald das Bewusstsein lichter wird, vollzieht sich ein allmähliches Verschmelzen mit dem Christus.

Du weißt es aus eigener Erfahrung: In einem Moment sind wir in der goldenen Mitte, und im nächsten werden wir in etwas hineingezogen, das uns aus der Ruhe bringt. So etwas kann unseren Tagesablauf auf den Kopf stellen. Ein Tag ist voll von Fallstricken. Wie oft verurteilen Menschen ihren Nächsten bereits im Geiste. Wir könnten bei uns selbst beginnen und den Balken aus unserem Auge entfernen.

Betrachten wir die Justiz und all die Richter, Anwälte und Staatsanwälte, die tagtäglich in die verschiedensten Prozesse eingebunden sind. Wie oft haben wir einen Richter gesehen, der am Körper gezeichnet war. Es ist eben das Verurteilen oder Richten, das nicht ohne Wirkung bleibt.

Wie heißt es bei Matthäus 7, 1-5: *„Richtet nicht, damit ihr nicht gerichtet werdet! Denn wie ihr richtet, so werdet ihr gerichtet werden und nach dem Maß, mit dem ihr messt, werdet ihr gemessen werden. Warum siehst du den Splitter im Auge deines Bruders, aber den Balken in deinem Auge bemerkst du nicht? Oder wie kannst du zu deinem Bruder sagen: „Lass mich den Splitter aus deinem Auge herausziehen!“ – und siehe, in deinem Auge steckt ein Balken! Du Heuchler! Zieh zuerst den Balken aus deinem Auge, dann kannst du zusehen, den Splitter aus dem Auge deines Bruders herauszuziehen.“*

Was sind wir, wenn nicht die Kinder der göttlichen Quelle, einer Quelle unendlicher Liebe. Es ist eine sehr einfache Lehre, doch anscheinend ist sie doch so kompliziert, dass wir Menschen sie nicht vollumfänglich in unserem Geiste und in unserem alltäglichen Handeln aufnehmen.

Eltern sind in der Verantwortung, ihren Kindern ein Vorbild an Liebe zu sein. Es geht dabei nicht um die fleischliche Liebe, die wie ein

Strohfeuer eruptionsartig emporflammt, bis das Stroh meist nach kurzer Zeit nur noch glimmt. Eine Liebe zwischen zwei Menschen, die im Herzen heranwächst, wird ein strahlendes Licht für die Welt sein.

Wir können mit segensreichem Beispiel vorangehen und uns selbst beweisen, dass wir selbst es sind, die uns helfen müssen, indem wir den Boden für eine Heilung bereiten. Unsere Einstellungen sind oft entscheidend für unser Leben im Fleische.

Die folgende Geschichte zeigt uns, wie wir es *nicht* machen sollten: Eines Tages rief mich ein Mann an und bat mich um Hilfe. Er sagte, dass man bei ihm kürzlich Krebs *(Störung)* diagnostiziert habe. Eine Chemotherapie bzw. Bestrahlung komme für ihn nicht in Frage. Er suchte nach Alternativen. Auf seine Frage, was er denn tun könne, um diese Störung zu beheben, sagte ich ihm: *„Lieben Sie sich ins wirkliche Leben und arbeiten Sie an ihrem Gottvertrauen. Verändern Sie etwas in Ihrem Leben und lassen Sie Taten folgen. Die Ursache der Störung sind Sie selbst.“* Daraufhin antwortete er mir: *„Lieber Johannes, ich vertraue auf Gott, darum rufe ich Sie ja an.“* Seine Stimme klang freundlich, doch im Unterton waren Ungereimtheiten zu erkennen. Ich fragte ihn nach seiner Frau. *„Meine Frau“*, sagte er, *„sitzt neben mir am Telefon und hört Ihnen zu. Sie lässt Sie grüßen.“* Ich möchte diese Geschichte etwas verkürzen. Tatsache war, dass dieser Herr und seine Frau seit über 50 Jahren verheiratet waren. Viele Menschen würden jetzt sagen: *„Wie schön, das muss ja eine außergewöhnliche Liebe sein.“* Das ist sie im Grunde auch, doch in diesem Fall gab es auch eine Menge Störungen aufgrund von Einstellungen. Herr H. sagte mir, dass es in ihrem Leben Höhen und Tiefen gab. Ich sagte ihm: *„Denken Sie bitte daran, die Vergangenheit ist wie ein Film, den sie bereits gesehen haben. Wenn Sie sich von der Handlung emotional beeinflussen lassen, und diese Emotionen störend auf Sie einwirken, dann sollten sie diesem Film keine Lebensenergie mehr geben. Prüfen Sie sich selbst und Ihre Gedanken und lassen Sie derartige Verspannungsmuster los. Was meinen Sie, welch* *ein Segen eine Entspannungsübung ist, indem wir dabei alle Anspannungen loslassen und unseren gesamten Körper entspannen?"* Herr H. war sehr dankbar für diese klaren Worte und wollte sich diese Einsichten zu Herzen nehmen. In den darauf folgenden Wochen rief er mich immer wieder an und bat um Unterstützung. Sein körperliches Wohlbefinden hatte sich deutlich verbessert, einerseits durch die klare, kraftvolle Energie unserer Gespräche, und andererseits hatte er wieder Mut geschöpft. Es entwickelte sich eine Achterbahn der Gefühle, und die Störungsmuster in seiner Beziehung flammten immer wieder neu auf, so dass Herr H. zu mir sagte, er wolle so nicht mehr leben. Ich riet ihm: *„Herr H., hören Sie bitte sofort damit auf, solche Gedanken zu pflegen. Sind Sie der Meinung, dass es hilfreich ist, wenn Sie diese Worte benutzen? Sie sind doch ein aufgeklärter Mensch. Sie haben doch einige weise Bücher gelesen."* Nach jedem Gespräch kamen die Heiterkeit und der Mut in sein Leben zurück, doch im täglichen Leben setzte er meine Anweisungen nicht wirklich um. Der Geist ist willig, doch das Fleisch ist schwach. Herr H. hätte dieses mittlerweile wissen müssen. Wir können also ganz klar erkennen, dieser Mensch hatte Glauben, doch wie stark war dieser Glaube, und würde er ihn wirklich aus seiner Notlage befreien? Die Frage, die wir uns stellen dürfen, lautet: Inwieweit lassen wir uns von unserer direkten Umgebung und unseren eigenen Gedanken beeinflussen?

Jesus sagte doch immer wieder zu seinen Jüngern: *„Fürchtet euch nicht. Ist euer Glaube so schwach, dass euch die Angst (das Gespenst der Angst) überkommt?"*

Er brachte diese Frage seinen Jüngern immer wieder in Erinnerung. Diese Wiederholung trug eines Tages Früchte, auch wenn sich die Erkenntnis bei einigen Jüngern erst nach seiner Auferstehung einstellte. So ist es auch heute noch: Wir alle sind Jünger Gottes und damit auch Christi Jünger, denn der Sohn ist im Vater, und der Vater in ihm. Außerdem dürfen auch wir uns in Demut üben, indem wir in unserem

Selbstvertrauen *(in das göttliche Selbst)* nicht die unergründlichen Wege Gottes vergessen. Eine Heilung kann sich auch in anderer Weise offenbaren als durch eine Heilung des Körpers und gleichsam auch ein Tor ins himmlische Reich sein.

Herr H. war in seinem Wechselbad der Gefühle gefangen. Da gab es Tage der Erkenntnis und des Friedens, dann folgten wiederum Tage des Zweifelns und der Mutlosigkeit. Ich sagte ihm wiederholt: *„Nicht ich heile, es ist Gott oder der Christus, der diese Taten vollbringt."* Dann malte ich gemeinsam mit ihm das Gleichnis vom Stromkreislauf in seinem Geist-Körper-System in seinen Stirnlappen *(seine Kinoleinwand)*. *„Herr H., was meinen Sie, was passiert, wenn alle Störungen in Ihrem Geist und Körpersystem behoben sind?"* Er sagte: *„Dann fließt der Strom wieder mit voller Kraft."* – *„Sehen Sie"*, bestätigte ich, *„Sie haben es doch erkannt." „Schauen Sie, dass Sie die wesentlichen Störungen nicht immer wieder in Ihren Geist und somit in Ihren Körper rufen! Sie haben doch nach jedem Telefonat den Segen der Leichtigkeit empfangen. Alle ihre Schmerzen waren wie weggeblasen."* Herr H. entgegnete daraufhin: *„Ja, das ist so, doch bitte, Johannes, ich brauche Sie, helfen Sie mir weiter."* Da waren sie wieder, die Selbstzweifel. Er brauchte mich, um daraus zu entkommen, obwohl ich ihn immer wieder darauf hinwies, dass es die Werke Gottes sind. *„Ich bereite Ihnen den Weg zur eigenen Erkenntnis: Bauen Sie nicht auf mich, sondern auf Gott. Gott ist der Lebensstrom, die Auferstehung und das Leben."* Wie oft besuchte er mich in der Nacht in seinem feinstofflichen Körper, und immer wieder auch am Tag. Seine Frau war ein sehr ängstliches *(und auch eifersüchtiges)* Wesen, und diese Angst störte auch immer wieder die heilsame Stille. Mit ihr habe ich so manches Gespräch geführt. *„Sie sollten nicht so ängstlich sein und dadurch den heilsamen Frieden stören."* So erklärte ich ihr die geistige Wirkungsweise, und sie versicherte mir: *„Ich werde mich ändern."* Einmal fand ich deutliche Worte, weil Herr H. mich anrief und über seine Frau klagte. *„So"*, sagte ich, *„dann rufen Sie Ihre Frau einmal ans Telefon."* Als sie mich hören konnte, sagte ich zu ihr: *„Liebe M., möchten Sie, dass Ihr Mann noch eine Weile an ihrer Seite weilt, dann sollten Sie mit diesen Emotionen aufhören. Sie sind nicht förderlich. Sie sehen doch, wie es Ihrem Mann damit ergeht. Ich sage es Ihnen ganz deutlich: Wenn sich das nicht grundlegend verändert, wird die Seele Ihres Mannes eine Entscheidung treffen und diese Welt verlassen."*

Was meinst du, wie still sie plötzlich war. *„Ich werde mich bessern"*, versicherte sie mir, doch die Gewohnheiten hatten ihre Persönlichkeit im Griff. Die eingefahrenen Wege der Gewohnheiten waren bereits so tief eingefahren, dass sie immer wieder daran scheiterte. Eines Tages entschloss sich Herr H., ins Hospiz zu gehen, weil er sich daheim nicht mehr wohl fühlte. Er gab sich auf und so schlief er eines Tages ein, obwohl er im Grunde leben wollte. Doch er konnte diese emotionalen Tiefschläge und somit auch die Krankheit *(Störungen)* nicht abschütteln. Was ich ihm nahegebracht hatte, war das Allheilmittel, das die Störungen hätte fernhalten können, wenn er sich mit ganzem Herzen darauf eingelassen hätte. Was ich ihm jedoch nahebrachte, war das Allheilmittel, wohin diese Krankheit, sprich Störung, nicht hätte folgen können!

Jesus sagte doch auch: *„Satan* (die eigene, menschliche Persönlichkeit, der Antichrist) *weiche von mir."* Und weiter: *„Mein Reich ist nicht von dieser Welt, und dahin kannst du mir nicht folgen."*

Jesus sagt uns unmissverständlich, dass die konditionierte Persönlichkeit mit all ihren Widersprüchen uns nicht ins Reich des Christus folgen kann! Es ist das Reich der bedingungslosen Liebe und Allgegenwart.

Diese Worte offenbaren uns den Weg zum Allheilmittel: Die All-Liebe! Und auch wenn es für die eine oder andere Leserin oder den einen oder anderen Leser vermessen klingt, so behaupte ich in Gottes und Jesu Namen: Es gibt kein „Unmöglich". Wir erinnern uns an das

Gleichnis vom Senfkorn und auch von der Liebe: Gott ist die Liebe; wer in der Liebe ist, ist in Gott.

Wir sollten uns folgendes Gleichnis immer wieder ins Bewusstsein rufen: Unbeschwerte Kinder sind eine Frucht der All-Liebe und Freude, die gleichsam heilend für ihre Umwelt und damit für die gesamte Welt ist.

4. Maria Magdalena, Maria und die Offenbarung der Weiblichkeit in allen Menschen!

Petrus fragte Jesus Christus, den Erlöser der Welt: *„Wird auch die Materie gerettet oder nicht?“*

Christus erwiderte: *„Alle Natur, jede Gestalt und jede Kreatur besteht in- und miteinander und wird wieder zu ihren eigenen Wurzeln hin aufgelöst, denn die Natur der Materie kann sich nur zu ihren eigenen Wurzeln hin auflösen. Wer Ohren hat zu hören, der höre!“*

Da sprach Petrus: *„Du hast uns alles erkennen lassen, sag uns nun auch noch dies: Worin besteht die Sünde der Welt?“*

Der Erlöser sprach: *„In Wahrheit gibt es keine Sünde, sondern ihr begeht Irrtümer durch euer Tun.“* (Es sind eure eigenen Verfehlungen, die euch von eurem Erkennen wegführen. Als würdet ihr einen Pfeil, der mit einem Gedanken eines Wunsches geladen ist, in die Mitte einer Zielscheibe abfeuern, doch er würde die Mitte, also euer Vorhaben/Ziel, eure Mission, euren Wunsch, verfehlen!)

Und Christus sprach weiter: *„Sie* (die Verfehlung) *kommt aus der Natur der zerbrochenen Ehe. Das nennt man eine Sünde.“* (Und erschafft damit bereits eine Trennung und richtet, was wir nicht richten können – ansonsten wäre die Botschaft, bedingungslos zu lieben, hinfällig!)

„Deswegen aber kam das Gute (Liebe, Güte, Barmherzigkeit, Christus) *in die Mitte, hin zum Wesen jeder Natur, um so […] wieder in ihre Wurzel einzufügen.“*

Und er sprach weiter: *„Deswegen entsteht auch ihr, und deswegen sterbt auch ihr“ … „Wer es fassen kann, der soll es fassen!“*

„Es gibt ein Leid, das nicht verglichen werden kann. Es ist aus einem Gegenüber der Natur hervorgegangen. Daher entsteht eine Verwirrung überall am Leibe. Und deswegen habe ich euch gesagt: Habt Mut! Auch wo ihr keinen Mut habt, habt dennoch Mut! Denn ihr seht doch, die

Gestalten der Natur, sie sind verschieden. Wer Ohren hat zu hören, der höre!"

Als der Selige das gesagt hatte, gab er allen den segensreichen Gruß (Kuss) und sprach: *„Frieden mit euch! Mühet euch um meinen Frieden. Hütet euch, dass niemand euch abirren lasse mit den Worten: Seht hier, seht da! Seid mutig und entschlossen, denn der Sohn des Menschen ist inwendig in euch. Ihm sollt ihr nachgehen! Wer ihn sucht, wird ihn finden* (erkennen und erfassen). *Geht also und predigt das Evangelium der Herrschaft Gottes* (der Liebe Gottes)*!*

Ich habe euch kein anderes Gebot gegeben, nur das, worin ich euch unterwiesen habe. Und ich habe euch kein Gesetz gegeben, wie es Gesetzesstifter tun. Ihr sollt nicht durch das (weltliche) *Gesetz* (bzw. das Gesetz des Relativen, der Gegensätze und Widersprüche) *ergriffen werden."* (Evangelium der Maria Magdalena, von mir bearbeitet)

Dieses Kapitel möge das widerspiegeln, was der Mensch in diesen Zeiten der globalen Veränderungen erkennen darf. Es ist offenbar, dass die Weiblichkeit in den Alltag drängt und das Bewusstsein aller Menschen erfassen wird. Die patriarchalische Herrschaft einer von Männern geprägten Welt geht ihrem Ende zu! Wir dürfen erkennen, dass die weibliche Kraft der Offenbarung nicht aus der Botschaft Christi wegzudenken ist, obwohl scheinbar machtvolle „Eliten" dies nicht akzeptieren und umsetzen wollten. Die Natur des Lebens gibt uns viele Beispiele, dass es die weibliche Kraft in uns Menschen und in der Natur ist, die letztlich das Einssein der Liebe offenbart!

Ein anschauliches Beispiel dazu: Im Samen einer Blume sind beide Kräfte vereint, die weibliche und die männliche. Beide regen das Wachstum der Blume an, und dabei erfüllt die männliche (väterliche) Energie die Wurzeln, den Pflanzenstiel und die Blätter. Sie ist im ganzen Wesen der Blume anwesend, doch ohne die weibliche (mütterliche) Kraft können Wachstum und Erblühen der Blume im Relativen nicht stattfinden. Doch die Blume wird eines Tages in aller Pracht erblühen, und es wird sich ein betörender Duft offenbaren. In der Blüte können wir ein magisches Leuchten erkennen.

Was würde geschehen, wenn wir der Blume die Blüte abschneiden würden? Eine Frage: Was für ein Energiezentrum bzw. Chakra hat seinen Sitz an der obersten Stelle unseres Kopfes? Das Scheitelchakra hat die Form einer tausendblättrigen Lotusblüte.

„Bedeutung des tausendblättrigen Lotus:
Der tausendblättrige Lotus steht damit als Symbol für die Erleuchtung. Wenn die Kundalini erwacht und durch die Sushumna hochgeht bis zum Sahasrara-Chakra, hast du die Erleuchtung erlangt, und dann strahlt und leuchtet alles. Und das kann man symbolisieren durch den tausendblättrigen Lotus. Alle göttlichen Fähigkeiten erblühen sodann. Der tausendblättrige Lotus steht aber auch für die tausend Arten, wie göttliche Energie in dich hineinströmen kann: Die tausend Segnungen, die du erfahren kannst, wenn du dich für das Göttliche öffnest.
Tausendblättriger Lotus, du kannst dir das öfter vorstellen. Ein Licht strömt von oben in dich hinein, segnet dich, und dann lass diesen Segen und dieses Licht von deinem Herzen aus zu allen Wesen ausstrahlen.“[2]

In dieser Welt wurde die Weiblichkeit über Jahrtausende unterdrückt *(erinnere dich: einst war die Frau weniger wert als das Vieh)*, obwohl sie in allem anwesend ist und ohne sie in dieser Welt kein Wachstum möglich wäre! Ohne Weiblichkeit gäbe es hier kein Leben, keine Tiere und auch keine Menschen. Beide Kräfte sind in Christus vereint und *eins*. Was auch immer hier im Relativen existiert, entstammt der Christuskraft und damit der Gottesquelle, die das Leben ist.

Seit einigen Jahrzehnten drängt die weibliche Kraft in einer auf patriarchalischen Herrschaftsstrukturen gebauten Welt an die Öffentlichkeit. Wir befinden uns in einer Evolution zurück zu den Wurzeln unserer Existenz. Das heißt, die Weiblichkeit wird ihren Unterdrückern, ob im Weltensystem oder im eigenen Körper, die Macht nehmen. Es wird die Liebe sein, die den kindlichen Christus in uns allen offenbaren wird.

Die Christusliebe ist eine harmonisierende Kraft, die alle Schwere absorbiert und transformiert.

Wir können im Alltag noch immer beobachten, dass die Weiblichkeit noch nicht in der vorgesehenen Harmonie angekommen ist. Noch immer werden Unterschiede gemacht, sei es in Religionen oder in anderen Bereichen.

Es gibt viele Geschichten über Maria Magdalena, Maria und viele weitere weibliche Wesen. Ob in der Bibel oder in zahlreichen Bereichen der Gesellschaft, sie haben durch ihr Tun sehr viel bewirkt. Obwohl es oft ein steiniger Weg war, konnten sie sich letztlich meist durchsetzen. Wir wollen in diesem Kapitel nicht näher auf die Namen all dieser Frauen eingehen. Wer mehr darüber erfahren möchte, wird im Internet oder im Literaturbereich eine Menge Informationen finden. Dieses Kapitel ist den Frauen gewidmet, die Jesus nahe standen. Maria, seine Mutter, ist auch heute noch für viele Menschen die Mutter Gottes. Das stimmt zwar, doch wir dürfen uns auch fragen, wie Jesus darüber denkt. Was sagt uns das Neue Testament zu diesem Thema, ob Maria die Mutter Gottes ist? Lassen wir Jesus sprechen:

> *„Jesus sprach zu ihr: Ich bin die Auferstehung und das Leben; wer an mich glaubt, wird leben, auch wenn er gestorben ist." (Johannes 11, 25)*

> *„Glaubt mir, dass ich im Vater bin und der Vater in mir. Wenn nicht, so glaubt mir doch um der Werke willen." (Johannes 14, 11)*

> *„Er ist das Ebenbild des unsichtbaren Gottes, der Erstgeborene vor aller Schöpfung. Denn in ihm ist alles geschaffen, was im Himmel und auf Erden ist, das Sichtbare und das Unsichtbare, es seien Throne oder Herrschaften oder Mächte oder Gewalten; es ist alles durch ihn und zu ihm geschaffen. Und er ist vor allem, und es besteht alles in ihm. Und er ist das Haupt des Leibes, nämlich der Gemeinde. Er ist der Anfang, der Erstgeborene von den Toten, damit er in allem der Erste sei." (Kolosser 1, 15-18)*

„...Und Gott sprach: Lasst uns Menschen machen, ein Bild, das uns gleich sei, die da herrschen über die Fische im Meer und über die Vögel unter dem Himmel und über das Vieh und über die ganze Erde und über alles Gewürm, das auf Erden kriecht. Und Gott schuf den Menschen ihm zum Bilde – zum Bilde Gottes schuf er ihn; und schuf sie einen Mann und ein Weib." (1. Moses 1, 26-27)

Es ist egal, wer den Menschen erschaffen oder modifiziert hat, und ob es mächtige Götter waren. Es ist nicht von Bedeutung, ob deren Hintergrund vielleicht auf eine Nutzung der Erdressourcen hinauslief. Letztlich kommt alles Leben von Gott, der einen Quelle, so auch diese mächtigen Schöpfergötter!

Jesus sprach zu ihnen: *„Wahrlich, wahrlich, ich sage euch: Ehe Abraham wurde, bin ich." (Johannes 8, 58)*

Jesus teilt es uns anhand dieser Worte mit, dass das Wort bereits vor Abraham war. Die allmächtige ICH-BIN-Gegenwart ist das LEBEN, die All-Liebe.

Was hat das mit der Mutter Gottes, Maria, zu tun? Im Grunde ist jede Mutter die Mutter Gottes, denn ICH BIN lebt in allem Leben, so auch in allen Menschen. ICH BIN ist das All-Eine-Prinzip, das wir „Gott" nennen! In jedem Baby offenbart sich Christus, und wir wissen: Christus ist im Vater und der Vater in Christus.

Was wäre, wenn Maria Magdalena Kinder gehabt hätte? Sie war ja auch eine Jüngerin, die Jesus folgte. Eines Tages wird sich die wahre Geschichte Jesu offenbaren, und manch ein Mensch wird staunen. Es gibt viele Thesen über Jesus, Maria Magdalena und die Bibel, doch es sei an dieser Stelle gesagt: Wir sollten unseren Fokus auf die bedingungslose Liebe richten und zusehen, dass wir die Widersprüche und Gegensätze in unserem Geist erlösen, indem wir sie vereinen. Was können wir tun?

Wo Liebe und Hass existieren, sollten die Liebe und der Hass aufeinander zugehen und miteinander verschmelzen. Das wäre so, als würde das Licht die Dunkelheit schlucken. Wenn wir in der Dunkelheit einen Leuchtkörper entzünden, wird die Dunkelheit vom Licht absorbiert!

Was geschieht, wenn sich Richtig und Falsch einen? Dann gibt es kein Richtig und kein Falsch mehr! So könnten wir zum Beispiel alle Gegensätze und Widersprüche auflösen.

Was hat das alles mit der Weiblichkeit zu tun? Eine ganze Menge! Die weibliche Kraft ist das gebärende Element! Das heißt: Sie ist der Duft der Blume bzw. der Liebe, die unsere Herzen berührt. So ist die weibliche Energie, wenn sie denn im Manne ausgeglichen ist, eine mitfühlende Eigenschaft. Mütter und Frauen haben uns oft bewiesen, dass sie Friedensstifter sind. Sie haben eine besondere Verbindung zu ihren Söhnen und natürlich zu ihren Töchtern. Sie haben sie neun Monate unter ihrem Herzen getragen, und es existiert eine lebenslange, starke Verbindung zu ihren Kindern! Frauen waren größtenteils keine Krieger, sie waren bei ihren Kindern, und ihre Liebe war auf Frieden gegründet. Die allermeisten Männer zogen in Kriegszeiten in einen sinnlosen Krieg, der durch Widersprüche und Gegensätze entstanden war. Was danach kam, wissen wir alle! Männer haben keinen harten Kern, denn in Wirklichkeit ist er weich wie die allumfassende Liebe. Der Christus ist der Kern in jedem Menschen, so auch im Manne. In der Tradition muss der Mann stark sein und weinen sollte er auch nicht, obwohl all dies nicht wirklich stimmig ist. Dadurch haben viele Söhne die weibliche Kraft der Herzensliebe nicht wirklich gelebt! Da war die Vergangenheit, doch in der Gegenwart wendet sich das Blatt Schritt für Schritt, und es gibt immer mehr Männer, die erwachen!

Wie oft fragt der Mann seine Frau um Rat, wenn er nicht mehr weiter weiß? Es ist oft die Frau, die im Hintergrund die Fäden zusammenhält. Das weibliche Geschlecht ist eher bereit, sich in Demut zu kleiden. Der Stolz vieler Männer steht ihnen selbst und ihrer geistigen Entwicklung im Weg. Die frohe Botschaft ist jedoch, dass die Weltbevölkerung erwacht und die segensreiche Weiblichkeit des Mitgefühls und der Herzensliebe mit ihr.

Nun kommen wir nun nochmals zu den Frauen der Bibel bzw. der Weltgeschichte. Es gab so manches Ereignis, das mit Maria in Verbindung gebracht wurde.

Im »Handbuch für Götter« habe ich unter anderem auch über die Marienerscheinung in Medjugorje geschrieben.

„Was sagte Maria in Medjugorje (seit Juni 1981 soll nach Angaben von sechs Sehern die Mutter Jesu in Medjugorje, einem Dorf in Bosnien-Herzegowina, erscheinen): Maria offenbarte, dass wir Gott den ersten Platz in unserem Leben geben sollen. „Die moderne Welt sagt uns, dass es Gott nicht gibt, oder dass wir Gott nicht brauchen. Aber Gott ist die Liebe.“

Viele Menschen zweifeln diese Erscheinung an – und in vielen Fällen ist dies auch berechtigt, doch letztlich erfüllen so manche dieser Erscheinungen einen segensreichen Zweck. Sie führen Menschen wieder zur Lehre Christi, die eine Welt des Friedens verkündet. Diese Botschaft von Medjugorje beschreibt doch sehr deutlich die aktuelle Situation auf Erden. Wir dürfen uns die Frage stellen, ob wir in einer Gesellschaft leben, die scheinbar gottlos ist und in der wir zu einem großen Teil Götzen anbeten oder gar noch tiefer gefallen sind. Auch wenn sie gottlos erscheint, kann sie es nicht wirklich sein. Alles Leben ist auf Gott, die eine Quelle, gegründet!

Eine weitere weltweit bekannte Erscheinung ist die von Fátima.

„Bei den Marienerscheinungen von Fátima handelt es sich um sechs visionäre Erscheinungen einer „weißen Dame“ vor drei Hirtenkindern – Lucia dos Santos, ihrem Cousin Francisco und ihrer Cousine Jacinta Marto – in Fátima, einem kleinen Dorf in Portugal im Jahr 1917, die nach Überzeugung der römisch-katholischen Kirche als Erscheinungen

der Jungfrau Maria verstanden werden, die zu den Kindern gesprochen haben soll.«[(3)]

Die Botschaften von Fatima gingen um die Welt, und die römisch-katholische Kirche gab ihr den Segen, eine Marienerscheinung zu sein.

Wenn auch die Kirche über die Jahrhunderte auf der ganzen Welt ihre Ränke geschmiedet und nicht im Sinne Christi gehandelt hat, so können wir sie als Botschaftsüberbringerin für alle ihre Anhänger ansehen. Sie könnte nach ihrer internen Säuberung eine segensreiche Rolle übernehmen. Letztlich ist eine Marienerscheinung eine Offenbarung der Weiblichkeit, und damit verbunden eine Botschaft des Friedens und der Aufruf, sich wieder bewusst mit der Liebe Gottes zu verbinden. Noch heute gibt es Wissenschaftler/-innen, die sich mit dem Mysterium Fatima befassen, obwohl es keiner Beweise bedarf. Wir sollten es einfach als Aufruf und Erinnerung an die Lehre Christi in unseren Geist aufnehmen.

Ich möchte erneut einige Passagen aus dem Buch »Leben und Lehren der Meister im Fernen Osten« zitieren, die der Menschheit die Bedeutung des Weltenaufstiegs und der Weiblichkeit aufzeigen möchten.

Baird T. Spalding: *„Am Abend, als wir mit dieser Arbeit fertiggeworden waren, wurden wir eingeladen, zum Nachtessen direkt in die Lounge zu gehen. Als wir dort ankamen, fanden wir etwa dreihundert Leute versammelt, Männer, Frauen und Kinder, alle um lange Festtafeln gruppiert. Sie hatten uns an einem Ende der Tische Plätze reserviert, von denen aus wir den Raum der ganzen Länge nach überblicken konnten. Die Tafeln waren alle mit schönem, weißem Linnen bedeckt, und darauf standen feine Porzellan- und Silbersachen wie für ein richtiges Bankett, aber in der Halle brannte nur ein einziges, diffuses Licht. Als wir etwa zwanzig Minuten dort gesessen hatten, und alle Plätze, mit wenigen Ausnahmen, eingenommen worden waren, kam eine große Stille über den ganzen Raum, und einen Augenblick später flutete ein blasses Licht herein. Das Licht wurde stärker und stärker, bis es den*

ganzen Raum erhellte, und dann fing jeder Gegenstand darin zu funkeln an, als ob Tausende von Glühlampen geschickt verborgen gewesen und plötzlich nacheinander angezündet worden wären und alles mit einem Male erleuchteten. Wir erfuhren später, dass es im Dorfe keine elektrische Beleuchtung gab.
Nach dem Erscheinen des Lichtes dauerte die Stille noch einmal etwa fünfzehn Minuten, dann plötzlich schien sich feiner Nebeldunst zu sammeln, und derselbe leise Ton wurde hörbar, den wir am Abend zuvor wahrgenommen hatten, als Emils Mutter bei uns erschien. Der Nebeldunst klärte sich auf, und im Raum erschienen an verschiedenen Stellen zugleich Emils Mutter und elf andere, neun Männer und zwei Frauen."[(1)]

Es ist Emils Mutter, also eine weibliche Wesenheit, deren Name hier nicht preisgegeben wird. (Auch Emils Familienname bleibt ungenannt.)

Baird T. Spalding: „*Es fehlen mir die Worte, welche die leuchtende Schönheit dieser Szene beschreiben könnten. Wenn ich sage, sie erschienen wie eine Engelsgruppe, so übertreibe ich nicht, nur die Flügel fehlten. Sie standen einen Augenblick wie angewurzelt still, und alle beugten das Haupt in Erwartung. Gleich darauf erklang die herrlichste Musik von unsichtbaren Stimmen.*"[(1)]

Von dieser Musik hatte ich schon im »Handbuch für Götter« berichtet!

Baird T. *Spalding:* „*Ich hatte schon von himmlischen Stimmen reden hören, aber selber vernommen hatte ich sie bis zu jenem Abend noch nie. Wir wurden tatsächlich von unseren Sitzen emporgehoben. Gegen Ende gingen die neu Erschienenen zu ihren Plätzen, und wieder bemerkten wir, dass ihre Füße nicht das geringste Geräusch verursachten, obschon sie sich nicht anstrengten, leise aufzutreten. Als die zwölf die für sie bestimmten Plätze eingenommen hatten, zeigte sich der zarte, lichte Dunst aufs Neue, und als er sich auflöste, standen wieder zwölf Gestalten da. Diesmal waren es elf Männer und eine Frau, und unter diesen war unser Freund, der Verfasser der Aufzeichnungen. Als sie einen Augenblick stillgestanden hatten, ertönte der Gesang aufs Neue, und bei seinem Ausklingen gingen auch diese, wieder ohne das leiseste Geräusch, zu ihren Plätzen. Sie hatten sich noch nicht niedergesetzt, als der Nebel wiederum den Raum erfüllte, und als er sich zerteilte, standen diesmal auf der andern Seite des Saales dreizehn, sechs Männer und sieben Frauen. Sie waren so verteilt, dass sich je drei Männer und drei Frauen auf jeder Seite der in der Mitte stehenden Frau befanden, und diese kam uns vor wie ein schönes, noch nicht zwanzig Jahre altes Mädchen. Jede dieser Frauengestalten erschien uns als sehr schön, aber diese eine überstrahlte alle.«*[(1)]

Wir können auch hier erkennen, dass Frauen bzw. die weibliche Kraft nicht wegzudenken ist. Sie ist voller Liebe und Weisheit! Eine erforderliche Essenz der Einheit. Die weibliche und männliche Kraft vereint ist die Einheit.

„Sie standen ein paar Augenblicke mit gesenktem Haupte da, währenddessen die Musik von Neuem ertönte. Dann fing der Chor der Stimmen zu singen an. Wir erhoben uns und lauschten, stehend. Während die Töne dahinschwebten, schien es uns, als sähen wir Tausende von mystischen Formen um uns herum, die einstimmig sangen, und in dem ganzen Gesang war kein einziger trauriger Klang, noch ein einziger Mollakkord. Alles war ein frohes, freies Hervorquellen der Musik, aus der Tiefe der Seele heraus und zur Seele gehend, sie emporhebend, höher und immer höher, bis wir das Gefühl hatten, den Kontakt mit der Erde verloren zu haben. Als der Gesang zu Ende ging, nahmen die Dreizehn die ihnen bestimmten Plätze ein und setzten sich unter die Versammelten. Unsere Augen aber konnten sich nicht loslösen von der Gestalt in der Mitte, die sich nun unserm Tische näherte: eine Frau zu jeder Seite. Die Drei nahmen oben an unserem Tisch Platz. Als sich die schöne Frau niedergelassen hatte, befanden sich sogleich, ohne Geräusch, die Platten zu ihrer Linken. Die Lichter verdunkelten sich einen Augenblick, und um jeden der Sechsunddreißig wurde jenes Licht wahrnehmbar, das uns so sehr in Erstaunen versetzte. Der allerschönste Lichtkreis

war aber genau über dem Haupte unseres Ehrengastes. Wir waren die einzigen in der ganzen Gesellschaft, die von dieser Tatsache wirklich ergriffen waren. Die anderen Teilnehmer der Versammlung schienen all dies als selbstverständlich zu betrachten. Als jeder seinen Platz eingenommen hatte, blieben alle eine Zeit lang ganz still. Dann ertönte von allen Stimmen im Raume ein froher, freier Gesang, den die Sechsunddreißig zuletzt Angekommenen leiteten. Als er beendet war, erhob sich die Frau oben an unserem Tisch, streckte ihre Hände aus, und es erschien darauf ein kleines, viereckiges, etwa zwei Zoll breites und etwa vierzehn Zoll langes Brot. Darauf erhoben sich alle Sechsunddreißig, gingen zu ihrem Platz, und jeder empfing aus ihren Händen einen gleichen Brotlaib. Damit gingen sie die Tische entlang und gaben jedem ein Stück vom Brot.

Die Frau selber machte die Runde um unseren Tisch und gab jedem ein Stück von ihrem Brotlaib. Indem sie uns unser Stück überreichte, sagte sie: „Wisst ihr, dass Christus in euch und in allen Menschen wohnt? Wisst ihr, dass euer Körper rein, vollkommen, jung, immer schön und göttlich ist? Wisst ihr, dass Gott euch erschaffen hat nach Seinem Bilde, gleich Ihm selbst, und euch Macht gegeben hat über alle Dinge? Eurem wahren Wesen nach seid ihr Christus, der vollkommene Sohn Gottes, der Eingeborene, an dem der Vater ein Wohlgefallen hat. Ihr seid rein, vollkommen, heilig, göttlich, eins mit Gott, und ein jedes Kind hat ein Anrecht darauf, seine Kindschaft, seine Göttlichkeit zu behaupten.“

Nachdem sie jedem ein Stück Brot gegeben hatte, kehrte sie an ihren Platz zurück, und der Brotlaib war noch von derselben Größe und Form wie zuvor! Als diese Zeremonie zu Ende war, kamen die verschiedenen Gerichte, eines nach dem andern, an. Sie kamen in großen zugedeckten Schüsseln und wurden genau vor die Frau oben an unserem Tisch wie von unsichtbaren Händen hingestellt. Die schöne Frau hob die Deckel von den Schüsseln, legte sie beiseite und begann auszuteilen. Jeder Teller wurde zuerst entweder der zu ihrer Rechten oder zu ihrer Linken sitzenden Frau hingereicht, die ihn dann weitergab, und so ging es weiter, bis jeder Teilnehmer reichlich versorgt war. Dann aßen alle und schienen sich an dem Mahle zu erfreuen. Man war mit der Mahlzeit noch nicht weit gekommen, als unser Führer an die Frau die Frage richtete, was sie für Gottes höchste Eigenschaft halte. Ohne einen Augenblick zu zögern, antwortete sie: die Liebe. Dann fuhr sie fort: „Der Baum des Lebens ist in die Mitte von Gottes Paradies, in die tiefe Verborgenheit unserer Seele, gepflanzt worden, und die volle, reiche Frucht, die zur vollkommenen Schönheit wächst und reift, die vollkommenste und Leben spendende Frucht, ist die Liebe. Liebe wurde das Größte in der Welt genannt von denen, die ihr Wesen erfasst haben. Ich möchte hinzufügen, dass sie auch die größte Heilkraft in der Welt ist. Der Liebe bleibt kein Bedürfnis des menschlichen Herzens verborgen und keines ist für sie unstillbar. Das göttliche Prinzip der Liebe kann angewendet werden, wo immer es gilt, eine Sorge, eine Krankheit, eine harte Lebensbedingung oder irgendeinen Mangel aus der Welt zu schaffen, der auf der Menschheit lastet. Ein richtiges Verständnis und eine richtige Anwendung des subtilen und unbegrenzten Einflusses der Liebe kann die Welt von ihren Wunden heilen, und der holde Mantel ihrer himmlischen Barmherzigkeit kann alle Disharmonie, alle Unwissenheit und jeden Fehler der Menschheit zudecken. Mit ausgebreiteten Flügeln verhüllt die Liebe die schwachen Stellen des menschlichen Herzens, die dürren Plätze des Lebens, erlöst mit scheinbar magischer Berührung die Menschen und wandelt die Welt. Liebe ist Gott, ist ewig, unbegrenzt, unwandelbar und übersteigt in alle Ewigkeit jede Vorstellung. Wir können das Ende nur visionär erblicken. Die Liebe erfüllt das Gesetz ihres eigenen Geistes; sie geht auf in ihrem vollkommenen Werke und macht den Christus im Menschen wahrnehmbar. Die Liebe hält immer Ausschau nach einer kleinen Pforte, durch die sie sich in die Seele des Menschen Einlass verschaffen und alles Gute in ihm beleben kann. Solange er nicht von Perversion und verkehrtem Denken daran gehindert wird, fließt Gottes ewiger, unwandelbarer Liebesstrom immer weiter und trägt jede scheinbare Hässlichkeit oder Disharmonie, die den Frieden des Menschen stört, mit sich in den großen, universellen Ozean des Vergessens. Liebe ist die vollkommene Frucht des Geistes. Sie geht aus, die Wunden der Menschheit zu heilen, die Nationen in engere Harmonie zu bringen und Frieden und Wohlstand der Welt zu si-

chern. Sie ist der eigentliche Puls der Welt, der Schlag des universellen Herzens. Die Menschheit muss aus dem großen allgegenwärtigen Lebensvorrat damit erfüllt werden, wenn sie lernen soll, die Werke Jesu zu vollbringen. Die Gedanken des Menschen sind immer so beschaffen, dass sie, wenn die volle Wahrheit erscheint, ihre unvollkommenen Schöpfungen aufgeben; denn diese sind nur aus Halbwahrheiten entstanden. Das kosmische, absolute Gesetz muss restlos erfüllt sein. Denken, Sprechen und Handeln oder das Gesetz der Realität muss die Menschheit unbedingt dem Gesetz oder der Wirklichkeit selbst entgegenführen. Es wird uns von den Alten gesagt, dass jeder Baum, den der himmlische Vater nicht in uns gepflanzt hat, entwurzelt werde. Veranlasst sie also, die blinden Führer der Blinden. Wann immer Blinde die Blinden führen, werden sie nicht in die gleiche Grube fallen? Rasch naht das Ende des Zyklus, in welchem einzelne Blinde die übrigen Blinden in einen Wirrwarr von Unwissenheit, Aberglauben und Täuschung hineingeführt haben, da hinein, wo sie als Menschen die Wahrheit vermutet haben, aber dabei das wirklich Wahre und Tatsächliche außer Acht ließen. Die Zivilisation, die entsprungen ist aus diesen Irrtümern und dem Aberglauben in den letzten Jahrhunderten, geht unter in einem großen Läuterungsprozess. Durch die Leiden und die ganze Tragödie dieses falsch Erschaffenen ist ein neues Bewusstsein empfangen worden, das sich rasch entwickelt. Tatsächlich steht das Tor weit offen für seine neue Geburt. Es gibt keinen anderen Weg, als von einer Bewusstseinsebene zur andern emporzusteigen, immer vorwärts und aufwärts auf den Stufen des kosmischen Pfads. Nur eines ist verboten in den Schwingungen des weiten Kosmos, nämlich jene Art von Denken, die der Menschheit gestattet, sich in einer Idee so zu versteinern, dass sie durch dieses verzweifelte Anklammern an alte Glaubenssätze nicht mehr imstande ist, sich in die erweiterten Gebiete universellen Denkens emporzuschwingen. Diejenigen, die sich so sehr von ihrem persönlichen Denken gefangen halten lassen, müssen diesen ihren Weg weitergehen, bis sich Glaubenssätze und Erfahrungen selber erschöpfen und sie nicht mehr weiter können. Dann streckt ihnen das göttliche Gesetz eine rettende Hand entgegen in Form von Krankheit, Schmerz und Verlust, bis das Menschliche still wird und sich an die Arbeit macht, den Fluch der falschen Idee in der Idee selbst zu suchen. Wenn eine Rasse oder eine Nation sich weigert, sich von Dingen zu trennen, die etwas bloß von Menschen Erschaffenes sind, nicht aber aus dem hervorgingen, was wirklich ist, dann greift das eine Gesetz selbst in den Prozess ein und lässt es zu, dass die auf diese Weise angesammelten Schwingungen sich durch die Vermittlung des Lichtstrahles zu ihren Schöpfern zurückwenden. Und es wird eine solche Rasse oder Nation vertilgt durch Krieg, Streit und Tod, damit sie einen frischen Lebensimpuls erhalte. So wird sie dann in einen neuen Kontakt treten zu dem, was existierte, ehe das menschliche Bewusstsein wach war. Die heutige Zivilisation nähert sich rasch einem derartigen Moment der Neuschöpfung. Alles, was heute so fest gegründet und sicher zu stehen scheint, wird sich bald in einem Zustand des Zusammenbruchs befinden. Jeder Baum, der nicht aus der Wahrheit hervorgegangen ist, wird entwurzelt werden. Mit großen Schritten nähert sich ein vollkommener kosmischer Zusammensturz der gegenwärtigen sozialen, politischen, finanziellen und religiösen Einrichtungen, auf dass Platz werde für eine neue Ära, und die Menschheit dadurch in einen engeren Zusammenhang trete mit dem, was wirklich ist und was fest stand, lange bevor das menschliche Bewusstsein alles überschwemmte und es beiseite schob.

Die Wahrheit wartet mit ihren liebevollen, strahlenden Segenspenden aufmerksam, bis der Mensch einsieht, dass er das, was von jeher dagewesen ist, erfassen und sich zu eigen machen kann. Die heutige Menschheit ist den Wiegenliedern der früheren Generationen entwachsen, und den Schöpfungen jener Generationen misst sie keine Wichtigkeit mehr bei. Sie wächst der kommenden Generation mit ihrer stärkeren Individualität und geistigen Überlegenheit entgegen. Irrlehren, Traditionen und Aberglaube nähern sich ihrem Ende; und dasselbe gilt von der heute bestehenden Zivilisation, welche daraus hervorgegangen ist.

Die alten Götzenbilder waren gut genug für das kindliche Bewusstsein, das heute in einer Sackgasse angelangt ist. Ihr Irrtum trug ihren Untergang in sich selbst. Sie erwiesen sich als bloße Märchen und Schlummerliedchen, die mit meisterhafter Geschicklichkeit von der Priester- und

Lehrerschaft geschaffen worden waren, um die weinenden Kinder einer erwachenden Rasse in den Schlummer zu wiegen. Die Erwachenden aber blickten auf, weinten nicht mehr und wurden darum nicht mehr eingelullt. Viele unter ihnen sahen ein, dass die Ammenmärchen nicht die Wahrheit waren, und manche traten kühn hervor, um die Lügen zu entlarven. Denn sie erblickten in Klarheit das Absolute, das, was immer existiert hat und was zu jeder Zeit von einer gewissen Anzahl Menschen gesehen und erfasst worden ist. Aus diesen wird ein neues, lebendigeres Bewusstsein hervorgehen, das voll erwacht und bereit ist, die Götzenbilder zu stürzen, die von Menschen aufgerichtet wurden, damit ihre Mitmenschen ihnen anhangen sollen. Sie werden Raum schaffen für die neuen Ideale, die so ewig sind wie die Schöpfung selbst."[(1)]

Dies waren weise und klare Worte einer weiblichen Wesenheit, und der Inhalt dieser Botschaft wird sich definitiv – zum Wohle der Menschheit und allen Lebens – ereignen.

Auch Maria Magdalena, Maria und Sarah begleiten die Menschheit in ihrem Erneuerungsprozess, und mit ihnen ein Heer von aufgestiegenen weiblichen Wesenheiten.

Die Mutterliebe ist ein Segen für alles Leben und sie ist eine grenzenlose Kraft, wenn wir sie nicht selbst durch Widersprüche und Gegensätze in unserem Geist abschwächen!

5. Glaube und wisse – ICH BIN das Licht der Welt

Diese Worte kennt wohl jeder bekennende Christ. Wir wissen natürlich, dass Glaube nicht gleich Wissen ist. Wenn wir wirklich im Wissen wären, würde das eine außergewöhnliche All-Macht offenbaren. Eine ungestörte Akzeptanz der uns innewohnenden göttlichen Souveränität würde uns *alles* ermöglichen. Jesus würde jetzt sagen: *„So ist es."* Als Jesus dies durch seine Lehrjahre vollumfänglich erkannte, war er ein gesalbter Christus, und seine Worte waren erfüllt von der grenzenlosen Liebe und All-Macht seines Vaters. Er war in diesem Moment der Sohn Gottes, der Christus, durch den der Vater wirkte. All unsere Inkarnationen auf diesem Planeten dienten unserem „Selbst" als Lehrjahre. So wie die Jünger Gott und Jesus dem Christus folgten, so folgen wir im Grunde Gott und Christus.

Gibt es etwas außerhalb von Gott? Diese Frage bringt eine Menge Menschen ins Grübeln! Manche würden wohl sagen: einerseits ja und andererseits doch nein! Sie haben ihre eigene Meinung, doch es fehlt ein klares *Ja* zu diesem Thema. Sie sind aufgrund mangelnder Beweise nicht wirklich von Gottes Existenz überzeugt. Die Ursache hat viele Namen! Wir leben in einer Matrix, die uns eine illusionäre Wirklichkeit vorgaukelt, und der die Menschheit auf den Leim gegangen ist. Bereits Kleinkinder werden mit einer manipulierten Menschheitsgeschichte konfrontiert. Sie lernen und verlieren dabei beim Heranwachsen oft die intuitive Verbindung zu dieser grenzenlosen, geistigen Intelligenz, der wir viele Namen gegeben haben!

Ein Name steht dabei im Vordergrund: GOTT! Wenn wir unsere Augen schließen und uns auf das Innerste in uns selbst fokussieren, dann können wir erkennen, dass sich in diesem Moment der scheinbaren Stille alles in unserem Kopf bzw. Geist abspielt. Das heißt auch, dass die Matrix durch unseren Geist bzw. durch unser Bewusstsein die erforderliche Lebensenergie erhält, um zu existieren. Wir geben dem Antichristen und den Dämonen unsere Lebensenergie. Sie existieren, weil wir sie in unserem Bewusstsein pflegen.

Um dies besser zu veranschaulichen, nehmen wir ein Beispiel aus der Bibel: Ein Besessener wurde zu Jesus gebracht. Dieser war blind und stumm. Jesus heilte ihn, so dass er redete und sah. Und alles Volk entsetzte sich und sprach:

> *„Ist dieser etwa Davids Sohn?" Aber als die Pharisäer das hörten, sprachen sie: „Dieser treibt die Dämonen nicht anders aus als durch Beelzebub, den Obersten der Dämonen." Jesus erkannte aber ihre Gedanken und sprach zu ihnen: „Jedes Reich, das mit sich selbst uneins ist, wird verwüstet. Und jede Stadt oder jedes Haus, das mit sich selbst uneins ist, wird nicht bestehen. Wenn nun der Satan den Satan austreibt, so muss er mit sich selbst uneins sein. Wie kann dann sein Reich bestehen? Wenn ich aber die Dämonen durch Beelzebub austreibe, durch wen treiben eure Söhne sie aus? Darum werden sie eure Richter sein. Wenn ich aber die Dämonen durch den Geist Gottes austreibe, so ist ja das Reich Gottes zu euch gekommen. Oder wie kann jemand in das Haus des Starken eindringen und ihm seinen Hausrat rauben, wenn er nicht zuvor den Starken fesselt? Und dann wird er sein Haus ausrauben. Wer nicht mit mir ist, der ist gegen mich. Und wer nicht mit mir sammelt, der zerstreut." (Markus 3, 23-28)*

Hier zeigt uns Jesus, was wir tun sollen, um unsere selbsterschaffenen Dämonen aus dem Königreich unseres Geistes zu werfen. Wenn wir an das Reich Gottes glauben, so werden die Dämonen durch den Geist Gottes ausgetrieben. Die *„ICH-BIN-Gegenwart"* ist die Gegenwart der absoluten Souveränität in dir und um dich herum, sowie in allem, was IST. Es gibt nur diese Wirklichkeit. Das Relative ist nicht die Wirklichkeit.

Die Welt befindet sich in einem Aufstiegsprozess, und wir Menschen müssen unsere abgetragene Gewohnheitskleidung abstreifen. Mit unseren Gedanken können wir eine unbelastete Kleidung erschaffen, deren Substanz feinstofflich ist. Es ist eine Substanz, die schon immer in uns vorhanden war, als wäre sie ein Diamant von unbeschreiblicher Schönheit, der in unserer Mitte darauf wartet, dass wir ihn freilegen.

Dieser Diamant ist der geliebte Sohn (oder Tochter) Gottes, dem alle Macht über Himmel und Erde gegeben wurde.

Die elf Jünger gingen nach Galiläa zu dem Berg, den Jesus ihnen genannt hatte. Als sie ihn dort sahen, fielen sie vor ihm nieder. Einige aber hatten Zweifel. Da ging Jesus auf seine Jünger zu und sprach:

„Ich habe von Gott alle Macht im Himmel und auf der Erde erhalten. Deshalb geht hinaus in die ganze Welt und ruft alle Menschen dazu auf, meine Jünger zu werden. Tauft sie auf den Namen des Vaters, des Sohnes und des Heiligen Geistes. Lehrt sie, alles zu befolgen, was ich euch aufgetragen habe. Ihr dürft sicher sein: Ich bin immer bei euch, bis das Ende dieser Welt gekommen ist!" (Matthäus 28, 16-20)

Jesus hat diese Macht erhalten *(aktiviert)*, weil er dieses Licht, diesen Diamanten der Liebe, freigelegt und erkannt hat, dass er in Wirklichkeit der Sohn Gottes ist. Diese Wirklichkeit lebt in allen Menschen, und wir alle sind das Licht der Welt. Wir alle sind die Einheit, das Licht der Welt, und im Grunde für alle Zeit untrennbar verbunden. Auch wenn wir dies nicht vollumfänglich erfassen können, so begegnet uns im täglichen Leben immer wieder das Unfassbare. Die Elektrizität, die alles Leben durchströmt, die das LEBEN ist. Der Äther ist die Basis für alle Materie und ist in seiner Substanz untrennbar mit allem verbunden. Betrachten wir die Elektrizität, so erkennen/sehen wir die Einheit im Hintergrund der Materie. Wir erschaffen die Trennung in uns selbst nur durch unser Denken.

Was können wir tun? Betrachten wir unsere Gedanken auf unserem Bildschirm im Stirnlappen und gewöhnen wir uns eine neutrale Sichtweise an. So können wir erkennen, welcher Art unsere Fallstricke sind, die wir selbst erschaffen.

„Deshalb legt ab alle Unsauberkeit und das Übermaß der Schlechtigkeit und nehmt das eingepflanzte Wort mit Sanftmut auf, das eure Seelen zu retten vermag! Seid aber Täter des Wortes und nicht allein Hörer, die sich selbst betrügen! Denn wenn jemand ein Hörer des Wortes ist und

nicht ein Täter, der gleicht einem Mann, der sein natürliches Gesicht in einem Spiegel betrachtet. Denn er hat sich selbst betrachtet und ist weggegangen und er hat sogleich vergessen, wie er beschaffen war. Wer aber in das vollkommene Gesetz der Freiheit hineingeschaut hat und dabei geblieben ist, indem er nicht ein vergesslicher Hörer, sondern ein Täter des Werkes ist, der wird in seinem Tun glückselig sein. Wenn jemand meint, er diene Gott und zügelt nicht seine Zunge, sondern betrügt sein Herz, dessen Gottesdienst ist vergeblich." (Jakobus 1, 21-26)

Das heißt eben auch, wir sollten nicht nur einfach so hinhören oder hinsehen *(auf unseren inneren Bildschirm)*, sondern das Verstandene wirklich in die Tat umsetzen. Jesus würde wohl sagen: *„Erkenne deinen Verhinderer und lasse dich nicht verführen, dann wirst du davon befreit sein."*

Gestern Abend rief mich eine Frau aus Bayern an. Frau S. berichtete mir von ihrem Mann, und dass sie es bedauere, dass er sich vor einem Jahr von seiner Kirche befreit hat. Wie wir wissen, verlassen jährlich Tausende von Menschen die Kirchen bzw. deren dogmatische Glaubensvorgaben. Dies ist auch ein Anzeichen dafür, dass die Kirchen sich verändern müssen, um weiterhin eine vorübergehende Daseinsberechtigung in dieser Welt zu haben. Ich möchte es so ausdrücken: Sie war auch ein *Werkzeug des „freundlichen" Übels und diente dem Erwachen der Menschheitsfamilie.* Kirche basiert auf Trennung – wir können dies an den vielen Konfessionen weltweit erkennen.

Jesus sprach davon, wo immer du bist, ist Gott mit und in dir. Zum Beten braucht man nicht in die Kirche zu gehen, die Sonntagskleidung anzuziehen und ein frommes Gesicht vorzuspielen, um am Montag dann wieder mit dem Streiten und Verurteilen weiterzumachen. Wie viele Heuchler versammeln sich also in der Kirche Gottes? Wird hier Gott nur als Vorwand für etwas anderes genommen, um vielleicht die Schäflein *(Menschenkinder)* in einen Pferch der

Abhängigkeiten zu führen? Herr S. hatte seiner Frau gesagt, er glaube an Gott, dafür müsse er jedoch nicht in die Kirche gehen. Er könne überall mit Gott sprechen. Ich möchte an dieser Stelle nicht den Gottesdienst in Frage stellen, den ein jeder Mensch im täglichen Leben auf die eine oder andere Art leistet. Ich möchte einfach die Tatsache aufzeigen: Wo Licht ist, da ist auch Schatten. Gott ist Liebe, und so darf sich jeder selbst fragen, ob sein Alltag mit der Lehre Christi vereinbar ist.

Das Neue Testament war Herr S. nicht unbekannt, und so waren die Worte in seinem Unterbewusstsein verankert. Er hatte wohl unbewusst die Worte Jesu aufgenommen, als dieser am Jakobsbrunnen mit der Samariterin sprach, und sie zu ihm sagte:

„*Herr, ich sehe, dass du ein Prophet bist. Unsere Väter haben auf diesem Berge angebetet, und ihr sagt, in Jerusalem sei die Stätte, wo man anbeten soll.*" Jesus spricht zu ihr: „*Glaube mir, Frau, es kommt die Zeit, dass ihr weder auf diesem Berge noch in Jerusalem den Vater anbeten werdet. Ihr betet an, was ihr nicht kennt, wir beten an, was wir kennen, denn das Heil kommt von den Juden* (... kommt von mir als Messias, da ich das Licht der Welt bin und den Körper eines Juden gewählt habe). *Aber es kommt die Stunde und ist schon jetzt, dass die wahren Anbeter den Vater anbeten werden im Geist und in der Wahrheit, denn auch der Vater will* (Es ist nicht sein Wille, da er neutral ist – wir dürfen es einfach selbst erkennen, was uns frei macht) *solche Anbeter haben. Gott ist Geist, und die ihn anbeten, die müssen ihn im Geist und in der Wahrheit* (in der Wirklichkeit dessen, was Wahrheit ist) *anbeten.*" Darauf spricht die Frau zu ihm: „*Ich weiß, dass der Messias kommt, der da Christus heißt. Wenn dieser kommt, wird er uns alles verkündigen.*" Darauf Jesus: „*Ich bin's, der mit dir redet.*"

Frau S. sagte dann, sie habe das Gefühl, dass ihr Mann wieder zurück zur Kirche finden könnte. Daraufhin sagte ich zu ihr: „*Stopp, hier kommt mein Einspruch! Bitte erinnern Sie sich an die Worte Jesu am Jakobsbrunnen, als er mit der Samariterin sprach, die Wasser holen wollte. Er gab ihr vom Wasser des Lebens, indem er ihr sagte, sie könne überall beten, denn Gott ist alles Leben und in ihr und auch in der Natur.*“ Frau S. lauschte aufmerksam meinen Worten. Wir kannten uns bereits seit vielen Jahren, und ich habe ihre ganze Familie durch alle Höhen und Tiefen begleitet, die das Leben uns offenbarte. Sie antwortete: „*Ja, es stimmt, Sie haben recht.*“ Ich entgegnete: „*Das hat nichts mit Rechthaben zu tun, es ist eine absolute Tatsache. Die heutige Wissenschaft hat doch allen bewiesen, dass alle Materie aus Äther besteht, also Geist ist. Und was ist Gott?*“

Wir wissen doch, dass alle Materie aus Atomen aufgebaut ist. Was dahinter ist *(Äther, Gottes Licht, Gedanken)*, ist für den Menschen zum Teil noch unbekannt. Doch wir können es anhand unserer Welt erkennen. Sie ist eine sichtbare Tatsache. Weiter sagte ich zu ihr: „*Schauen Sie, liebe Frau S., all die Wunder, die Sie bisher erfahren durften, sind nicht in der Kirche geschehen. Sie offenbaren sich in unserem Geist, in unserem Selbstvertrauen, unserem Bewusstsein, in unserem starken Glauben und unserer Verbindung (unserer störungsfreien Verbindungsleitung) zum Geist Gottes, den Jesus „geliebter Vater“ nannte. Darum sagte Jesus am Totenbett von Lazarus: „ICH BIN die Auferstehung und das Leben“, und sogleich konnte der Strom fließen. Verstehen Sie? Der liebe Gott hilft all denen, die an ihn glauben und diesen Glauben auch in die Tat umsetzen, oder was meinen Sie, warum wir hier auf dieser Ebene leben?*“ Und weiter erläuterte ich: „*Glaube hilft nicht immer, wenn er mit Störungen durchwoben ist. Denken Sie an den elektrischen Strom, der, wenn im Leitungssystem eine Störung ist, nicht vollumfänglich fließen kann. Dann rufen sie den Fachmann, der diese Störung behebt. Als ein solcher Fachmann bin ich in den vergangenen Jahren oft bei Ihnen gewesen. Doch der Strom kam von Gott. Also waren es letztlich immer seine Werke, die er durch mich vollbrachte. Die Menschen haben mir so oft gedankt, aber ich habe ihnen immer wieder gesagt: ‚Danken Sie Gott. Es sind* **seine** *Werke.‘ Ich bin ein Werkzeug seiner Liebe, und mein Glauben* *ist nicht auf Sand gebaut, wie es Ihrer ist, doch Schritt für Schritt erschaffen wir gemeinsam eine neues Haus für Sie, eines, das auf Fels gebaut ist und wo jeglicher Aberglaube keine Kraft hat.“*

Schauen wir einmal, wohin dieser Weg mit dieser Frau führen wird. Sie darf sich von ihrem Aberglauben befreien. Da liegt noch ein gutes Stück Arbeit vor uns beiden.

Diese Worte möchte ich als Übergang zum nächsten Kapitel nehmen, das von den Fesseln des Aberglaubens handelt. Wir können es nicht oft genug beleuchten, da solche Anschauungen im Geist vieler Menschen stark verwurzelt sind.

6. Was sagte Jesus über den Aberglauben?

Aberglauben finden wir überall auf der Welt, und wenn wir der Meinung sind, dass dies in den sogenannten „zivilisierten Ländern“ anders sei, so ist dies definitiv ein Irrtum. Viele Menschen verstehen unter dem Wort „Aberglaube“ das Anbeten von Götzen. Das liegt wohl auch in der überlieferten Geschichtsschreibung begründet, in der in vielen Religionen die Götzenanbetung immanent ist.

Der Begriff „Aberglaube“ offenbart sich uns jedoch im täglichen Leben in vielfältiger Weise. „Aberglaube“ ist in seiner Begrifflichkeit auch ein *„Aber“* dem Wissen bzw. der Wirklichkeit dessen gegenüber, was Jesus uns in seiner Lehre mitteilen möchte. Wir können hier den Glauben an den Teich Bethesda *(der Name Bethesda bedeutet übersetzt so viel wie: Haus der Barmherzigkeit)* in Jerusalem als *„Aberglauben“* ansehen. An diesem Teich heilte Jesus einen Mann, der 38 Jahre an diesem Wasser ausgeharrt hatte. Er hoffte auf Heilung, sobald er in den Teich sprang und sich das Wasser bewegte. Als Jesus im Beisein einiger seiner Jünger die Stätte, an der sich der Teich befand, aufsuchte, sah er diesen Mann. Er sagte zu seinen Jüngern: *„Dieser Mann gehört nicht an diesen Ort. Er ist schon viel zu lange hier.“* Jesus blickte ihn an und begrüße ihn, um ihn dann zu fragen: *„Willst du geheilt werden?“* Der gezeichnete Mann war erstaunt, dass Jesus ihn ansprach und ihm danach weiter sagte: *„Dieses Wasser im Teich wird dich nicht heilen.“* Als Jesus ihm seine Heilung zusagte, weinte er vor Berührung. *„Schau mich an“*, sagte der Meister und er sah ihm in die Augen. *„So soll es sein“*, waren seine Worte.

Jesus sagte zu ihm: *„Steh auf, nimm dein Bett und geh!“ (Johannes 5, 7-9)*

Was der Mann wohl in diesem Moment in den Augen von Jesus sehen konnte, war wohl das Licht der Welt, der Christus, das Wort, das ICH BIN. In diesem Moment war aller Aberglaube *(„aber“ dem Glauben, dem Wissen gegenüber)* und damit jede Störung im Geiste dieses

Mannes ausgelöscht. Das *LEBEN*, dieser grenzenlose Strom der Liebe, durchströmte daraufhin alle Zellen seines Körpers und löste dabei alle Störungen auf, die ihn am Gehen hinderten! Unverzüglich war die göttliche Ordnung wiederhergestellt. Er stand auf und konnte sich ohne Schmerzen bewegen. Diese Heilung führte dazu, dass Jesus seinen kranken *(gestörten)* Bruder vor einem Irrtum bewahrte, nämlich weiterhin an die Heilung durch das Wasser und dessen Wellenbewegung zu glauben. Sein Aberglaube hatte ihn 38 Jahre lang an diesem Teich gefangengehalten. So wie ihm geht es in unserer Zeit noch immer zu vielen Menschen. Es gibt weltweit eine Menge solcher Orte, die der Mensch als heilig auserwählt hat. Es pilgern jährlich Tausende von Menschen an solche Orte.

Was ist mit dem heiligen Tempel Gottes, dem menschlichen Geistkörper? Einem Tempel, in dem wir leben dürfen, und dies so lange, wie wir es uns wünschen, wenn da nicht *die (eigene und globale)* Matrixprogrammierung wäre. Eine Programmierung der Begrenzung und des Aberglaubens, die in uns wie eine Seuche wirkt und uns eines Tages dahinrafft, obwohl wir als Seele unsterblich sind! Was ist der Unterschied zwischen Illusion und Wirklichkeit? Weshalb gab und gibt es noch heute Glocken, die heilige Frequenzen offenbaren? Botschaften, die über Töne an Menschen weitergegeben werden können, und die zum Wohle unseres Geist-Körper-Systems führen! Was ist mit dem heiligen Laut „AUM", der in den Mysterienschulen gelehrt wurde, und den wir in uns selbst erzeugen können, sodass dieser auf drei verschiedenen Ebenen gleichzeitig erklingen kann? Was ist, wenn die Wirklichkeit uns einen menschlichen Körper zeigt, der reines Licht ist, und dessen Gewand in den erhabensten Farben schillert, ein Gewand von Ewigkeit? Was ist, wenn wir bereits in der Wirklichkeit „heil" sind und nur einem Trugbild folgen?

Betrachten wir noch eine weitere Begebenheit: Als Jesus in Kapernaum eine Synagoge besuchte. Sie gingen hinein nach Kapernaum, und alsbald am Sabbat ging er in die Synagoge und lehrte:

„Die Schriftgelehrten entsetzten sich über seine Lehre, denn er lehrte mit Vollmacht und nicht wie diese. In der Synagoge war ein Mensch, besessen von einem unreinen Geist, der schrie: „Was willst du von uns, Jesus von Nazareth? Du bist gekommen, uns zu vernichten. Ich weiß, wer du bist: der Heilige Gottes!" Und Jesus bedrohte ihn und sprach: „Verstumme und fahre aus von ihm!" Und der unreine Geist riss ihn und schrie laut und fuhr aus von ihm. Und sie entsetzten sich alle, sodass sie sich untereinander befragten und sprachen: „Was ist das? Eine neue Lehre in Vollmacht! Er gebietet auch den unreinen Geistern, und sie gehorchen ihm!" Und die Kunde von ihm erscholl alsbald überall im ganzen galiläischen Land. Und alsbald gingen sie aus der Synagoge und kamen in das Haus des Simon und Andreas mit Jakobus und Johannes. Und die Schwiegermutter Simons lag darnieder und hatte das Fieber; und alsbald sagten sie ihm von ihr. Da trat er zu ihr, fasste sie bei der Hand und richtete sie auf; und das Fieber verließ sie und sie diente ihnen. Am Abend aber, als die Sonne untergegangen war, brachten sie zu ihm alle Kranken und Besessenen. Und die ganze Stadt war versammelt vor der Tür. Und er half vielen Kranken, die mit mancherlei Gebrechen beladen waren, und trieb viele böse Geister aus und ließ die Geister nicht reden, denn sie kannten ihn. Und am Morgen, noch vor Tage, stand er auf und ging hinaus. Und er ging an eine einsame Stätte und betete dort. Simon aber und die bei ihm waren, eilten ihm nach. Und als sie ihn fanden, sprachen sie zu ihm: „Jedermann sucht dich." Und er sprach zu ihnen: „Lasst uns anders wohin gehen, in die nächsten Städte, dass ich auch dort predige, denn dazu bin ich gekommen." Und er kam und predigte in ihren Synagogen in ganz Galiläa und trieb die bösen Geister aus." (Markus 1, 21-39).

Diese bösen Geister, die, damals wie auch heute, noch in allen Teilen der Welt viele Menschen besetzen, wurden von uns selbst dazu eingeladen, in unserem Königreich zu wohnen. Weshalb? Weil wir an das scheinbar Böse glauben. Jesus kannte die Wirklichkeit und er wusste, es gibt das Böse wie auch das Gute im Reich seines Vaters nicht. Ansonsten hätten wir einen bösen und guten Gott, doch Gott ist grenzenlose

Liebe. Wäre es anders, wäre er nicht unendlich. All die Dämonen und sonstigen Störenfriede waren von seinem Licht geblendet und wurden vertrieben.

Wenn die Sonne scheint, können sich in ihr doch sowohl Räuber, Diebe und Tyrannen als auch Wohltäter, angeblich liebe und auch alle anderen Menschen in ihr sonnen! Und wenn wir als Tochter oder als Sohn Gottes alle Macht über Himmel und Erde haben, was bremst uns dann vor dieser Tatsache aus? Wir selbst sind es, die wir von Störungen/Begrenzungen in unserem Geist befallen sind.

Es ist gewiss, dass ein Aberglaube, den wir über viele Jahre pflegen, eines Tages eine Störung in unserem Geist-Körper-System hervorrufen wird. Diese Störung möchte uns helfen, vom Aberglauben loszukommen. Eines Tages rief mich eine Frau an, eine Kartenlegerin *(Tarot)* aus einem benachbarten Bundesland. Sie erzählte mir, dass sie immer wieder Herausforderungen hatte, die ihr Leben belasteten, und dass sie für andere Menschen Karten lege. Ihr Erfolg hatte ihre Persönlichkeit gestärkt, und so war ihr diese Tätigkeit zu einer willkommenen Nebenerwerbsquelle geworden. Ja, das liebe Geld, die List der eigenen Persönlichkeit und die Anbetung von anderen Menschen können einen Menschen schnell verführen. Sie glaubte, sie könne Menschen damit helfen, wenn sie ihnen die Zukunft durch die Tarotkarten voraussagte, doch das war ein Trugschluss, denn letztlich mischen wir uns dadurch bewusst in die Zukunft des Hilfe suchenden Menschen ein – eine Zukunft, die sich noch offenbaren kann! Es geht hier doch um die Hausaufgaben des jeweiligen Menschen, der um Hilfe bittet. Natürlich kann dieser Mensch um Hilfe bitten, doch letztlich mangelt es ihm an einem unerschütterlichen Glauben, der auf Fels gebaut sein muss! Wir dürfen uns daher selbst fragen: Ist es weise, einem Menschen die Zukunft vorauszusagen, wenn dieser dadurch etwas verhindern möchte, das er nicht umgehen kann? Dies wird dann eben in anderer Form in seinem Leben erscheinen.

So vergingen Jahre, und sie wurde von Mensch zu Mensch weiterempfohlen. Wir könnten jetzt möglicherweise sagen: So soll es doch auch sein, wenn ein Mensch auf diese Weise anderen Menschen hilft. Meist denken wir nicht über den Hintergrund und dessen Ursachen und Wirkungen nach. Inwieweit mischen wir uns in den Seelenplan eines menschlichen Individuums ein? Es handelt sich hierbei um eine machtvolle emotionale Suggestion, und sie konditioniert unseren Geist. Diese Frau war alleinerziehend *(aus menschlicher Sicht)*, hatte einen kleinen Sohn und arbeitete in Teilzeit in der Gastronomie. Sie war also auf jeden Cent angewiesen. Im Glauben, alles richtig zu machen, wollte sie das Kartenlegen noch forcieren, doch es ergab sich, dass Störungen wie aus dem Nichts in ihrem Umfeld auftauchten. In Wahrheit kamen diese Störungen nicht aus dem „Nichts", sondern aus der Astralwelt, und sie polterten *(machten sich bemerkbar)* bereits in ihrem Leben. Dies brachte ihr Leben ins Ungleichgewicht. Daraufhin fragte sie einen Bekannten um Rat, und der empfahl ihr, sie möge mich telefonisch kontaktieren. In unserem ersten Telefongespräch klärte ich sie bereits über das Kartenlegen und seine Folgen auf.

Zum Beispiel, was geschehen könnte, wenn wir uns in die im Fluss befindliche Zukunft unserer Mitmenschen einmischen. Viele Menschen würden sehr gern ihre Zukunft kennen. Wie oft wurden mir in meinen vielen Gesprächen derartige Anliegen offenbart! Wer um das mögliche Ausmaß der Auswirkungen von Vorhersagen auf die Zukunft weiß, der weiß auch, dass man sich hier ordentlich die Finger verbrennen kann. Also habe ich ihr geraten, damit aufzuhören. Sie würde dann schon selbst erkennen, dass sich ihre Situation verbessert. Außerdem bat sie mich um Hilfe, und ich bot ihr an, einiges an destruktiver Energie in ihrem Geist aufzulösen. Natürlich vorausgesetzt, die göttliche Quelle *(Gott)* gibt dazu ihr Einverständnis. Es darf auch immer nur eine Brücke zur eigenen Bewusstwerdung sein. In den folgenden Wochen konnte sie erstaunliche Veränderungen in ihrem Leben erfahren. Sie berichtete mir im zweiten Telefonat von verschiedenen Ereignissen; z.B. veränderte

sich plötzlich ihre finanzielle Situation durch ein attraktives Jobangebot in ihrer Branche, und ihr körperliches Wohlbefinden verbesserte sich ebenfalls.
Aufgrund der Ursachenoffenlegung gab ich ihr den Rat, ganz mit dem Kartenlegen aufzuhören. Den Grund durfte ich ihr nicht mitteilen, da dies ein Eingriff in ihr Denken und damit in ihre Zukunft gewesen wäre. Jeder Mensch durchläuft Erfahrungszeitfenster, die seinem Bewusstsein und Aufstieg dienen.

Ich hatte als Kanal Gottes vor unserem Gespräch eine Vision und gleichsam eine Botschaft der Vorsehung *(eine eigene Wesenheit, Energie und im Grunde mit Worten nicht zu erklären)*, in der ich sah: Wenn sie wieder damit beginnt, Karten für andere Menschen zu legen, um ihnen die Zukunft vorauszusagen, könnte etwas mit ihrem Kind geschehen. Der kleine Junge *(bzw. dessen Seele)* liebte seine Mutter *(liebte diese Seele)* und würde ihr, wenn notwendig, helfen. Das kann unter Umständen auch zur Aufgabe des eigenen Körpers führen. Es war eine weise und deutliche Mahnung der göttlichen Quelle durch mich, als Mensch Johannes, an diese Frau. Sie sagte mir, sie werde es sein lassen.

Wie heißt es so weise: *„Der Geist ist willig, das Fleisch aber schwach!"* So kam es dann auch, dass diese Frau mich eines Tages wieder kontaktierte, und sie berichtete mir, was geschehen war. Ihr kleiner Sohn war im Schwimmbecken fast ertrunken und lag im Koma. Die Ärzte wussten nicht, ob er wieder aufwachen würde und ob vielleicht irgendwelche Schäden zurückbleiben würden. Sie bat mich eindringlich um Hilfe.
Was hatte ich ihr geraten! Sie hatte den Bogen überspannt und diese Lektion heraufbeschworen. *„Schauen wir mal, was wir tun können"*, sagte ich zu ihr. *„Beten Sie zu Gott und bitten Sie um Führung und Erkenntnis. Machen Sie sich kein schweres Gewissen, sondern ändern Sie wirklich ihr Leben, indem Sie das Kartenlegen und die „Voraussagen" bleiben lassen. Rufen Sie mich morgen Vormittag an."*

Gleich nach ihrem Anruf stellte ich mich auf ihr Kind ein und besuchte es auf geistigem Wege in der Klinik. Ich sprach mit dessen Seele, und so geschah es, dass das Kind ohne bleibende Schäden aus dem Koma erwachte. Am nächsten Morgen rief sie mich überglücklich an und setzte dieses Mal meinen Rat konsequent in die Tat um.

Diese Frau ist ein mahnendes Beispiel für viele Menschen, die sich auf Dauer im Aberglauben verlieren. Es ist auch nicht immer so, dass Ursache und Wirkung direkt in den darauffolgenden Tagen, Wochen, Monaten oder Jahren aufeinander folgen. Manchmal kommen die Früchte erst in einer weiteren Inkarnation oder noch später zum Tragen. An dieser Stelle könnte ich noch von weiteren Geschehnissen berichten, doch dieses Buch möchte aufklären und den interessierten Leserinnen und Lesern als weiser, Mut machender Ratgeber dienen. Ich möchte kein „Geschichtenbuch" daraus machen.

Diese Dame hätte sich auch der Botschaft Jesu bedienen können, als er sagte:

„Sorgt euch nicht um euer Leben." (Matthäus 6, 19-34), oder *„Alle eure Sorge werft auf ihn, denn er sorgt für euch."* (Er ist frei von Sorge und befreit auch dich davon. Das intelligente LEBEN ist grenzenlos und somit ohne Sorge. Sorgen existieren nur in dieser Welt der Schwerkraft.) *(1. Petrus 5, 7)*

Diese Worte möchten uns als Überleitung zum nächsten Kapitel dienen.

7. Sorge dich nicht, sondern lebe und freue dich

„Sorgt euch um nichts, sondern in allen Dingen lasst eure Bitten im Gebet und Flehen mit Danksagung vor Gott kund werden! Und der Friede Gottes, der höher ist als alle Vernunft, wird eure Herzen (Original: und Sinne in Christus Jesus bewahren) *entflammen." (Philipper 4, 6-7)*

„Frieden hinterlasse ich euch, meinen Frieden gebe ich euch. Nicht gebe ich euch, wie die Welt gibt. Euer Herz erschrecke nicht und fürchte sich nicht." (Johannes 14, 27)

Die oben genannten Worte möchten uns einen möglichen Weg aufzeigen. Es ist unsere Entscheidung, ein starkes Selbstvertrauen durch Akzeptanz, Handeln *(das ist die Bewegung, sprich die Energie, die das Leben ist)*, Freude, Dankbarkeit, konstantes Sein *(Ablassen von jeglichem Aberglauben)*, Gelassenheit und bedingungslose Liebe aufzubauen. Wir brauchen dafür nicht vor unseren Problemen, sprich Kummer, Sorgen, noch vor weiteren emotionalen Herausforderungen davonzulaufen. Ich bin bisher in allen Kapiteln des Buches einem goldenen Faden gefolgt, der uns eine Vielzahl von Möglichkeiten offenbart hat. Wir wissen aus Erfahrung, dass alles, was wir verdrängen, uns eines Tages einholen wird. Das betrifft auch alle globalen Geschehnisse.

Jesus meinte mit dem Frieden, den er bei uns lässt und den er uns gibt, den Christus, der in uns lebt. So wie der Christus in uns ist, so ist auch Gott in uns und wir in ihm. Der Frieden Christi ist also in uns anwesend, und Christus gibt uns den allumfassenden Frieden immer im rechten Moment. So können auch wir erkennen, dass ein unruhiges Herz keine Basis für einen absoluten Frieden in unserem Körpersystem darstellt. Wir müssen uns bewusst werden, dass *wir* die Störenfriede in unserem Geist-Körper-System sind.

Viele Menschen beten Jesus an, obwohl Jesus selbst seinen Vater (Gott-Vater-Mutter-Prinzip) in den Mittelpunkt gestellt hat. Seine Lehren weisen uns Menschen doch darauf hin, dass der Vater im Himmel *(Ebene der Unendlichkeit und Glückseligkeit, Universelles Bewusstsein)* unsere erste Adresse im Gebet und in unseren Taten sein sollte. Natürlich können wir auch unserem geliebten Bruder Jesus danken und ihn sogar um Beistand bitten, doch wir sollten dabei nicht die Ursache aller Dinge vergessen.

Jesus sagte: „*Ich und der Vater sind eins.*" Menschen beten überall auf diesem Planeten. In ihren Gebeten *(Kommunikation mit dem Universellen Bewusstsein)* bitten sie oft um Heilung, Hilfe, Schutz und Führung für ihre Familien, Freunde und Bekannten, um Erfolg, Glück, Liebe, weltlichen Reichtum und um viele Dinge des alltäglichen Lebens. Sie bitten also hauptsächlich aus Fürsorge, Angst, Egoismus, einer Begierde oder Notlage heraus. In ihren flehenden Gebeten bitten sie überwiegend um Dinge, die sie scheinbar nicht haben. Wenn wir beten *(kommunizieren)*, sollten in unserem Geist *(auf der Kinoleinwand)* keine Widersprüche und Gegensätze anwesend sein, denn das ist der Grund dafür, dass die Botschaften unserer Gebete nicht vollumfänglich gesendet werden können. Wie oft haben mir Menschen ihre Wünsche mitgeteilt und von ihren Gebeten berichtet. Sie sagten dann oft: „*Hat mich Gott vergessen? Er hört meine Gebete nicht mehr.*"

Ich kann mich an einen Mann aus Berlin erinnern, der mich um Hilfe für seinen Papa bat. Sein Papa arbeitete im Ruhestand fast täglich in seinem geliebten Schrebergarten. Eines Tages sagte mir Herr H., dass die Beine seines Papas bei seiner täglichen Arbeit nicht mehr funktionieren wollten. Er sagte, es handle sich um eine fortschreitende Arthrose in den Kniegelenken. Herr H. sagte mir, dass Herr G. aus Rheinhessen ihm meine Telefonnummer gegeben hatte. Wie so oft in den Gesprächen sagte ich diesem Herrn: „*Lieber Herr H., Sie brauchen mir nicht alles zu erzählen. Ich weiß bereits, dass bei Ihrem Papa eine Störung vorliegt. Es sind mehrere Störungen.*" Herr H. und seine Frau beteten für ihn, doch anscheinend würde dies nicht reichen. Nun sagte ich zu diesem Herrn: „*Wissen Sie, das, was Ihr Papa mit sich trägt, hat mit Beweglichkeit im Leben zu tun. Es sind immer die Einstellungen im Geiste, die der Körper irgendwann reflektiert. Außerdem gibt es auf dieser Ebene ein Sammelsurium von Störungen. Und alle diese Störungen verstärken einander. Ihr Papa hat starke Knieprobleme, die sich durch seinen und auch Ihren Glauben daran verstärken. Das heißt, Sie alle leben gemeinsam in der Energie der durch Ihren Geist selbst erschaffenen Störung in der Krankheit. Der Mensch nimmt täglich die Frucht vom Baum der Erkenntnis zu sich! Stattdessen sollte er täglich die Frucht vom Baum des Lebens aufnehmen (annehmen)! Die allermeisten Menschen machen also das Gegenteil und verstärken dadurch ihren Glauben an den Baum der Erkenntnis (die Polarität, die vielen Widersprüche, die Ebene der Begrenzungen usw.). Fragen Sie sich einmal selbst, was Sie ihrem Geist-Körper-System täglich an Nahrung, ob geistig oder weltlich, aufbürden. Der Säure-Basen-Haushalt im Körper des Menschen ist nicht in der göttlichen Ordnung! Grundsätzlich gibt es keine Trennung zwischen Geist und Materie, da die Materie aus dem Geiststoff erschaffen wird. Der Geist ihres Papas ist gestört, und Sie unterstützen in ihrem schwachen Glauben in ihren Gebeten diese Störung.“*

Weiterhin gab ich ihm einen Rat: „*Wahrlich, ich sage euch: Wer zu diesem Berge spräche: ‚Hebe dich und wirf dich ins Meer!‘ und zweifelte nicht in seinem Herzen, sondern glaubte, dass es geschehen würde, was er sagt, so wird's ihm geschehen, was er sagt. Darum sage ich euch: Alles, was ihr bittet in eurem Gebet, glaubet nur, dass ihr's empfangen werdet, so wird's euch werden. Und wenn ihr stehet und betet, so vergebet, wo ihr etwas wider jemand habt, auf dass auch euer Vater im Himmel euch vergebe eure Fehler* (die selbsterschaffenen Verfehlungen).“ *(Markus 11, 23-25)*

Liebe Leserinnen und Leser, hierzu sei gesagt: Gott ist grenzenlos. Wenn Gott dem Menschen etwas vergeben müsste, so wäre das Prinzip Gott-Vater-Mutter nicht grenzenlos, sondern wäre eins mit der Ebene der Polarität *(Ebene der Trennung)*. Uns hat Gott zu seinem Ebenbild und Gleichnis erschaffen, um seine grenzenlose

Liebe durch uns Individuen auf dieser Ebene auszudrücken. Das Bewusstsein des Menschen existiert im Bewusstsein Gottes, und Gottes Bewusstsein dehnt sich durch uns als Erfahrungsebene ins unendliche Sein aus. Wir sollten einfach uns selbst und unserem Nächsten vergeben und erkennen, dass wir vom Weg der Liebe abgekommen sind. Der Nächste ist nicht nur der Mensch, sondern die Ursache allen Lebens, das in uns und in allen Atomen lebt. Es ist das *LEBEN*, der Christus, das Bewusstsein Gottes.

Abschließend sagte ich Herrn H., dass die Energie der Angst, die eben in der Krankheit *(Störung)* steckt, das Gebet in seiner Offenbarungsspirale nur abschwächt. *„Herr H., wir werden mal schauen, was wir für ihren Papa tun können. Rufen Sie mich in der nächsten Woche wieder an und seien Sie im Wissen, dass es grundsätzlich nicht mehr erforderlich ist, dass Sie mich nochmals anrufen. Gottes Werke geschehen bereits jetzt, während wir miteinander telefonieren. Seine Taten sind gerecht, weise und dienen immer der Bewusstwerdung seiner Kinder. Folgen Sie Ihrem Gefühl.“*

Es ergab sich, dass Herr H. mich in der darauffolgenden Woche anrief, um mir mitzuteilen, dass es für ihn ein Wunder sei, was geschehen war. Sein Papa habe keine Schmerzen mehr in seinen Kniegelenken, er könne jetzt wieder schmerzfrei in seinem Garten arbeiten. Sein Papa ließe mich herzlich grüßen und danke mir von Herzen. – Wir können daran erkennen, was der Glaube (bzw. das Wissen um etwas) möglich macht. Scheinbar unmögliche Störungen können entstört werden, wenn ein Geist in absoluter Souveränität das Werk Gottes vollbringt. Der Sohn, der um Hilfe für seinen Papa bat, vertraute mir, und damit der göttlichen Quelle. Dieses Vertrauen gab er an seinen geliebten Papa weiter, und dieser Mann, mit diesen quälenden Schmerzen, hatte im Grunde keine Wahl, wenn er von dieser Störung befreit werden wollte. Er wollte ja auch in seinem geliebten Garten arbeiten! Dem Sohn gab ich die Lehre als goldenen Faden mit. Christus bzw. Gott reicht uns in jedem Moment die Hand, um uns einen glorreichen Weg aus den Sorgen und all den Störungen aufzuzeigen. Wir haben immer eine Wahl, und es gibt immer einen Weg! Es kommt auf unser Selbstvertrauen an.

„Alle eure Sorge werft auf ihn, denn er sorgt für euch.“ (1. Petrus 5, 7)

Das heißt, wir sollten absolut auf die Lebenskraft bauen, die Gott ist. Und da Gott in uns ist und wir in ihm, ist es einfach nur logisch, dass das Resultat nur das LEBEN sein kann. Dieser reine Lebensstrom fließt immerwährend durch unser Geist-Körper-System. Es fließt wie der kraftvolle Rhein durch die Lande, und selbst wenn wir ihn aufstauen, was eine Störung in seiner Fließgeschwindigkeit bedeuten würde, müssen wir darauf achten, dass die Staustufen wasserdurchlässig sind, ansonsten würde diese kontrollierte Stauung eine Katastrophe *(Befreiung)* ins Leben rufen.

Gleich diesem Beispiel gibt es auch im Körper solche zu kontrollierenden Prozesse. Einerseits gibt es sie in willkürlicher und andererseits in unwillkürlicher Weise. Wir selbst stören durch unsere Gedankeneinstellung täglich den im Grunde bereits perfekten Stromfluss, weil wir immer wieder die Frucht vom Baum der Erkenntnis in uns aufnehmen, und diese Widersprüche auch in uns selbst kultivieren.

Im Grunde sind wir ein globales Bewusstsein und mit allem Leben vernetzt. Da Gott *(Geist)* davon nicht getrennt werden kann, ist die gesamte Welt einbezogen. Das Leben basiert auf dem ewig währenden und unergründlichen Sein, das Gott ist. Folgen wir der Lehre Jesu, die im Grunde die allumfassende Medizin seit Anbeginn der Zeit im Universum darstellt, so werden sich dadurch alle selbst erschaffenen Störungen transformieren.

Wenn du den Träumen, die von der Zukunft handeln, nachhängst, wo lebst du dann in diesem Augenblicken in deinem Geist und in deinem Bewusstsein? **In der Zukunft!**

Wenn du die Erinnerungen, die du ins Tagebuch der Vergangenheit geschrieben hast, wo lebst du dann in diesem Augenblick in deinem Geist und Bewusstsein? **In der Vergangenheit?**

Lebe im Hier und Jetzt! Freue dich und lebe bewusst im Sein, denn du bist von der Lebenskraft der All-Liebe durchdrungen, und sie pflegt dich wie eine Mutter ihr Kind! Babys haben im Grunde noch keine verspannten Muskeln, weil ihr Bewusstsein bzw. Nervensystem noch nicht von Widersprüchen belastet ist.

Was geschieht in den Augenblicken, wenn du absolut verliebt in etwas bist? Im ersten Moment fühlst du erst einmal gar nichts, doch sobald du darüber nachdenkst, fühlst du eine grenzenlose Leichtigkeit. Eine unbeschreibliche Glückseligkeit erfasst dein gesamtes Wesen. Alle Störungen sind wie weggeblasen, und du hast sozusagen Schmetterlinge im Bauch! Ob du verliebt in dein Kind *(oder deine Kinder)* bist, oder darin, dass du Mama oder Papa geworden bist, oder verliebt in die Natur, in Jesus Christus, deine Arbeit, den Kaffee, den du im Moment trinkst, deine Familie, in das Leben und Gott – es gibt noch viele weitere Beispiele im Hier und Jetzt, von der Energie der Freude geküsst zu werden. Verliebtsein in einen Menschen führt oft dazu, dass man keinen Appetit hat und in der Anfangsphase von Luft und Liebe lebt. Oft sind es Strohfeuer, die nach einer gewissen Zeit diese Energie des Verliebtseins verlieren. Wirkliches Verliebtsein bleibt jedoch im Hier und Jetzt, und es ist das Verliebtsein in den Nächsten, das dich mit Leben erfüllt und dich atmen lässt. Jesus zeigte uns dieses Verliebtsein und lebte es uns vor, indem er die Lehre Christi auf Erden erneuerte. Wirkliche Liebe lebt nicht in der Vergangenheit oder in der Zukunft, sie offenbart sich von Augenblick zu Augenblick – sie ist die ICH-BIN-Gegenwart.

„Freuet euch" ist ein Verliebtsein in den Augenblick der Gewissheit dessen, was wir sind und was sich durch uns als menschliches Individuum ausdrückt.

Frage dich doch einmal, warum in der Natur keine Vergangenheit und Zukunft existiert? Wenn du jetzt sagst: *„Oh doch, wir finden in der Natur Artefakte der Vergangenheit."*, so ist das nur die Sichtweise der Menschen, die ihrem gestörten, starren Geist entspringt. Wissen existiert bereits im Hier und Jetzt, wir müssen es nicht erst suchen! Unsere Verbindung ist die goldene Standleitung der Selbstliebe, die mit einem unerschütterlichen Selbstvertrauen einhergeht. Wenn du etwas wissen möchtest, so ist die erste Adresse das Reich, das nicht von „dieser Welt" ist! Bitte um Erkenntnis und Führung, und die himmlische Mutter bzw. der Vater wird dir antworten. Sehe mit den Augen und höre mit den Ohren deines Herzens. Übe dich darin und erinnere dich an dein Kindsein!

Lebe die Lebenskraft und bedenke, warum du einen Körper aus Fleisch und Blut gewählt hast! Warum hast du Arme und Beine, Muskeln und Hände? Dein Geist bewegt bereits deinen Körper! Bewegst du ihn wirklich und nutzt du wirklich all deine von Gott gegebenen Potenziale? Was ist Energie? Was sendet uns die Sonne? Sonnenstrahlen sind Energiewesen! Bewegung und Aktion in Vollendung! Sie sind frei von Widersprüchen und Gegensätzen! Bist du es auch?

Es ist an der Zeit, dich aus den selbst erschaffenen Fallstricken deines konditionierten Geistes zu befreien. Bedenke, was „Verliebtsein in das Sein" bedeutet. Ewige Glückseligkeit, ein gelebtes und wirklich freies Sein! Du bist nicht mehr verwickelt in Widersprüche und Gegensätze, die deine klare Sichtweise des Seins vernebelt haben. Freisein ist Verliebtsein in die Lebenskraft, die sich im Hier und Jetzt offenbart.

Die wirkliche Liebe ist ein unendliches Gefühl der Glückseligkeit, das wir niemals in Worte fassen können. Du kannst sie nur selbst erfahren! Du wirst keine Worte dafür finden, doch du wirst dadurch diese begrenzte Welt im Geiste erkennen. Dies wird dich glückselig machen, und die Freude der Liebe Gottes wird dich tragen bzw. erheben.

Wir leben im Sein, sind das Sein, weil Gott das Sein ist.

Kapitel 4 – Erfahrungen aus dem täglichen Leben

1. »Handbuch für Götter«

Seit Erscheinen dieses Handbuches haben viele Menschen dieses Werk gelesen, und dieses Buch wird weitere Seelen finden *(und auch umgekehrt)*. Das soll nicht heißen, dass wir dieses Werk einfach so nebenbei auf die Schnelle durchlesen, und fertig ist unser Gewahrsein der Grenzenlosigkeit allen Seins. Du weißt es selbst aus eigener Erfahrung, dass das ein Ent-*wicklungs*-prozess ist. Angestaubte, verkrustete Gewohnheiten dürfen sich verabschieden, um dynamische, grenzenlose Gedankenmuster in unserem Geist-Körper-System zu installieren. Dieser Prozess unterliegt keinem Zeitfenster. Er findet im Jetzt statt, also in der Allgegenwart. Wir Menschen sind es, die das unendliche Sein analysieren möchten. Wir suchen Beweise für etwas, das niemals ergründet werden kann. Folgen wir Menschen wirklich der leisen Stimme Gottes, der Intuition in uns, oder wechseln wir je nach Situation die Seiten, als wären wir Doppelagenten?

Was möchte uns die Bibel zu diesem Thema mitteilen?

> *„Der Verfall der Frömmigkeit in der Endzeit.*
> *Das sollst du aber wissen, dass in den letzten Tagen schlimme Zeiten kommen werden. Denn die Menschen werden viel von sich halten, geldgierig sein, prahlerisch, hochmütig, Lästerer, den Eltern ungehorsam, undankbar, gottlos, lieblos, unversöhnlich, schändlich, haltlos, zuchtlos, dem Guten feind, Verräter, unbedacht, aufgeblasen. Sie lieben die Ausschweifungen mehr als Gott; sie haben den Schein der Frömmigkeit, aber deren Kraft verleugnen sie; solche Menschen meide!“ (2. Timotheus 3, 1-5)*

Wenn wir nun in die Welt schauen, sehen wir, dass der Mensch vom Goldenen Weg abgekommen ist und lieber seinen weltlichen Wünschen bzw. Begierden nachgeht. Möchten wir als Moralapostel auftreten, oder gibt es da eine ausgleichende Kraft, die irgendwann einen jeden Menschen treffen kann? Es geht auch nicht darum, diese Menschen zu verurteilen. Wir dürfen vor unserer eigenen Tür kehren.

Ein Beispiel, das einst Jesus an die Menschen weitergab:
„Das sagten sie aber, ihn zu versuchen, damit sie ihn verklagen könnten. Aber Jesus bückte sich und schrieb mit dem Finger auf die Erde. Als sie nun fortfuhren, ihn zu fragen, richtete er sich auf und sprach zu ihnen: Wer unter euch ohne Sünde ist, der werfe den ersten Stein auf sie. Und er bückte sich wieder und schrieb auf die Erde. Als sie aber das hörten, gingen sie weg, einer nach dem andern, die Ältesten zuerst; und Jesus blieb allein mit der Frau, die in der Mitte stand." (Johannes 8, 6-9)

Natürlich sind nicht alle Menschen gleich, und so gibt es auch die Konstanten unter ihnen, die durch Täler und über Höhen wandern. Sie verstecken nicht die Narben ihrer eigenen Verfehlungen und sie haben auch erkannt, dass es da keinen Richter im Himmel gibt. Verfehlungen sind Perlen der Weisheit, wenn wir deren Ursache auch wirklich erkennen und annehmen. Sie haben erkannt und selbst erfahren, dass Gott ein Gott der Liebe ist. Sie bemühen sich, der Kernbotschaft Jesu Christi zu folgen, sie ins Leben zu rufen und diese Liebe wie ein gütiger Sämann auf der Erde zu säen.

Das Gleichnis vom Sämann
„An jenem Tag verließ Jesus das Haus und setzte sich an das Ufer des Sees. Da versammelte sich eine große Menschenmenge um ihn. Er stieg deshalb in ein Boot und setzte sich. Und alle Menschen standen am Ufer. Und er sprach lange zu ihnen in Gleichnissen. Er sagte: Siehe, ein Sämann ging hinaus, um zu säen. Als er säte, fiel ein Teil auf den Weg und die Vögel kamen und fraßen es. Ein anderer Teil fiel auf felsigen Boden, wo es nur wenig Erde gab, und ging sofort auf, weil das Erdreich nicht tief war; als aber die Sonne hochstieg, wurde die Saat versengt und verdorrte, weil sie keine Wurzeln hatte. Wieder ein anderer Teil fiel in die Dornen, und die Dornen wuchsen und erstickten die

Saat. Ein anderer Teil aber fiel auf guten Boden und brachte Frucht, teils hundertfach, teils sechzigfach, teils dreißigfach. Wer Ohren hat, der höre!

Da traten die Jünger zu ihm und sagten: Warum redest du zu ihnen in Gleichnissen? Er antwortete ihnen: Euch ist es gegeben, die Geheimnisse des Himmelreichs zu verstehen; ihnen aber ist es nicht gegeben. Denn wer hat, dem wird gegeben, und er wird im Überfluss haben; wer aber nicht hat, dem wird auch noch weggenommen, was er hat. Deshalb rede ich zu ihnen in Gleichnissen, weil sie sehen und doch nicht sehen und hören und doch nicht hören und nicht verstehen. An ihnen erfüllt sich das Prophetenwort Jesajas: Hören sollt ihr, hören und doch nicht verstehen; sehen sollt ihr, sehen und doch nicht einsehen. Denn das Herz dieses Volkes ist hart geworden. Mit ihren Ohren hören sie schwer und ihre Augen verschließen sie, damit sie mit ihren Augen nicht sehen und mit ihren Ohren nicht hören und mit ihrem Herzen nicht zur Einsicht kommen und sich bekehren und ich sie heile. Eure Augen aber sind selig, weil sie sehen, und eure Ohren, weil sie hören. Denn, Amen, ich sage euch: Viele Propheten und Gerechte haben sich danach gesehnt zu sehen, was ihr seht, und haben es nicht gesehen, und zu hören, was ihr hört, und haben es nicht gehört."

Die Deutung des Gleichnisses vom Sämann

„Ihr also, hört, was das Gleichnis vom Sämann bedeutet. Zu jedem Menschen, der das Wort vom Reich hört und es nicht versteht, kommt der Böse und nimmt weg, was diesem Menschen ins Herz gesät wurde; bei diesem ist der Samen auf den Weg gefallen. Auf felsigen Boden ist der Samen bei dem gefallen, der das Wort hört und sofort freudig aufnimmt; er hat aber keine Wurzeln, sondern ist unbeständig; sobald er um des Wortes willen bedrängt oder verfolgt wird, kommt er sofort zu Fall. In die Dornen ist der Samen bei dem gefallen, der das Wort hört, und die Sorgen dieser Welt und der trügerische Reichtum ersticken es und es bleibt ohne Frucht. Auf guten Boden ist der Samen bei dem gesät, der das Wort hört und es auch versteht; er bringt Frucht – hundertfach oder sechzigfach oder dreißigfach."

Das Gleichnis vom Unkraut unter dem Weizen

„Jesus legte ihnen ein anderes Gleichnis vor: Mit dem Himmelreich ist es wie mit einem Mann, der guten Samen auf seinen Acker säte. Während nun die Menschen schliefen, kam sein Feind, säte Unkraut unter den Weizen und ging weg. Als die Saat aufging und sich die Ähren bildeten, kam auch das Unkraut zum Vorschein. Da gingen die Knechte zu dem Gutsherrn und sagten: Herr, hast du nicht guten Samen auf deinen Acker gesät? Woher kommt dann das Unkraut? Er antwortete: Das hat ein Feind getan. Da sagten die Knechte zu ihm: Sollen wir gehen und es ausreißen? Er entgegnete: Nein, damit ihr nicht zusammen mit dem Unkraut den Weizen ausreißt. Lasst beides wachsen bis zur Ernte, und zur Zeit der Ernte werde ich den Schnittern sagen: Sammelt zuerst das Unkraut und bindet es in Bündel, um es zu verbrennen; den Weizen aber bringt in meine Scheune!" (Matthäus 13, 1-28 ERF)

Das »Handbuch für Götter« möchte den Menschen bei ihrer Bewusstseinsreise ein willkommener Wegbegleiter sein. Der Inhalt dieses Buches beleuchtet in seiner Kernbotschaft das alltägliche Leben und was wir tun können, um auf der Erfahrungsreise namens „Leben" in und durch uns ein wirklich souveränes Individuum zu offenbaren. Die Christuskraft ist vollumfänglich in uns allen vorhanden, doch wir haben diese All-Intelligenz für uns als menschliches Individuum in unserem Königreich eingesperrt und Grenzen erschaffen, obwohl *ES* nach Christi Lehre eine grenzenlose, intelligente Kraft ist, die wir nicht wirklich wegsperren können!

Das »Handbuch für Götter« offenbart der interessierten Leserschaft eine Vielzahl von Möglichkeiten. Jan van Helsing berichtet unter anderem von seinen vielen Erfahrungen mit außergewöhnlichen Menschen und gibt Einblicke in deren Erlebnisse. Sein Durst nach Wissen kennt fast keine Grenzen, und er bringt vieles direkt auf den Punkt. Seine Mission möchte dazu ermuntern, an sich selbst zu arbeiten, um aus dem selbsterschaffenen Hamsterrad auszusteigen. Die Botschaft ist klar und auch deutlich: *„Sei das souveräne Wesen, das du im Grunde bist, und* *wenn du es jetzt nicht bist, so tu etwas dafür, dass du es jetzt ins Leben rufst!"*

Gemeinsam mit mir zeigt er den interessierten Leserinnen und Lesern, dass die Menschheit über Tausende von Jahren hinweg versklavt wurde. Wir können eine Massen-Hypnose auf den unterschiedlichsten Ebenen beobachten. Man hat der Menschheit die verführerische Nahrung vom Baum des Lebens dargereicht, und im Handbuch wurde dieses Thema direkt im Vorwort angesprochen. Der interessierten Leserschaft wurden konstruktive Wege der Befreiung aufgezeigt. Jan und ich sind nicht nur Fragensteller und deren Beantworter: Wir zeigen allen Interessierten einen grandiosen goldenen Weg mit einem goldenen Kompass, den sie Intuition nennen.

Im vorliegenden Buch »Hilf dir selbst, dann hilft dir Gott« geht es unter anderem auch um diesen goldenen Weg der Intuition. Die Lehre und Botschaft Jesu Christi zeigt uns allen, was die Liebe für eine All-Macht ist. In diesem Kapitel möchten wir auch von einigen Menschen berichten, die dieses »Handbuch für Götter« gelesen haben. So schrieben mir einige Menschen, dass es für sie ein hilfreicher Alltagsbegleiter geworden ist. Andere bezeichneten es als Bibel und wieder andere als Augenöffner, Mutmacher, Impulsgeber und segensreiches Werk. Sie möchten es nicht missen, und es hat bis heute in sehr vielen Menschen eine Leuchtspur hinterlassen. Für sie war dieses Buch nicht nur ein weiterer Augenöffner, sondern vielmehr nahmen sie die Herausforderung an: tatsächlich in ihrem Alltag eine Wende einzuleiten. Sie haben sich in einem ersten Schritt aus ihrem selbsterschaffenen Jammertal befreit, indem sie ihr Leben wieder in die eigenen Hände nahmen. Es ist eine Tatsache, dass ein konstanter Geist ein außergewöhnliches Leben erschafft.

Wenn du jeden Tag mit Begeisterung, Liebe, Hingabe und Freude dein eigenes Herzensprojekt mit dieser Energie nährst, so wird diese Pflanze permanent wachsen, bis sie eines Tages erblüht. Mit einer konstanten Einstellung und einem unerschütterlichen Glauben kannst du alles erreichen, was du dir von Herzen wünschst. Das LEBEN erfüllt dir *fast* alles, doch bedenke, sind dein Glaube und deine Taten wirklich unerschütterlich, oder sind da feine Spuren *(Gedanken)* von Zweifel in deinem Geist. Die göttliche Quelle der Liebe ist neutral, sie kennt kein Positiv und kein Negativ, und so wird sie das mit Energie erfüllen, was in deinem Geist am kraftvollsten eine Verbindung herstellt. Zweifel sind Teil von Angstenergien, die, wie du weißt, sehr kraftvoll sein können. Wenn wir jetzt die Kraft der Sonnenstrahlen betrachten, so erkennen wir, dass sie unsere Welt immerwährend erhellen, ob nun Wolken am Himmel sind oder auch nicht. Diese Kraft ist unerschütterlich und sie hat mit Glauben nichts zu tun. Sie ist eine Tatsache. Da gibt es keinen Zweifel, noch Angst oder sonst eine Störung! Wir leben in dieser intelligenten, grenzenlosen Kraft, sie durchströmt unseren Geist und unseren Leib. Sie atmet durch uns und schaut mit unseren Augen – alle Sinne werden durch sie belebt.

Wir selbst sind die Zweifler; und auch in unseren Gebeten zeigt sich der Zweifel, als würde uns ein Schatten folgen. Bedenke auch, bevor deine dreidimensionale Reise begann, hast du selbst eine Blaupause *(ein Reiseerfahrungsbuch)* angefertigt. Nicht jeder deiner Wünsche kann in Erfüllung gehen, wenn du es einst selbst im morphogenetischen Feld so verfügt hast.

Eine Leserin, Frau A., hatte mir geschrieben, dass sie verzweifelt sei, weil ihr Ehemann sie wegen einer anderen Frau verlassen habe. Einerseits war sie sehr wütend, doch sie liebte ihren Mann noch immer, und so schrieb sie mir eine E-Mail und fragte mich, ob er eines Tages wieder zurückkommen werde. So ist es oft, wenn eine langjährige Beziehung auseinanderdriftet. Es tut im Herzen weh, man bekommt Bauchschmerzen und fällt für eine Zeit in ein tiefes Loch. Man hat das Gefühl, dass einem der Boden unter den Füßen weggezogen wurde. Ja, so ist es mit der Liebe; erst ist es ein Gefühl von himmelhoch jauchzend und dann auch wieder das Gegenteil. Die menschliche Liebe brennt anfänglich wie ein Strohfeuer, doch mit der Zeit verflacht diese Flamme in manchen Ehen oder Beziehungen. Es gibt mannigfache Gründe, weshalb viele Beziehungen scheitern. Manchmal ist es eine Sinnestäuschung, und wir fallen darauf herein, oder es ist eine Erfahrung, die wir einst in unserer Blaupause hinterlegt haben. Diese Erfahrung kann unserer Erkenntnis dienen, oder wir dürfen etwas in (die) Ordnung bringen. Grundsätzlich können wir erkennen, dass eine starke Liebe auch noch so große Herausforderungen übersteht, weil zwei Herzen energetisch *eins* wurden.

Kommen wir zu einer weiteren Frage einer Leserin: Frau G. schrieb mir von einer tiefgreifenden Erfahrung bei einem Treffen mit einem indischen Weisheitslehrer. Sie schrieb mir folgende Worte: *„Dabei wurde die Aussage getätigt, dass das Höchste ohne lebenden Meister nicht zu erreichen sei.“* Sie schrieb mir, dass sie diese Worte in ihrem Inneren nicht nachvollziehen konnte. Es war für sie also nicht stimmig, und so antwortete ich ihr Folgendes: *„Seien Sie bitte im Wissen, das der lebendige (lebende) Meister bereits durch Sie atmet, Sie unendlich liebt, Ihr Herz pochen lässt und Sie auf all Ihren Wegen begleitet!“*

Was sagte der gesalbte Christus: *„ICH BIN die Auferstehung und das Leben“*, und *„ICH BIN das Licht der Welt und der Weg.“*

Christus lebt in allem Leben, da er das LEBEN ist. ICH BIN im Vater und der Vater ist in mir. GOTT ist das LEBEN, die unendliche Liebe, die auch in dir lebt. Du bist nichts anderes, als aus diesem Stoffe erschaffen. Alles was du brauchst, um aufzusteigen, hast du in DIR!“
Frau G. schrieb mir weiter: *„Der lebende Meister ist doch ein Hilfesteller, bis man selbstständig seinen Weg beschreiten kann, ja sogar muss?“*
Meine Antwort: *„Wo lebt der lebende Meister?“*

Dann kam noch eine weitere Frage, die wohl viele Menschen beschäftigt: *„Ist es aus eigener Seelenkraft nicht möglich, das Höchste zu erreichen?“*

Was kann ich darauf antworten? Was würde Jesus antworten? Nun, meine Worte waren deutlich: *„Warum nicht? Wer sind Sie, wenn nicht Gottes Licht und Sein!“*
Eine weitere Frage von Frau G., die gleichsam auch ihre diesbezügliche Sichtweise darstellt: *„Oder ist das so zu verstehen, dass der lebende Meister einem nicht persönlich begegnen muss, sondern dass allein seine physische Präsenz auf der Erde ausreicht, um vielen Seelen den Aufstieg in höhere geistige Ebenen zu ermöglichen?“*

Meine Antwort auf ihre Frage waren zwei Gegenfragen, die es auf den Punkt bringen sollten: *„Ist die Seele getrennt vom Ganzen? Der lebende Meister ist das ICH BIN, und wo finden Sie es?“*
Wir haben den Meister in uns und um uns herum. Jesus wusste um diese Tatsache und offenbarte uns dies durch seine Worte.

Weitere Zitate aus der Bibel:

„Jesus sprach zu ihnen: „Wahrlich, wahrlich, ich sage euch: Ehe Abraham war, bin ich!“ (Johannes 8, 58)

„Ich bin das A und das O, der Anfang und das Ende, spricht der Herr, der ist und der war und der kommt, der Allmächtige.“ (Offenbarung 1, 8)

„Im Anfang war das Wort, und das Wort war bei Gott, und Gott war das Wort. Dasselbe war im Anfang bei Gott. Alle Dinge sind durch dasselbe gemacht, und ohne dasselbe ist nichts gemacht, was gemacht ist. In ihm war das Leben, und das Leben war das Licht der Menschen. Und das Licht scheint in der Finsternis, und die Finsternis hat's nicht ergriffen. Es war ein Mensch, von Gott gesandt, der hieß Johannes. Der kam zum Zeugnis, damit er von dem Licht zeuge, auf dass alle durch ihn glaubten. Er war nicht das Licht, sondern er sollte zeugen von dem

Licht. Das war das wahre Licht, das alle Menschen erleuchtet, die in diese Welt kommen. Es war in der Welt, und die Welt ist durch dasselbe gemacht; und die Welt erkannte es nicht!" (Johannes 1, 1-10)

Erinnere dich an die Erweckung des Lazarus durch den Christus, der durch Jesus vollumfänglich wirkte, und somit war es das Werk seines Vaters *(Gott-Vater-Mutter, der intelligenten Lebenskraft)*. Es war eine erforderliche Tat, die den Menschen zeigen sollte, dass es auch nach einigen Tagen noch möglich ist, einen atomischen Körper in die göttliche Ordnung zu erheben. Was musste Jesus für ein Wissen und Vertrauen in sich selbst haben, um eine solche Tat im Namen seines Vaters zu vollbringen.

Was war geschehen?

„Jesus spricht: „Hebt den Stein weg!"
Spricht zu ihm Marta, die Schwester des Verstorbenen: „Herr, er stinkt schon; denn er liegt seit vier Tagen."
Jesus spricht zu ihr: „Habe ich dir nicht gesagt: Wenn du glaubst, wirst du die Herrlichkeit Gottes sehen?"
Da hoben sie den Stein weg. Jesus aber hob seine Augen auf und sprach: „Vater, ich danke dir, dass du mich erhört hast. Ich wusste, dass du mich allezeit hörst; aber um des Volkes willen, das umher steht, sagte ich's, damit sie glauben, dass du mich gesandt hast.
Als er das gesagt hatte, rief er mit lauter Stimme: „Lazarus, komm heraus!" Und der Verstorbene kam heraus, gebunden mit Grabtüchern an Füßen und Händen, und sein Gesicht war verhüllt mit einem Schweißtuch.
Jesus spricht zu ihnen: „Löst die Binden und lasst ihn gehen!"
Viele nun von den Juden, die zu Maria gekommen waren und sahen, was Jesus tat, glaubten an ihn." (Johannes 11, 39-45)

So sollten wir glauben, und unser Glaube sollte auf Fels gebaut sein. Glauben ist nicht gleich Wissen. Absolut im Wissen sein ist eine konstante Akzeptanz dessen, was *ICH BIN* ist. Christus lebt in uns, und wir brauchen nur im absoluten Wissen zu sein!

Die Worte *„Ehe Abraham war, bin ich"* bezeugen, dass damit die allmächtige ICH-BIN-Gegenwart gemeint ist, die in und durch Jesus wirkte. Die ICH-BIN-Gegenwart erfüllt und durchströmt auch deinen Geist und Leib, wie alles Leben – ES ist das LEBEN.

Im nächsten Kapitel werden wir gemeinsam Erfahrungen aus dem Leben und Wirken von Florence Scovel Shinn, Bruno Gröning und der Apostel beleuchten. Sie waren zu ihrer Zeit und sind auch heute noch helle Lichter in dieser Welt. Ihre Erfahrungen und Taten zeugen von starkem Glauben, segensreichem Wissen, außergewöhnlicher Liebe, Herzensgüte und übermenschlicher Willensstärke.

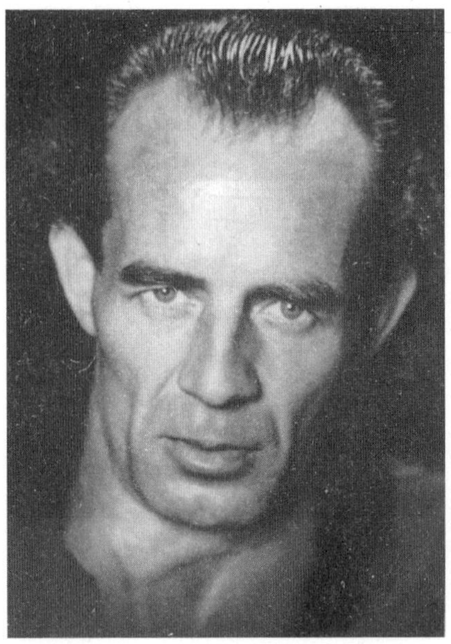

Abb. 4: Bruno Gröning (1906-1959)

Abb. 5: Florence Scovel Shinn (1841-1970)

2. *Florence Scovel Shinn, Bruno Gröning, die Apostel…*

„Deine Gedanken und das ‚Wort' erschaffen deine Welt. Du kannst eine immer wiederkehrende Verwirrung oder ein Reich der Glückseligkeit ins Leben rufen." (Florence Scovel Shinn) [18]

Florence Scovel Shinn
Das könnten auch die Worte von Florence Scovel Shinn sein, die in den 1920er-Jahren als christliche Weisheitslehrerin in Erscheinung trat. Als studierte und auch ausübende Künstlerin war sie von Haus aus eine feinfühlige Frau. Ihr Mädchenname war Scovel. Dieser Name führt Fröhlichkeit, Aufgeschlossenheit, Furchtlosigkeit und Vielseitigkeit mit sich und birgt auch das Talent in sich, Menschen auf unkomplizierte, liebevolle Weise mit Rat und Tat in ihrem Leben zu helfen. Ihr Ehemann hieß Everett Shinn (ein Kunstmaler), mit dem Florence Scovel 1898 den Ehebund einging. Die Ehe hielt nur vierzehn Jahre (also 2 mal 7 Jahre) und wurde 1912 geschieden. Diese Tatsache ist nicht unbedeutend, denn Ereignisse dieser Art bringen oft eine Veränderung ins Leben eines Menschen. Sie hatte in diesen Jahren auch die Qualitäten eines Everett Shinn kennenlernen dürfen. Der Name *Shinn* ist verwandt mit dem im asiatischen Raum, z.B. in Korea und auch in Japan, vorkommenden Namen *Shin,* der „die Wirklichkeit und die Wahrheit" offenbart. Hier sollten wir wissen, dass nicht jeder Träger dieses Namens auch gleichsam die Wirklichkeit und Wahrheit offenbaren wird. Es ist ein Lebensprozess, also eine Entwicklung des persönlichen Charakters des jeweiligen Menschen und seines Bewusstseins, die diesen Namen mit diesen Qualitäten auflädt.

Florence Shinn hat einige Bücher geschrieben über Hilfe zur Selbsthilfe auf der Grundlage christlicher Werte. Sie zitierte in ihren Werken einerseits das Wort Jesu in Verbindung mit Lebensherausforderungen, sprich Ereignissen. Andererseits hielt sie den Hilfesuchenden eindringlich die zwiespältige Macht des Wortes vor Augen: *„Aufgrund deiner Worte wirst du freigesprochen und aufgrund deiner Worte wirst du verurteilt werden." (Matthäus 12, 37)*

Sie war weltoffen und war bewandert in einigen Weltreligionen, z.B. Hinduismus, Buddhismus, Jainismus etc. In ihren Unterweisungen sprach sie mit den Menschen auch über das Gesetz von Ursache und Wirkung. Sie war ein Vorbild für viele Menschen, die ihre Bekanntschaft machen durften. Die Lehre Jesu bildete das Fundament ihrer Lebensanschauung, und in ihren Berichten über ihre vielen Erlebnisse mit Rat suchenden Menschen zeigte sich stets ihr starker Glaube an Gottes Liebe, die ihr eine charismatische Erscheinung verlieh. Sie wusste, dass alles, was wir sind, in uns selbst zu finden ist. Florence Scovel Shinn kam ins irdische Leben, um vielen Menschen eine Brücke zum eigenen Selbstvertrauen zu sein.

Letztlich ist es aber immer der Christus in uns, der die scheinbaren Wunder vollbringt. Gott offenbart sich durch Christus, und Christus durch Gott, da es nur ein Einssein geben kann, ansonsten wäre Gott nicht grenzenlos.

Sie gab den Hilfesuchenden anhand von Zitaten aus der Bibel *(NT)* etwas an die Hand, also in ihren Geist, und stellte sich oft auch noch für diese Menschen ein. Das heißt, dass der intelligente Strom durch ihren Geist wirkte und sie *bewusst* mit dem Geist des Hilfe suchenden Menschen kommunizierte und ihn in ihren Geist aufnahm. War es wirklich ihr Bewusstsein, das den Geist des Hilfe Suchenden aufnahm, oder war es etwa Gottes Geist?

Gottes Liebe ist alles, und weil das so ist, ist alles in Gott, und somit ist im *Jetzt* alles möglich – es gibt kein „Unmöglich". Wir Menschen sind es, die die Unterbrechungen in der Stromleitung manifestieren und somit den allumfassenden, immerwährenden Frieden stören. Letztlich ist es nur ein Anrennen gegen Gottes universelle Windmühle der Liebe. Die vielen Kriege auf Erden endeten immer wieder mit Zerstörung und in unvorstellbarem Leid. Die bedingungslose Liebe war es, die die Menschen einander wieder näher brachte und den Segen der Vergebung offenbarte.

Oft war es kein wirklich herzlicher Frieden, und so kam es dann erneut zu einem Aufflammen dieser nur scheinbar gestörten Energien. Viele Menschen wollten wirklichen einen versöhnlichen Frieden, doch die „freundliche" Dunkelheit im Hintergrund lauerte stets auf eine ideale Gelegenheit, das Feuer der Zwietracht erneut zu entzünden. Menschen haben oft nicht die Beständigkeit, um sich auf etwas vorzubereiten, was sich immer wieder unerwartet in ihrem Leben zeigen kann. Es sind unsere eigenen Lebensprüfungen auf unserer Wanderschaft auf Erden.

Ein Beispiel, das sicherlich auch Florence Scovel Shinn kannte und, wenn erforderlich, an ihre Mitmenschen weitergab:

„Und Jesus ging nach seiner Gewohnheit hinaus an den Ölberg. Es folgten ihm aber auch die Jünger. Und als er dahin kam, sprach er zu ihnen: Betet, damit ihr die kommende Prüfung besteht. Und er riss sich von ihnen los, etwa einen Steinwurf weit, und kniete nieder, betete und sprach: Vater, willst du, so nimm diesen Kelch von mir; doch nicht mein, sondern dein Wille geschehe! Es erschien ihm aber ein Engel vom Himmel und stärkte ihn. Und er geriet in Todesangst und betete heftiger. Und sein Schweiß wurde wie Blutstropfen, die auf die Erde fielen. Und er stand auf von dem Gebet und kam zu seinen Jüngern und fand sie schlafend vor Traurigkeit und sprach zu ihnen: Was schlaft ihr? Steht auf und betet, damit ihr die kommende Prüfung besteht!" (Lukas 22, 39-46)

Florence Scovel Shinn war nicht nur eine christliche Weisheitslehrerin, die durch schöne Worte von sich reden machte; sie lebte, was sie sagte, mit Geist, Seele und Herz. Noch heute werden ihre Ratgeber mit Hingabe gelesen, und viele Menschen finden dadurch wieder zurück zu einem starken Glauben an die Lehre Christi. Sie sind ein segensreiches Elixier zur Stärkung des Selbstvertrauens! Ich möchte hier nicht näher auf den Inhalt ihrer Bücher eingehen (z.B. »Das Lebensspiel und seine Regeln«). Noch eines sei jedoch gesagt: Sie war (und ist) eine großartige und erhabene Seele im Dienste von Gottes großem Werk.

Bruno Gröning

Kommen wir nun zu einem Menschen, der in der Zeit nach dem Zweiten Weltkrieg für viele Menschen ein Segen war – und noch immer ist. Obwohl verfolgt, gepeinigt, denunziert und verurteilt, ließ sich Bruno Gröning *(Grönkowski)* nicht davon abhalten, seinen Gottesauftrag durch die Tat zu verwirklichen.

Die folgenden Worte sind eine klare Botschaft von Bruno: „*Wenn ich nicht mehr auf dieser Erde als Mensch sein werde, das heißt, wenn ich meinen Körper abgelegt haben werde, dann ist die Menschheit so weit, dass jeder aus sich die Hilfe und Heilung erleben kann.*“[(10)]

Bruno Gröning war ein einfacher Mann, der sich als Verbindungsglied zwischen den Menschen und Gott sah. Ein Empfänger und Sender für den göttlichen Heilstrom *(so nannte er diese Kraft)*. In seinen zahlreichen Vorträgen, die seit 1950er-Jahren noch an Aktualität und Bedeutung gewonnen haben, können wir erkennen, dass Bruno Gröning eine klare Botschaft an seine Mitmenschen weitergab.

Er wollte nicht, das man ihn verehrt; und wie oft sagte er: „*Danken Sie nicht mir, sondern danken Sie Gott. Ich bin nur ein kleines Vorbild.*“, oder: „*Ich bin nur ein kleiner Vermittler, mehr nicht, ein winziger Transformator.*“[(8)]

Wenn wir diese Welt betrachten, können wir erkennen, dass sehr viele Menschen irgendwelchen weltlichen Idealen folgen. Es gibt auch viele Bruno-Gröning-Freunde, die das Bildnis dieses Menschen mit sich tragen, in den Kühlschrank oder unter ihr Kopfkissen legen. Wenn wir uns unseren Geist als reines, klares Wasser vorstellen und dieses Wasser dann betrachten, werden wir erkennen, dass bei genauem Hinsehen sehr viele weltliche Abhängigkeiten darin sichtbar werden.

Ein Beispiel von Bruno Gröning. Er sagte:
„*Christus war doch der Menschheit das größte Vorbild? Er tat all das, was er zu tun hatte, all das, was Gott ihm sagte. Er ging dahin, wohin Gott ihn führte, nicht Menschen. Und er sprach alles das, was Gott zu*

ihm gesprochen hatte." „Es ist nun mal die Lehre Christi, die Sie beherzigen müssen." „Christus hat uns durch Jesus so viel des Guten mit auf unseren Lebensweg gegeben. Warum haben die Menschen das Gute nicht beherzigt, warum haben sie es nicht in sich aufgenommen?" (4.12.1958) (11)

Des Weiteren möchten wir auch anerkennen, dass es eine Unzahl von Menschen gab, die den Christus durch sich selbst und ihren Geist hier auf Erden offenbarten. Jesus, der Christus, war eben vor ca. 2.000 Jahren der Auserwählte und wahrlich ein Meister der Meister. Das Licht Jesu strahlt über die gesamte Welt. Auch Jesus wollte nicht, dass wir ihn, Jesus, anbeten.

Er sagte zudem: *„Wahrlich, wahrlich, ich sage euch: Der Sohn kann nichts von sich aus tun, sondern nur, was er den Vater tun sieht; denn was dieser tut, das tut in gleicher Weise auch der Sohn." (Johannes 5, 19)* (12)

Daran kannst du erkennen, dass wir die Wirklichkeit dessen, was Christus ist, erst dann in Gänze erkennen werden, wenn wir allen Aberglauben abgelegt haben.

Ein Vergleich mit der Technik: In einem Rundfunkempfänger darf es keinerlei Störungen geben, denn dadurch wäre der Empfang gestört. Oder nimm eine Stromleitung, die einen Elektromotor versorgt: Was würde geschehen, wenn diese Stromleitung voller Störungen wäre?

Zum Aberglauben *(Störungen)* zählt eben auch das Anbeten von Gegenständen oder Menschen. Natürlich bleibt es jedem Menschen selbst überlassen, wie er seine Lebensreise gestalten möchte. Ob er Bilder, Lehren, Rituale, Traditionen, die weltliche Wissenschaft, Personen, Prophezeiungen oder auch Gegenstände anbeten möchte. Die Menschheit wurde in einem Ausmaß hinter das wirkliche Gotteslicht geführt, dass sie wie hypnotisiert durch die Welt läuft.

Bruno Gröning wies darauf hin, indem er sagte:

„Ein wirklich wahrer Christ kann nur der sein, der Christus so folgt, wie Christus es von uns erwartet, wie seine Lehre uns das alles sagt, meine lieben Freunde. Und daher war Christus dreiunddreißig Jahre auf dieser Erde, damit er uns all das vermitteln kann, was Gott für uns, für die gesamte Menschheit, zu sagen hat. Denn anders haben die Menschen nicht mehr auf Gott hören können. Er (der Mensch) *hat es nötig, mit Gott verbunden zu sein. Und mehr wollte Christus nicht, mehr wollte Gott nicht, das ist die wirklich wahre göttliche Lehre, das ist die Lehre Christi, wie er sie uns, wie er sie der Menschheit mit auf dem Weg gegeben hat: Gottverbundensein, das, meine lieben Freunde, ist alles!" (4.12.1958)* [(13)]

Bruno Gröning behauptete auch nicht, dass einzig die Lehre Christi zu Gott führen würde. Gottes Wege sind grenzenlos, und wir Menschen können uns kein Bild von der Grenzenlosigkeit Gottes machen. Die weltliche Wissenschaft forscht in einem Raum mit selbstgewählten Grenzen. Bruno zeigte uns damit, dass wir nicht dogmatisch sein sollten. Grundsätzlich sei an dieser Stelle gesagt, dass die Lehre Christi einen Königsweg darstellt.

Es ist auch nicht erforderlich, in einem Freundeskreis Bruno Grönings eingeführt zu werden, noch sollten wir uns dabei selbst vergessen.

Florence Scovel Shinn berief sich hautsächlich auf das Alte und Neue Testament der Bibel, Bruno Gröning betonte die Lehre Christi durch Jesus Christus *(NT)*. Die Bibel hat man viele Male verändert, und sie wurde dadurch auch zu einem Instrument der Manipulation des menschlichen Geistes. Frage: Ist es möglich, die heiligen Frequenzen im Hintergrund der geschriebenen Worte in der Bibel zu löschen? Niemals! Worte können wir verändern und sogar ausradieren, doch eine Botschaft, die durch Gottes Willen in diese Welt gehaucht wurde, wird in ihrer Kraft nicht verblassen.

Manche Menschen sind der Meinung, dass Bruno Gröning in seinen Vorträgen vieles wiederholte, und in der Tat, so war es auch, doch meist waren die Worte etwas verändert, oder er wählte andere Beispiele. Er vermittelte seinen Mitmenschen, dass sich in der Wiederholung die Goldene Lehre Christi offenbart.

Er war ein authentischer Transformator und Vermittler dieser segensreichen Lehre. Wenn in der heutigen Zeit Menschen von sich behaupten, eine Inkarnation Bruno Grönings oder Jesu Christi zu sein, so sollten wir deren Bescheidenheit hinterfragen. Es ist im Grunde völlig einerlei, wer wir in unseren Inkarnationen einmal waren. Tatsache ist, dass wir im *Hier und Jetzt* leben, und da gibt es nicht wirklich eine Vergangenheit und eine Zukunft. Wir glauben an eine selbsterschaffene Vergangenheit und Zukunft, obwohl beide dem *Jetzt* entspringen. Es ist nur unsere menschliche Sichtweise, die wir als Wahrheit annehmen.

Abschließend noch einige Zitate von Bruno Gröning:

„Der größte Arzt aller Menschen ist und bleibt unser Herrgott!" (24.9.1949) (14)

„Wer hat Ihnen das Leben gegeben? Nur allein der Herrgott! Und Er will ihnen die Gesundheit (göttliche Ordnung) *geben!" (September 1949)* (15)

„Jesus Christus wusste, dass jede Krankheit durch Sünde (eine Störung, sprich auch Verfehlung) *kommt. Deshalb ermahnte er den Kranken* (Gestörten, Verstörten) *nach der Heilung* (Heiligung Gottes)*: „Sündige hinfort nicht mehr* (sei in der göttlichen Ordnung, der bedingungslosen Liebe), *dass dir nicht etwas Ärgeres* (ein kraftvollerer Hinweis, ein Stupser Gottes) *widerfahre."* (16)

Wenn Bruno von Heilung sprach, so meinte er im Grunde die Heiligung durch den göttlichen *„Heiligungsstrom"*. Bruno sprach in den Worten der damaligen Generationen.

So sagte er zum Beispiel: *„das Böse"* oder *„das Gute"*. Des Weiteren sprach er vom Satan, obwohl er wusste, dass es im Grunde keinen Satan gibt, denn auch Jesus benutzte dieser Art Worte, um dem Volk das

Wissen sprachlich zu transformieren. Diese Menschen, die dem Wort Jesu lauschten, waren meist einfache Leute, die auch eine einfache Nahrung durch das Wort nur schrittweise verdauen konnten *(annehmen konnten)*. Tatsache ist doch auch: Die Persönlichkeit der Menschen wird zum Antichristen und strebt wider den Christus.

Wollen wir es damit gut sein lassen. Liebe Leserinnen und Leser, wir werden diese beiden auf ihre Weise außergewöhnlichen Menschen an dieser Stelle nicht weiter beleuchten. Das Internet wie auch die Welt der Bücher bieten dem interessierten Menschen diesbezüglich eine Vielfalt an Informationen.

Die Apostel

Kommen wir nun zu den Aposteln und ihren Botschaften. Den zwölf Aposteln, die von Jesus auserwählt wurden – im Allgemeinen auch als Gesandte und Künder der Lehre Christi bekannt –, wurde von Jesus nach dessen Auferstehung Christus als Heiliger Geist eingehaucht: *„Und als er das gesagt hatte, blies er sie an und spricht zu ihnen: Nehmt hin den Heiligen Geist." (Johannes 20, 22)*

Im Grunde wurde in ihrem Leib und Geist eine Flamme entzündet, die sie befähigte, selbst im Namen Gottes außergewöhnliche Dinge zu vollbringen, wenn dieses ihrer Mission förderlich war. Jesus selbst erfuhr diese Taufe des Geistes Gottes mit einer weißen Taube, einem weit verbreiteten Symbol für den Heiligen Geist:

> *„Wie eine Taube" kommt der Geist Gottes auf Jesus hernieder." (Matthäus 3, 16)*
>
> Die Taufe von Jesus
> *„Zu der Zeit kam Jesus aus Galiläa an den Jordan zu Johannes, dass er sich von ihm taufen ließe. Aber Johannes wehrte ihm und sprach: Ich bedarf dessen, dass ich von dir getauft werde, und du kommst zu mir? Jesus aber antwortete und sprach zu ihm: Lass es jetzt zu! Denn so gebührt es uns, alle Gerechtigkeit zu erfüllen. Da ließ er's ihm zu. Und als*

Jesus getauft war, stieg er alsbald herauf aus dem Wasser. Und siehe, da tat sich ihm der Himmel auf, und er sah den Geist Gottes wie eine Taube herabfahren und über sich kommen. Und siehe, eine Stimme aus dem Himmel sprach: Dies ist mein lieber Sohn, an dem ich Wohlgefallen habe." (Lukas 3, 21-22; Johannes 1, 32-34 und Markus 1, 9-11)

Im Johannes-Evangelium wird Folgendes berichtet:
„Am Abend des ersten Tages der Woche, als die Jünger aus Furcht vor den Juden bei verschlossenen Türen beisammen waren, kam Jesus, trat in ihre Mitte und sagte zu ihnen: „Friede sei mit euch!" Nach diesen Worten zeigte er ihnen seine Hände und seine Seite. Da freuten sich die Jünger, als sie den Herrn sahen.
Jesus sagte noch einmal zu ihnen: „Friede sei mit euch! Wie mich der Vater gesandt hat, so sende ich euch." Nachdem er das gesagt hatte, hauchte er sie an und sagte zu ihnen: „Empfangt den Heiligen Geist! Denen ihr die Sünden erlasst, denen sind sie erlassen; denen ihr sie behaltet, sind sie behalten." (Johannes-Evangelium 20, 19-23)

Die Apostel waren Gesandte und gleichsam Überbringer der Lehre Christi. Als Jesus Christus sie anhauchte und sie mit dem Heiligen Geist taufte, waren sie erfüllt von dieser grenzenlosen All-Macht. Sie konnten dadurch viele Menschen vom selbsterschaffenen Leid befreien und gaben ihnen gleichsam auch das Wissen um die Lehre Christi mit auf ihren Weg. Jedes Mal, wenn sie dies taten, wurde eine störende Schwerkraft im Geist und Leib der Menschen aufgelöst. So konnte der universelle Heilige Strom (Heilstrom) wieder ungestört fließen.

Jedes Elektron, jedes Atom und jede Zelle waren dadurch in die göttliche Ordnung erhoben worden. Inwieweit diese befreiten Menschen dem Rat der Jünger Christi bzw. der Apostel Jesu folgten, sei dahingestellt. Letztlich hat jeder Mensch nach einer gewissen Karenzzeit sein Leben selbst in der Hand. Wir haben die Freiheit, unsere Gedanken, wann immer wir es wollen, in die Tat umzusetzen. So wie Jesus seine eigene Göttlichkeit erkannte, so dürfen wir es ihm nachtun. Jesus erkannte diese Göttlichkeit nicht nur in allen Menschen, sondern in der gesamten Schöpfung. Wenn wir uns den Psalm 23 ansehen, können wir im Grunde alles erkennen, was im täglichen Dasein bereits anwesend ist.

Dieser Psalm kündet auch von der Salbung unseres Hauptes (das Wort Christus stammt vom griechischen Christos und bedeutet „der Gesalbte").

Im Psalm 23 heißt es: *„Der HERR ist mein Hirte, mir wird nichts mangeln. Er weidet mich auf einer grünen Aue und führet mich zum frischen Wasser. Er erquicket meine Seele. Er führet mich auf rechter Straße um seines Namens willen. Und ob ich schon wanderte im finstern Tal, fürchte ich kein Unglück; denn du bist bei mir, dein Stecken und Stab trösten mich. Du bereitest vor mir einen Tisch im Angesicht meiner Feinde. Du salbest mein Haupt mit Öl und schenkest mir voll ein. Gutes und Barmherzigkeit werden mir folgen mein Leben lang, und ich werde bleiben im Hause des HERRN immerdar."*

Das heißt, Jesus wusste, dass Gott jeden Menschen salbt. Es gibt die verschiedensten Öle, ob auf tierischer, pflanzlicher, mineralischer oder ätherischer Basis. Zum Beispiel sind ätherische Öle wasserdampfflüchtige Extrakte aus Pflanzen oder Pflanzenteilen, die eine Vielfalt an Geruchsnuancen aufweisen, die natürlich auf die Herkunftspflanze zurückzuführen sind. Diese Öle bestehen großteils aus Terpenen, die, wie wir wissen, eine heilsame Wirkung auf Leib und Seele des Menschen haben *(Beispiele: Nadelbaumöle, Mandelöl, Zitronenöl, Rosenöl, Öle der Minze, Orangenöl, Weihrauchöle usw.)*. Allgemein bekannt ist, dass, wenn wir uns im Wald aufhalten oder einen ausgedehnten Spaziergang machen, unser Immunsystem in eine wohltuende Balance kommt. Im Grunde können wir auch hier sagen, die Natur ist ein Spiegel Gottes und somit auch ein Heilbad, das wir täglich anwenden sollten.

Nun sind wir auch schon wieder bei der Lehre Christi und den Aposteln als Botschafter und Gesandte. Alles ist Geist, und somit ist im *Jetzt* alles miteinander verbunden. Wenn alles im Geist Gottes schwingt, so sind wir, wenn wir zum Beispiel unsere Augen schließen und uns intensiv auf den Wald konzentrieren, gleichsam mit ihm verbunden. Das heißt wiederum, dass diese heiligen Terpene, die im Grunde nur Energiemuster *(Melodien)* sind, im *Jetzt* augenblicklich von unserem Geist-Körper-System aufgenommen werden. Wir können sie atmen, obwohl wir zum Beispiel in unserer Wohnung sind.

Wie oft sagen wir etwas und benutzen dabei die Worte: *„ICH BIN"*. Zum Beispiel: *„Ich bin müde, ich bin krank, ich bin glücklich, ich bin frei, ich bin mit dir verbunden, ich bin satt, ich bin im Frieden, ich bin verliebt, ich bin einsam, ich bin allein (all-ein), ich bin süchtig danach, ich bin fleißig, ich bin dein Bruder, ich bin deine Schwester, ich weiß, ich bin von Gott erfüllt!"* Es gibt eine Menge solcher Beispiele: Gott sagte zu Moses: *„Ich bin der Ich bin." (2. Mose 3, 14)*

Gottes Geist ist im *„ICH BIN"* – ist die ICH-BIN-Gegenwart in uns als Christus. Diese Apostel waren im Wissen darüber und wendeten es bei Bedarf auch an. Es würde eine Menge Seiten füllen, wenn wir diese Thematik noch intensiver beleuchten würden. Es ist jedoch nicht unbedingt erforderlich, all dies zu wissen. Für unseren eigenen Aufstieg sollten wir die Kernbotschaft Christi befolgen:

> *„Du sollst den Herrn, deinen Gott, lieben mit ganzem Herzen, mit ganzer Seele und mit all deinen Gedanken. Das ist das wichtigste und erste Gebot. Ebenso wichtig ist das zweite: Du sollst deinen Nächsten lieben wie dich selbst." (Matthäus 22, 37-39)*

Und weiter:

„Und wir haben erkannt und geglaubt die Liebe, die Gott zu uns hat: Gott ist Liebe; und wer in der Liebe bleibt, der bleibt in Gott und Gott in ihm. Darin ist die Liebe bei uns vollendet, auf dass wir die Freiheit haben, zu reden am Tag des Gerichts; denn wie er ist, so sind auch wir in dieser Welt. Furcht ist nicht in der Liebe, sondern die vollkommene Liebe treibt die Furcht aus. Denn die Furcht rechnet mit Strafe; wer sich aber fürchtet, der ist nicht vollkommen in der Liebe. Lasst uns lieben, denn er hat uns zuerst geliebt. Wenn jemand spricht: Ich liebe Gott und hasst seinen Bruder, der ist ein Lügner. Denn wer seinen Bruder

nicht liebt, den er sieht, der kann nicht Gott lieben, den er nicht sieht. Und dies Gebot haben wir von ihm, dass, wer Gott liebt, dass der auch seinen Bruder liebe." (Johannes 4, 16-21)

Die Apostel gaben den Menschen also Zeugnis vom Christus, den sie durch den Menschen Jesus als weisen, gesalbten Lehrer erfuhren. Ein weiteres Beispiel offenbart die Heilung eines Gelähmten durch Petrus:

„Petrus und Johannes gingen aber miteinander in den Tempel hinauf um die neunte Stunde, da man zu beten pflegte. Und es wurde ein Mann herbeigebracht, der lahm war von Mutterleib an, den man täglich an die Pforte des Tempels hinsetzte, die man »die Schöne« nennt, damit er ein Almosen erbitten konnte von denen, die in den Tempel hineingingen. Als dieser Petrus und Johannes sah, die in den Tempel hineingehen wollten, bat er sie um ein Almosen. Da blickte ihn Petrus zusammen mit Johannes an und sprach: Sieh uns an! Er aber achtete auf sie in der Erwartung, etwas von ihnen zu empfangen.
Da sprach Petrus: Silber und Gold habe ich nicht; was ich aber habe, das gebe ich dir: Im Namen Jesu Christi, des Nazareners, steh auf und geh umher! Und er ergriff ihn bei der rechten Hand und richtete ihn auf; da wurden sogleich seine Füße und seine Knöchel fest, und er sprang auf und konnte stehen, lief umher und trat mit ihnen in den Tempel, ging umher und sprang und lobte Gott.
Und alles Volk sah, wie er umherging und Gott lobte. Und sie erkannten auch, dass er derjenige war, der um des Almosens willen an der Schönen Pforte des Tempels gesessen hatte; und sie wurden mit Verwunderung und Erstaunen erfüllt über das, was mit ihm geschehen war. Da sich aber der geheilte Lahme zu Petrus und Johannes hielt, lief alles Volk voll Erstaunen bei ihnen zusammen in der sogenannten Halle Salomos." (Apostelgeschichte 3, 1-11)

Alle Apostel vollbrachten außergewöhnliche Taten, die von den Menschen als Wunder bezeichnet wurden. Sie basierten jedoch auf dem Wissen um die wirkliche Bedeutung bedingungsloser Liebe und einem absoluten Gottvertrauen, der Akzeptanz und der Gottesliebe des Christus in uns, der durch alles wirkt.

„Das Reich Gottes ist inwendig in euch", sagte er. *(Lk. 17, 21)*
„Ich bin der wahre Weinstock." (Joh. 15, 1)
„Ich bin das Licht der Welt." (Joh. 8, 12)
„Ich bin die Tür." (Joh. 10, 7)
„Ich bin der gute Hirte." (Joh. 10, 11)
„Ich bin die Auferstehung und das Leben." (Joh. 11, 25)
„Ich bin der Weg und die Wahrheit und das Leben." (Joh. 14, 6)

Die Überlieferungen der Apostel möchten die Menschheit in ihrem Streben nach der Anerkennung der eigenen Göttlichkeit stärken. All die sogenannten Wunder von Jesus, dem Christus, der erwählten Aposteln und aller Jünger Gottes, deren Zahl den Menschen nicht bekannt ist, ist ein Segen für das globale Erwachen. Bereits vor dem Erscheinen Jesu gab es Menschen, die als Christus hier auf Erden wandelten. Sie waren meist die Leisen und Weisen, die im Hintergrund das große Werk Gottes mit Rat und Tat in die Welt trugen. So manch ein Mensch, ob weiblich oder männlich, den Menschen nicht wirklich bekannt, war ein Christus in Menschengestalt. Auch gibt es noch weitere unveröffentlichte Evangelien, die eines Tages vielleicht – wenn erforderlich – an die Öffentlichkeit kommen werden. Das heute bekannte Evangelium der Maria Magdalena oder das Thomas-Evangelium wurden der Menschheit über zwei Jahrtausende vorenthalten. Die Menschen werden eines Tages selbst in die Vergangenheit blicken. Alles, was wir dafür brauchen, ist bereits in uns, doch der selbsterschaffene Nebel des Vergessens überlagert das Licht der Welt, das wir sind.

Psalm 107, 20 sagt, dass Gott sein Wort sandte, um uns zu heilen und zu befreien. Gott sagt in Sprüche 4, 20-22, wenn wir Gottes Wort wirklich hören, dann wird SEIN Wort Heilung für unseren ganzen Leib werden.

„Herr, du hast uns gerettet! Dankt dem HERRN, denn er ist gut, und seine Gnade hört niemals auf! Dies sollen alle bekennen, die der HERR erlöst hat. Ja, er hat sie aus der Gewalt ihrer Unterdrücker befreit und aus fernen Ländern wieder zurückgebracht – aus Ost und West, aus Nord und Süd. Manche irrten in der trostlosen Wüste umher und konnten keinen bewohnten Ort finden. Hunger und Durst raubten ihnen alle Kraft, sie waren der Verzweiflung nahe. In auswegloser Lage schrien sie zum HERRN, und er rettete sie aus ihrer Not. Er half ihnen, den richtigen Weg zu finden, und führte sie zu einer bewohnten Stadt. Sie sollen den HERRN preisen für seine Gnade und für seine Wunder, die er uns Menschen erleben lässt! Denn er hat den Verdurstenden zu trinken gegeben, die Hungernden versorgte er mit reichlich Nahrung. Andere lagen in der Finsternis gefangen und litten unter ihren schweren Fesseln. Sie hatten missachtet, was Gott ihnen sagte, und die Weisungen des Höchsten in den Wind geschlagen. Darum zerbrach er ihren Stolz durch Mühsal und Leid; sie lagen am Boden, und keiner half ihnen auf. In auswegloser Lage schrien sie zum HERRN, und er rettete sie aus ihrer Not. Er holte sie aus den finsteren Kerkern heraus und riss ihre Fesseln entzwei. Sie sollen den HERRN preisen für seine Gnade und für seine Wunder, die er uns Menschen erleben lässt! Denn er hat die gepanzerten Türen zerschmettert und die eisernen Riegel aufgebrochen. Andere hatten leichtfertig gesündigt; wegen ihrer Verfehlungen siechten sie nun dahin. Zuletzt ekelten sie sich vor jeder Speise und standen schon an der Schwelle des Todes. In auswegloser Lage schrien sie zum HERRN, und er rettete sie aus ihrer Not. Er sprach nur ein Wort, und sie wurden gesund. So bewahrte er sie vor dem sicheren Tod. Sie sollen den HERRN preisen für seine Gnade und für seine Wunder, die er uns Menschen erleben lässt! Aus Dank sollen sie ihm Opfergaben bringen und voll Freude von seinen Taten erzählen! Wieder andere segelten aufs Meer hinaus, um mit ihren Schiffen Handel zu treiben. Dort erlebten sie die Macht des HERRN, auf hoher See wurden sie Zeugen seiner Wunder. Nur ein Wort von ihm – und ein Sturm peitschte das Meer. Wogen türmten sich auf, warfen die Schiffe hoch in die Luft und stießen sie sogleich wieder in die Tiefe. Da verloren die Seeleute jede Hoffnung.

Sie wankten und taumelten wie Betrunkene, mit ihrer Weisheit waren sie am Ende. In auswegloser Lage schrien sie zum HERRN, und er rettete sie aus ihrer Not. Er bannte die tödliche Gefahr: Der Sturm legte sich, und die Wellen wurden ruhig. Da jubelten sie, dass endlich Stille herrschte! Gott brachte sie in den sicheren Hafen, an das ersehnte Ziel. Sie sollen den HERRN preisen für seine Gnade und für seine Wunder, die er uns Menschen erleben lässt! Vor der ganzen Gemeinde sollen sie ihn rühmen und ihn loben vor dem Rat der führenden Männer. Gott verwandelt wasserreiches Land in dürre Wüste, und wo vorher Quellen sprudelten, entstehen trostlose Steppen. Fruchtbare Gebiete lässt er zur Salzwüste veröden, wenn die Bosheit der Bewohner dort überhandnimmt. Doch er verwandelt auch dürres Land in eine Oase und lässt mitten in der Steppe Quellen aufbrechen. Hungernde Menschen siedeln sich dort an und gründen Städte, um darin zu wohnen. Sie bestellen die Felder, legen Weinberge an und bringen Jahr für Jahr eine reiche Ernte ein. Gott segnet sie mit vielen Kindern und vergrößert ihre Viehherden immer mehr. Doch wenn sie immer weniger werden, wenn sie gebeugt sind von Unglück und Leid, dann macht Gott ihre Unterdrücker zum Gespött und lässt sie in der Wüste umherirren. Die Hilflosen aber rettet er aus ihrem Elend und lässt ihre Familien wachsen wie große Herden. Die aufrichtigen Menschen sehen es voll Freude, und alle niederträchtigen müssen verstummen. Wer verständig ist, der soll immer wieder daran denken und erkennen, auf welch vielfache Weise der HERR seine Gnade zeigt!“

3. Die Dame und ihre Katzen

Vor vielen Jahren rief mich eine Dame aus dem südlichen Baden-Württemberg an und bat mich um Hilfe. Ein Bekannter von ihr, der auch mich kannte, hatte ihr dazu geraten. Seitdem ist sie für mich die Frau mit den vielen Katzen. Diese Dame im gesetzten Alter hat einen starken Willen und sie hat auch noch Träume, was sie in der Zukunft erleben möchte. Sie sagte mir, die Ruhe ihrer Katzen sei Balsam für ihren Leib und ihre Seele. Ohne ihre Katzen wüsste sie nicht, ob sie bei all dem Kummer heute noch so dastehen würde.

Damals gab es noch eine Menge anderer Baustellen, die von Mal zu Mal in ihrem Leben erschienen. So ist es oft im Leben, es ist eine Reise mit vielen unerwarteten Überraschungen. Sie unterstützen die Menschen bei ihrem Aufstieg. Manchmal möchten wir uns einfach aus unserem Lebensalltag zurückziehen, weil wir ihn als menschliche Wesen nicht mehr ertragen können. Diese Dame sah sich wahrlich mit brisanten Herausforderungen konfrontiert, die ihr eines Tages sogar das Heim nahmen. Wer kennt sie nicht, die berühmt-berüchtigte Gerüchteküche, in der Intrigen und Verleumdungen aufgekocht und dann den Menschen, die dafür offen sind, dargereicht werden. Als ob sie nicht schon genug mit sich und ihrem Körper zu tun hätte, musste sie auch noch diese Schmach erleben. Die Seele befindet sich auf einer Reise mit Höhen und Tiefen. Natürlich würden viele Menschen gewissen Erfahrungen aus dem Weg gehen, wenn sie Kenntnis über das Zeitfenster ihrer Offenbarung hätten. Alles hat jedoch auch seinen Hintergrund, und letztlich können wir nicht wirklich angegangen werden. Es wird höchstens unsere „Persönlichkeit“ getroffen.

Kleine Kinder interessiert es nicht im Geringsten, was die erwachsenen Zwerge tagtäglich für emotionale Reibereien auf den Weg bringen. Diese Dame hatte also ihre Katzen und ihre Liebe zur Natur. Sie liebte es, wenn die Vögel sangen und träumte von einer gerechteren und liebevolleren Welt. Sie rief mich über die Jahre immer wieder an, und es ging in unseren Telefonaten oft um ihre Katzen. Manchmal auch um ihren Mann und ihre Familie. All die Sorgen und der Kummer offenbarten ihr auch einen Segen: Ihr Vertrauen in die göttliche Heilkraft erfüllte nach und nach ihr ganzes Wesen. Eine streng katholische Kindheit hatte bei Frau B. zu einem großen Misstrauen gegenüber dem Gott des Alten Testaments geführt, von dem die „christlichen" Kirchen predigen. Sie erfuhr erst durch unsere Telefonate und die damit einhergehenden Wunder *(so nannte sie die außergewöhnlichen Heilungen/Entstörungen)*, dass der Gott *(Vater)* von dem Jesus im Neuen Testament spricht, in Wahrheit *Liebe* ist. Heute dankt sie täglich Gott für die Hilfe in ihrem Alltag.

Es gab eine besondere Begebenheit, die ihren Glauben an Gott festigte. Wie wir wissen, handelt dieses Kapitel von der Dame mit den vielen Katzen. So war es denn auch eine ihrer Katzen, die ihr diese Erfahrung schenkte. Dabei handelte es sich um einen betagten Kater, wie sie sagte, einen ganz besonderen. Sie rief mich an und bat wieder einmal um Hilfe. Ich sagte ihr daraufhin: *„Es scheint, dass sich ihr Kater wohl so langsam von dieser Ebene verabschieden möchte."* Sie sagte, sie könne das nicht mit ansehen, weil sie der Meinung sei, er leide. *„Liebe Frau, er leidet nicht. Es ist eine Vorbereitung auf seine Reise. Katzen stellen dann die Nahrungsaufnahme ein und ziehen sich zurück. Sie schlafen dann meist sehr viel und irgendwann wachen sie nicht mehr auf."*

Sie sagte mir, dass sie ihn einschläfern lassen möchte. *„Warum?"*, fragte ich sie, *„Möchten SIE vielleicht eines Tages eingeschläfert werden?"* Ich bat sie, das Körbchen des Katers in der folgenden Nacht mit in ihr Schlafzimmer zu nehmen, dann könne Kater B. in Frieden und in ihrer Nähe einschlafen. Sie würde dann schon sehen, warum sie es so machen sollte. In dieser Nacht schlief also Kater B. im Schlafzimmer der Dame.

Am kommenden Morgen rief mich Frau B. an und erzählte ganz aufgeregt, was sie in der Nacht erleben durfte. Sie weinte vor Freude und erzählte mir, dass sie am Körbchen von Kater B. gewacht hatte. Sie sagte, er schlief ganz friedlich, und irgendwann nach Mitternacht, sie war mittlerweile eingeschlafen, wachte sie plötzlich auf. Obwohl im Zimmer kein Licht eingeschaltet war, erschien ihr Schlafzimmer in hellem Licht. Sie sah, wie sich aus dem Leib von Kater B. ein heller Lichtball erhob und langsam schwebend im Raum aufstieg. Sie konnte ihn deutlich wahrnehmen und war sich sicher, dass dies die Seele ihres geliebten Katers war. Sie dankte mir vielmals für dieses Wunder. *„Es ist kein Wunder, Frau B. – es ist Gottes Liebe, die Ihnen geholfen hat.“* Daraufhin sagte sie: *„Das werde ich niemals vergessen und ab sofort werde ich nicht mehr zweifeln.“*

Seit dieser wundersamen Begebenheit hat sich ihr Gottvertrauen deutlich verstärkt, auch wenn sie hin und wieder wankelmütig daherkommt. *„Haben Sie mit sich Geduld und bleiben Sie im Gottvertrauen!“* waren meine Worte, die ich ihr bei Gelegenheit immer wieder sagte. Ja, in der Wiederholung offenbart sich so manche Perle der Weisheit bzw. der Erkenntnis.

4. ICH BIN hier und ICH BIN dort, oder: der Mann, der aus dem Nichts auftauchte

Es war eine Begegnung, die mir, wie schon so oft, die Augen öffnete. Es geschah genau im richtigen Moment, und die Figur „Neo“ *(aus dem Film „Matrix“*) spielte darin eine besondere Rolle.

Wir werden nun gemeinsam eine kleine Reise in die Vergangenheit unternehmen. Diese außergewöhnliche Begebenheit ereignete sich vor vielen Jahren in einem bekannten Fachmarkt für Elektronik. Bis zu diesem Ereignis war mein Alltag, wie meist, von meiner Mission erfüllt. Es machte mir Freude, zum Wohle der Menschheit zu arbeiten. So gab es auch Tage, an denen ich meine Arbeit hinwerfen wollte, weil ich immer wieder mit ansehen musste, wie viele Menschen sich selbst in eingefahrenen Gewohnheiten gefangen hielten. Es gab natürlich auch Menschen, die dies erkannten und in ihrem Leben daher eine Wende vollzogen, doch damals befand sich die Allgemeinheit noch in einem „Dornröschenschlaf“.

Was ich noch nicht wusste: Gott hatte an diesem Tag etwas mit mir vor. Es sollte mir zum wiederholten Male aufgezeigt werden, dass wir uns in Geduld üben müssen. Obwohl meine Frau von mir behauptet, sie habe in ihrem bisherigen Leben noch keinen Menschen getroffen, der solch eine Geduld hat wie ich. Meine Mutter und die Schwiegermutter meiner Schwägerin hatten dies bereits vor sehr vielen Jahren geäußert. Zu meinem Söhnchen habe ich oft gesagt: *„In der Geduld liegt (offenbart sich) die Kraft (Gottes).“* – ein Satz, den viele Menschen kennen, doch nicht immer beherzigen, weil der Alltag den Menschen immer wieder herausfordert. Meine Geduld schien an diesem Tage auch am Ende zu sein, doch hatte ich die Rechnung ohne Gott gemacht. So schien es jedenfalls, obwohl ich weiß, dass die Christuskraft in mir allzeit präsent ist. Gott ist das Leben, und das Leben ist Gott.

Was hätte Jesus, Bruno Gröning oder Petrus getan? Sie hatten auch Tage, an denen sie zweifelten und müde waren. Letztlich konnten sie gar nicht anders, als ihr Werk fortzuführen. Liebe Leserin, lieber Leser, wer von uns erinnert sich nicht an solche Augenblicke in unserem Leben? Es gibt eine Vielzahl von Gründen, die dafür in Frage kommen.

Damit wollte ich dir nur einen kleinen Einblick in meine damalige Gefühlswelt geben, denn meine Gefühle waren der Auslöser für diese Begebenheit.

Als ich in diesem Markt ankam und mich nach dem gesuchten Artikel umschaute, begann sich das Außergewöhnliche zu zeigen. Als ich mich an einem Regal vorbeugte, um einen Artikel näher zu betrachten, hatte ich plötzlich ein eigenartiges Gefühl. Aus diesem Gefühl heraus erhob ich mich, um mich umzudrehen. Da stand er, ein Hüne von Mann. Er hätte die Rolle von Beorn im „Hobbit“ von J.R.R. Tolkien spielen können. (*Beorn war einer jener wenigen Menschen, die zur Zeit von Bilbo Beutlins Reise zum Einsamen Berg (2941 bis 2942 D.Z.) nahe den westlichen Säumen des Düsterwaldes in Wilderland lebten. Er ernährte sich rein vegetarisch. Er war groß, hatte starke Arme und Beine und einen langen schwarzen Bart. Seine Kleidung bestand aus einer wollenen Tunika, die bis zu seinen Knien hinabreichte. Beorn war ein Pelzwechsler, der die Macht besaß, sich in einen großen schwarzen Bären zu verwandeln, Tolkien bezeichnet ihn als „zweifellos ein bisschen so etwas wie ein Zauberer“.)*

Dieser Hüne hatte lange, schwarze Haare, und seine Kleidung passte nicht so ganz in die heutige Zeit. Er stand da, schaute mir tief in die Augen und fragte mich plötzlich: *„Können Sie mir bitte helfen? Ich suche eine Neonlampe.“* Dieser Hüne dachte wohl, ich sei ein Angestellter dieses Fachmarktes, wozu jedoch meine Kleidung keinen Anlass gab. *„Da kann ich Ihnen nicht weiterhelfen. Ich bin auch nur eine Kunde. Meines Wissens gibt es in diesen Märkten keine Neonlampen. Sie suchen womöglich nach einer Leuchtstoffröhre …“*, war daraufhin meine Antwort auf seine Frage. Er wiederholte seine Frage nochmals, doch dieses Mal in einem energischeren Ton: *„Ich suche eine Neonlampe.“* Ich sah in seine Augen, und irgendwie kam mir das alles unwirklich vor. Was macht man, wenn man eine solche Frage gestellt bekommt und nicht weiterhelfen kann? Ich empfahl ihm, einen Fachberater nach dem gewünschten Artikel zu fragen. Ich schaute mich um und sah einen Fachberater in nicht allzu weiter Entfernung. *„Schauen Sie, da ist ein Mitarbeiter vom Markt. Fragen Sie doch den nach einer Neonlampe."* Ich wünschte ihm noch einen schönen Tag. Er schaute mir erneut tief in die Augen, und ich spürte diese mir vertraute, außergewöhnliche Energie. Er lächelte, bedankte sich bei mir und ging dann in Richtung des Mitarbeiters. Ich drehte mich zu meiner Frau um, die mittlerweile wieder bei mir war, und wir wechselten einige Worte. Gleich darauf schaute ich wieder in Richtung dieses Mannes, doch er war spurlos verschwunden – obwohl es nur Sekunden waren, in denen mein Blick von ihm abgewandt war. Er hätte in dieser Zeitspanne gerade so den Fachberater erreichen können, doch er war so plötzlich verschwunden, wie er hinter mir aufgetaucht war. Dies beschäftige mich, weil sich wenige Augenblicke, bevor mir dieser Mann erschien, ganz kurz eine Stromstörung ereignet hatte. Für Sekunden fielen die Fernseher aus, und das Licht flackerte. Es wurde mir erst jetzt bewusst, dass diese Begebenheit mit meiner Person zu tun hatte. In diesem Moment erinnerte ich mich an meinen Traum vom vergangenen Morgen. Es fiel mir wie Schuppen von den Augen. Eine sonore Stimme sagte zu mir: *„Neo"*, und weiter sagte sie: *„deine Mission ist von erhebender und notwendiger Bedeutung."*

Dieser Traum zeigte mir also deutlich meinen Auftrag hinsichtlich der Erde und der Menschheit, doch ich war an einem Punkt angekommen, an dem ich alles hinwerfen wollte. Ich fühlte mich ausgebrannt und müde. So ergeht es vielen Menschen, und dieser Gemütszustand kann viele Ursachen haben! Doch wie so oft, wenn im Leben scheinbar nichts mehr geht: *„Wenn du meinst, es geht nicht mehr, kommt von irgendwo ein Lichtlein her."* Mein Traum und auch dieser Hüne waren meine Lichtlein in diesem Alltag. Gott in seiner bedingungslosen Liebe öffnete mir wieder einmal die Augen. Nach diesem Ereignis war ich wieder auf Kurs. Irgendwoher kannte ich diesen Mann, und mir war bewusst, er kam von einer mir bekannten Ebene. Diese Geschichte möchte dich ermutigen, falls auch du einmal an solch einen Punkt ankommen solltest. Dies zeigt uns auch deutlich auf, dass Gott immer mit uns ist, und dass die Worte „*ICH BIN hier und ICH BIN dort*“ eine Wirklichkeit unserer wahren Natur ist. Für ein göttliches Wesen gibt es kein „Unmöglich“.

5. Schmerzfrei über Nacht

Im Laufe der vielen Jahre meiner Arbeit mit Menschen, Tieren und diversen Alltagsbegebenheiten kann ich erkennen, dass sehr vielen Menschen eine Heilung durch die göttliche Kraft geschenkt wurde und wird. Es hat sich eben auch gezeigt, dass wir, wenn wir als menschliche Wesen mit einem göttlichen Wesenskern dieser allumfassenden Liebe folgen, im rechten Moment Hilfe erhalten. Hierfür gibt es alle möglichen Beispiele, und ob dies bewusst oder unbewusst geschieht, sollte uns nicht kümmern. Es ist unsere Reise der Selbsterkenntnis mit Höhen und Tiefen. Sind wir in einem Tal, nun, dann sei gewiss, dass der Augenblick sich dir offenbaren und die strahlende Sonne der Liebe sich dir zeigen wird. Es gibt Menschen, die sich dieser Tatsache bewusst sind, und sie haben ihr Leben danach ausgerichtet, doch sie wissen auch, dass außergewöhnliche Ereignisse wie aus heiterem Himmel in ihrem Leben auftauchen können. Doch wir sind nach dem Bilde und Gleichnis Gottes erschaffen worden, und sollten daher immer, wenn wir gefordert sind, die innere Ruhe bewahren. *„In der Ruhe offenbart sich die Kraft Gottes."* sind wahrlich weise Worte.

Mit einem ausgeglichenen Selbstvertrauen meistern wir jede Hürde. Das Leben ist ein Geschenk der Liebe und es wird uns immer lieben! Vielleicht bist du noch nicht so selbstbewusst und wärst es gern, doch auch das ist in Ordnung, weil in dir das Göttliche anwesend ist. Es passt auf dich auf, es liebt dich, und so brauchst du ihm nur zu vertrauen. Wenn du dann doch mal hinfällst, so steh einfach wieder auf und nimm all deinen Mut zusammen. Du wirst es erleben, es funktioniert, da ist etwas in dir, das dich sehr liebt. Lass dich nicht von den Meinungen deiner Mitmenschen oder vom gesellschaftlichen „Bewusstsein" beeindrucken. Bleibe deinem Herzensweg treu. Auch wenn er dich vielleicht in eine Sackgasse führt, so ist dies deine Entwicklungsreise, die du in deiner Blaupause selbst gewählt hast.

Auch wenn es für viele Menschen noch nicht so wirklich nachvollziehbar ist, so können wir doch erkennen, dass wir Menschen durch unsere vielen Erfahrungen im Laufe unserer Inkarnationen reifer werden. Wir sind ja im Grunde Zeitreisende mit einem ewigen, grenzenlosen Leben. Als unsterbliche Seelen haben wir immer wieder einmal ein anderes Menschengewand gewählt, um auf dieser Reise alles, was wir wünschen, erfahren zu dürfen. Wir bilden uns diese Sterblichkeit nur ein, weil wir jeden Tag die Frucht vom Baum der Erkenntnis aufnehmen, obwohl sie nur in den äußeren, relativen Dingen zu finden ist. Blicken wir in uns hinein, so können wir bei klarer, ungestörter Sichtweise das blühende, ewige Leben erkennen. Im wankelmütigen Äußeren sind wir verletzlich und störungsanfällig, weil wir den Dieben in unserem Königreich Raum geben – einem Königreich, das nicht von dieser Welt ist und das so hell strahlt, dass es, wenn es sich uns zeigt, die allermeisten Menschen blenden würde. Geben wir also unser Leben in die Hand Gottes und vertrauen auf seine Führung und Liebe.

Mit jedem Aufstehen wird uns eine Erkenntnis geschenkt, und wenn wir sie zu einer Perlenkette der Weisheit auffädeln, so wird unser Leben wie eine duftende Rose erblühen. Wir haben an jedem Tag die Möglichkeit, diese bedingungslose Liebe zu erfahren, sie zu leben und in die Tat umzusetzen.

Was hat das alles mit einer schmerzfreien Nacht zu tun? Die Menschheit durchwandert auf ihrer Bewusstseinsreise eine dunkle Nacht, deren goldener Morgen bereits am Horizont erkennbar ist. Mit einem erwachten Selbstvertrauen erkennen wir dann auch, dass kein Mensch jemals wirklich vom anderen getrennt war, da alles der Geist Gottes ist – ein Einssein und eine Liebe. Es fügt sich zusammen, was nie wirklich getrennt war. Mit diesem Bewusstsein haben wir eine segensreiche Einstellung, um diese dunkle Nacht des Erwachens schmerzfrei zu durchwandern, obwohl es auch körperliche Störungen geben wird. Es ist unsere Einstellung, die uns als menschliches Individuum in das All-Bewusstsein transformieren wird.

Wer in der Störung *(Krankheit)* lebt und dieser Blume immer wieder Nahrung gibt, der wird sie wachsen sehen. In der seligen Natur gedeihen all die Pflanzen und Bäume, weil sie von dem, was sie zum Wachstum brauchen, umgeben sind, gleich, ob im Erd- oder im Luftreich. Oft bedarf es in unserer konditionierten Welt eines Fachkundigen – eines Gärtners, eines Landwirts, eines Forstwirts – und von diesen Helfern gibt es noch einige mehr. All die Heiler, die im Grunde gar nicht heilen, denn alles Heil kommt von Gott. Es ist eine unendliche Melodie der Grenzenlosigkeit, die in unserem Herzen, unserer Seele und unserem Geist wohnt. Wir können unseren Mitmenschen ein kraftvolles Licht sein, wenn wir bei uns selbst beginnen, diese bedingungslose Liebe im Alltag leben und unseren Geist von all den Widersprüchen befreien! Die All-Liebe ist so ansteckend, dass sie alle Störungsfelder transformiert. Sie ist Leben.

Eines Tages rief mich eine Dame an. Sie klagte über starke Schmerzen im gesamten Körper und sagte mir, dass sie dieses Leiden bereits seit Monaten begleite. Sie sagte, die Nächte seien eine Herausforderung, da sie vor Schmerzen oft nicht schlafen könne.
Sie wollte keine Schmerzmittel mehr einnehmen, weil sie davon Magen- und Darmprobleme bekam. Das Telefonat berührte ihren Wesenskern, und wenn ein Mensch dies fühlt, so wird er ruhig, und der Heilige Strom beginnt, die Störungen zu beseitigen. Was war geschehen?

Ihr atomischer Körper synchronisierte sich in diesen Augenblicken mit der grenzenlosen Christusfrequenz, die sich ihr über das Medium „Stimme“ offenbarte. Ihr Geist-Körper-System öffnete sich bereitwillig dieser Energie, die sich durch die geführten Worte in ihr Sein ergoss. Ihre konditionierte Persönlichkeit war durch ihre Ergriffenheit und ihre Berührtheit in diesen Augenblicken abgemeldet! So konnte die anwesende Christuskraft in ihrem Herzen und Sein das gesamte Nervensystem in die göttliche Ordnung erheben. In diesen besonderen Momenten waren alle Widersprüche in ihrem Geist nicht mehr anwesend. Ihr Wesen war in bedingungslose Liebe und Demut getaucht! Diese unbeschreibliche, allumfassende und alles durchströmende Frequenz ist die Lebenskraft. Vergangenheit und Zukunft existieren in solchen Momenten nicht mehr im Geist eines Menschen, der eine derartige Erfahrung erleben darf. Hier und jetzt, die Allgegenwart, ist unbefleckt und frei von allen Widersprüchen – ein grenzenloses Nichts!

Ein einfaches Beispiel: Die Elektrizität, die im Stromkreislauf einer Hausinstallation fließt, ist im Grunde nicht ein Teil der All-Liebe, gleich der intelligenten Lebenskraft, sondern sie ist mit der Lebenskraft (dem Lebensstrom) *eins*.

„Ich und der Vater sind eins." (Johannes 10, 30)

Jesus war also auch Elektriker und nicht nur Zimmermann, denn er sagte: *„Glaubst du nicht, dass ich im Vater bin und der Vater in mir? Die Worte, die ich zu euch rede, die rede ich nicht aus mir selbst. Der Vater aber, der in mir bleibt, der tut seine Werke."* (Johannes 14, 10)

Jesus war und ist auch Geisteswissenschaftler und Genius, der nicht nur über einen hundertprozentigen Glauben verfügt, sondern der diesen Glauben auch im Leben praktisch in die Tat umsetzt.

Diese All-Liebe bzw. unbeschreibliche intelligente Kraft beginnt einfach, im Hintergrund zu wirken. Wenn eine Glühbirne einen freien Willen hätte, dann würde sie vielleicht auch einmal an der Stromquelle zweifeln. Tatsache ist, das sie von uns als Schöpfermedium Gottes so konstruiert *(erschaffen)* wurde, dass sie, wenn der Strom fließt, sofort leuchtet. Wir leuchten im Grunde *auch*, doch aufgrund unseres freien Willens erschaffen wir Störungen in unserem Geist und in unserem Körper. Kommt jetzt ein kraftvoller Entstörer ins Spiel, verschwindet durch dessen Einwirken die Störung, wenn eine echte Verbindung aufgebaut wurde. In einem Telefonat oder einem persönlichen Gespräch ist es meist die Stimme des einen Menschen, die einem Vertrauen einflößt. Doch auch diese Erklärung ist nicht wirklich stimmig, denn was sich bei einem solchen Prozess offenbart, ist eine allumfassende Liebe. Die Stimme eines Menschen ist genauso die Stimme der einen Quelle, weil

es in derartigen Momenten keine Trennung geben kann, denn Gott ist grenzenlos.
So war es auch mit dieser Dame – sie hörte von mir nichts über Krankheit, sondern von Lebensfreude und Gottes Liebe. In diesen Augenblicken sind wir ein Kollektiv der Liebe – ein Einssein! Am nächsten Morgen rief sie mich an und war voller Freude. Sie sagte: *„Ich habe schon so lange nicht mehr so angenehm geschlafen und bin dann auch noch schmerzfrei aufgewacht. Die Schmerzen sind weg."*

Im Laufe der Jahre traten bei dieser Dame aufgrund von privaten Herausforderungen immer wieder Phasen auf, die zu Störungen im ihrem Körper führten. Ob es nun Schmerzen im Rücken oder im ganzen Körper waren oder auch ein Tumor. Unsere Telefonate und die Gnade der göttlichen Quelle erweckten über all die Jahre hinweg in ihr ein starkes Gottvertrauen und ein damit einhergehendes Selbstvertrauen. Ich kann jetzt nicht behaupten, sie wäre vollkommen frei von körperlichen Störungen, doch sie hat bereits vieles gemeistert. Jetzt heißt es, weiterhin Geduld mit sich selbst zu haben und weiterhin am Selbstvertrauen zu arbeiten. Nach und nach wird es zu einem Bewusstsein werden, was ihr einst außergewöhnlich oder gar unmöglich erschien.

Mit Gott gibt es kein Unmöglich! Wir haben alles selbst in der Hand. Hilf dir selbst, dann hilft dir Gott. Du bist der Gärtner, die Gärtnerin in deinem Garten. Du bist selbst dafür verantwortlich, inwieweit Störungen deinen geistigen Garten überwuchern, oder wie er im Selbstvertrauen und ohne Störungen erblüht.
Diese Dame arbeitet jeden Tag an sich. Sie betet und befasst sich bewusst mit dem Göttlichen, indem sie ihre Welt mit liebevollen und dankbaren Augen anschaut. Nicht jeder Tag ist gleich, doch wo ein Wille ist, da offenbart sich ein Weg. Nicht verzagen, lieber bei Gott in uns nachfragen. Diese Dame ist ein Vorbild, weil selbst außergewöhnliche Lebensstürme sie nicht vollständig aus der Bahn werfen konnten.

Heute sagt sie: „*Wenn ich Sie nicht gehabt hätte, wäre ich nicht mehr hier.*“ Was können wir auf solche Worte antworten? „*Liebe Frau, danken Sie allein Gott, denn alles kommt von Gott. Ich verbinde und künde von dieser Quelle.*“

6. *Schlafen wie „auf Wolke sieben"*

Wer wünscht sich nicht einen erholsamen und entspannten Schlaf? Hier gibt es natürlich eine Vielzahl von unterschiedlichen Schlafgewohnheiten. Im Zeitalter der Industrialisierung gehen viele Menschen nicht mehr mit den Hühnern schlafen. Es wurde ein Mehrschicht-Arbeitssystem erschaffen, das die Produktion von Gütern für den unersättlichen Bedarf der Gesellschaft gewährleistet. Diese Gewohnheit ist im Verlauf der vergangenen Jahrhunderte planvoll herangezüchtet worden. Der Körper des Menschen hat sich daran gewöhnt. Wir können erkennen, dass der Alltag einem Hamsterrad gleicht, in dem wir Menschen uns bereitwillig so lange abstrampeln, bis eines Tages in unserem Geist-Körper-System die Lichter ausgehen. Dadurch hat sich auch das Schlafverhalten vieler Menschen verändert. Obwohl wir manchmal müde sind, verdrängen wir diesen biochemischen Prozess in unserem Körper. Es gibt hier verschiedenste Möglichkeiten, um das Schlafverhalten unseres Körpers zu beeinflussen: ob Kaffee, eine kalte Dusche, irgendwelche aufputschende Substanzen oder andere „persönliche Heilmittel".

Das Geist-Körper-System des Menschen durchläuft einen natürlichen Aufstiegsprozess, dem er sich nicht entziehen kann. Im Allgemeinen folgen viele Menschen den an die Oberfläche kommenden Körpersymptomen, obwohl die Ursache immer im Geiste zu finden ist. Wenn sich der Schmerz als Alarmglocke meldet, so wird meist der Körper einer äußerlichen Behandlung unterzogen. Dies ist ein lukratives Geschäft mit dem Menschen als „Produkt". Nicht zu vergessen auch das, was wir Menschen durch die verschiedensten Experimente unseren kleinen Geschwistern, den Tieren, angetan haben. Es gibt sicherlich noch eine Menge weiterer Entgleisungen, doch das, liebe Leserin, lieber Leser, überlasse ich deiner eigenen Beobachtungsgabe.

Kommen wir jetzt wieder zum entspannten Schlaf.

Im Laufe der Jahre baten mich viele Menschen wegen Einschlafproblemen um Hilfe. Frau K. aus Schleswig-Holstein rief mich ei-

nes Tages an und erzählte mir, dass sie ein Unternehmen zu führen habe und sich zur Zeit einigen Herausforderungen gegenüber sehe. Vor Kummer und Sorgen habe sie Einschlafprobleme und insgesamt einen unruhigen Schlaf. Sie erzählte mir in kurzen Sätzen von ihrem Kummer. Sie sagte dann zu mir, sie sei dankbar, dass sie mich anrufen könne, und allein meine Stimme beruhige sie und ihr atomischer Körper synchronisierte sich dabei *(siehe Kapitel 5, S. 201)*. Das Telefonat zog sich etwas hin und hatte eine wohltuende Wirkung auf den Gemütszustand dieser Dame. Das hatte zur Folge, dass sie mich am nächsten Abend wieder anrief. Sie sagte mir, sie habe lange nicht mehr so angenehm geschlafen und sei am Morgen mit Freude und Elan aus ihrem Bett gehüpft.
Wochen später rief sie mich erneut an und berichtete mir, was seit unserem Telefonat geschehen war. Sie sagte: *„Es ist erstaunlich, und ich kann es mir nicht erklären. Die Dinge, die mir Kummer bereitet haben, haben sich plötzlich aufgelöst."* Es mag für viele mit der allgemeinen menschlichen Sichtweise nicht nachvollziehbar sein, doch es gibt eben Dinge zwischen Himmel und Erde, die unerklärlich erscheinen. Denken wir hier an Jesus Christus, Bruno Gröning, Maria Magdalena und die vielen anderen außergewöhnlichen Menschen. *Es gibt kein UNMÖGLICH!*

Wir haben es selbst in der Hand und dürfen einfach selbst zur Erkenntnis gelangen, anstatt andere für uns denken zu lassen. Wir folgen den „Möhren" eines konditionierten gesellschaftlichen Bewusstseins. Auch diese Dame erwähnte die Ruhe und Kraft, die sich von meiner Stimme *(der Christuskraft in mir)* auf sie übertragen hatte. Es waren die ausgeglichen Frequenzen, die sie aufgenommen hatte, denn wie wir bereits wissen, kennen Gedanken keine Grenzen.
Die heutige Wissenschaft ist dabei, diesem Thema größere Aufmerksamkeit zu schenken. Das Weltliche vermählt sich mit der geistigen Wissenschaft! Es wird an die Öffentlichkeit kommen, was dem Menschen im Verborgenen vorenthalten wurde.

Liebe Leserin, lieber Leser, beherzige stets das folgende Wort: *„In der Ruhe liegt die Kraft, ein unruhiges Herz wird unseren Schlaf beeinflussen."*

Es gibt weitere Beispiele, die für einen entspannten Schlaf förderlich sind. Wenn wir einen ausgedehnten Spaziergang in der Natur machen, beruhigen sich unsere Nerven. Bäume und auch Pflanzen geben verschiedenste chemische Stoffe ab. Zum Teil sind es Duftstoffe, die ihre umgebende Atmosphäre erfüllen. *(Zu den Duftstoffen gehören mehrere tausend Stoffe, die Terpene. Einige können wir bewusst intensiv wahrnehmen, andere wirken im Hintergrund. Ein bekanntes Terpen ist Limonen, es kommt zum Beispiel in den Schalen von Zitronen vor. Bäume verströmen Terpene, um nützliche Insekten auf Schädlingsbefall aufmerksam zu machen und diese anzuziehen, oder um andere Bäume zu warnen, damit diese ihre chemischen Schutzmechanismen aktivieren.)*

In der Welt von Flora und Fauna dienen sie zum Beispiel der Kommunikation. Wir könnten dies auch als globales grünes Immunsystem bezeichnen, das auch auf uns Menschen eine heilende Wirkung hat. Bei einem Waldspaziergang reinigt sich das uns umgebende Energiefeld. Verschmutzungen werden, wie in einem Vollwaschprogramm, nach und nach herausgelöst. Das aurische Feld eines Menschen klärt sich auf, und somit kommt es zu einer Entspannung der Nerven. Das menschliche Immunsystem erholt sich, und wir fühlen uns danach leichter *(befreiter)*. Voraussetzung ist jedoch, dass wir uns auch mit Leib und Seele auf solch ein Waldbad einlassen. Was wir in der Natur erreichen können, funktioniert bei vielen Menschen auch mit einem angenehmen Bad. Geben wir zum Badewasser ätherische Öle hinzu und entspannen uns darin unter warmem Licht, dann wird diese Atmosphäre unsere körperlichen Sinne berühren. Unser Körper wird es dankbar annehmen. Das Gleiche erreichen wir auch durch eine entspannende Meditation. Die Möglichkeiten im Entspannungsbereich sind vielfältig. Ob wir einer angenehmen und ruhigen Stimme lauschen oder beruhigende Musik hören – sei kreativ und höre auf deine innere Stimme. Sie weiß immer, was für dich ein Segen ist.

Mir sind Menschen bekannt, die von sich sagen, dass sie sich durch Fahrradfahren, Joggen oder sonstige Freizeitaktivitäten entspannen können. Eine weitere Erfahrung, die vielen bekannt sein wird, ist, dass wir uns tatsächlich entspannen, wenn wir mit Freude bei der Arbeit sind.

Frau W. von der hessischen Bergstraße rief mich eines Tages an. Sie hatte die Telefonnummer von einer Freundin bekommen. Sie erzählte mir von ihrer Tochter und deren Einschlafproblemen, deren Ursache sie nicht ergründen könne. Darauf möchte ich an dieser Stelle nicht näher eingehen und verzichte auf eine genauere Schilderung. Auch hier führte unsere Unterhaltung zum gewünschten Resultat. Im Laufe des Gesprächs kam Ruhe und Frieden in die Stimme der Mutter, was sich hernach auch auf ihre Tochter übertrug. Dieses Schema können wir bei Eltern und Kindern sehr oft beobachten. Sind Eltern in der Ruhe bzw. in einer ausgeglichenen Freude, so übertragen sich deren Frequenzen auch auf ihre Kinder. Gleiches geschieht natürlich auch bei allen anderen Menschen, sowie auch bei Tieren.
Die ausgeglichenen Frequenzen von Frau W. wirkten sich auf das Geist-Körper-System ihrer Tochter beruhigend aus, und so hatte die kleine Tochter einen wahrlich himmlischen Schlaf. Frau W. erzählte mir einige Zeit darauf in einem weiteren Telefonat, dass der Schlaf ihrer Tochter seit vielen Wochen ausgeglichener sei. Wir sehen daran, dass ein starker Sender seine Wirkung nicht verfehlt.

Auch Bruno Gröning war ein solcher Empfänger und Sender. Wir können es ihm nachtun, indem wir den göttlichen Strom aufnehmen und ihn dann einfach dahin weitergeben, wo er benötigt wird. Der göttliche Strom kommt aus der einen Quelle und er wird niemals versiegen. Er ist das LEBEN. Jesus Christus ist ein leuchtendes Beispiel dafür. Wir müssen auch nicht einem Verein oder einer Gemeinschaft beitreten oder einem Guru folgen. Es ist jedem selbst überlassen, welchem Weg und welchen Vorbildern er auf seiner Entwicklungsreise folgt. Ein Mensch bestimmt selbst, wann eine Erfahrung beendet ist.

Kinder sind das überzeugendste Beispiel für diese Lebenskraft: Sie leben diesen Strom *(Lebenskraft)* und geben ihn in ihrer Freude an ihre Mitmenschen weiter. In meinen Gesprächen sage ich oft: *„Betrachten Sie Ihre Welt doch einfach einmal mit den Augen eines Kindes und entlassen Sie dann Ihre komplizierten Gedanken aus Ihrem Leben."*

Der Grund, warum wir oft nicht entspannt schlafen können, liegt in der Unruhe in unserem Nervensystem und in unserem komplizierten Denken. Wir hasten durch diese Welt von einem Pferch in den nächsten und wir folgen einer aufgeblähten, oberflächlichen Verbildungswissenschaft, die wir selbst jeden Tag als Geistesnahrung aufnehmen und noch dazu unseren Kindern aufdrängen – oft unter Androhung verschiedenster unangemessener Maßnahmen.

„Wir erschaffen durch unsere Gedanken unsere eigene Folterkammer."

Wenn wir eine liebevollere und wirklich freie Welt möchten, so sollten wir bei uns selbst beginnen, etwas zu verändern, was diese Vision unterstützt. Betrachten wir die einfache Natur, so können wir sehr wohl erkennen, wie wir einen entspannten Schlaf erreichen können. Wir sind im Grunde geniale Wesen und können selbst das Unmögliche ins Leben rufen. Machen wir uns nicht von irgendetwas oder von irgendjemandem abhängig, sondern besinnen wir uns einfach nur auf unser göttliches Selbst.

Setzen wir dies in die Tat um, so erleben wir erstaunliche Veränderungen in unserem gesamten Leben!

7. Die Dame, die die Treppe hinunterstürzte

Eines Tages rief mich eine mir persönlich bekannte Dame an. Sie hatte bis zu diesem Tage bereits über achtzig Lenze in dieser Inkarnation erleben dürfen. Sie war eine feinfühlige und geistig offene Dame, liebte die Poesie und das Leben.

Vor einigen Jahren wechselte ihr Mann die Ebene, also lebte sie fortan „all-ein" in ihrem Haus. Sie war überzeugt davon, dass sie eines Tages ihren Mann wiedersehen würde. Wir telefonierten von Zeit zu Zeit, und manchmal besuchte ich diese Dame. Sie war fasziniert von der Lehre Christi. Aufmerksam folgte sie meinen Ausführungen bzgl. dieser Lehre. Obwohl ihr zierliches Wesen auf so manchen Menschen einen gebrechlichen Eindruck machte, war sie noch flink und beweglich. Im Grunde war sie noch voller Tatendrang. Ihre Kinder konnten ihrer Sichtweise nicht in Gänze folgen; für diese waren Mamas Gedanken Hirngespinste. Sie ließ sich davon jedoch nicht beeindrucken.

Eines Tages rief sie mich aufgeregt an und sagte mir, sie sei in einer Klinik, weil sie in ihrem Haus die Treppe hinuntergestürzt war. Dabei sei sie auf die Schulter gefallen und habe sich einen komplizierten Splitterbruch zugezogen. Wir wissen aus Erfahrung, dass Menschen über achtzig Jahre anfällig für Oberschenkelhalsbrüche sind. Für sie war es ein Wunder, das sie stattdessen die Schulter gebrochen hatte. Im Telefonat bat sie mich um göttlichen Beistand. Ich hatte bereits in vorangegangenen Kapiteln über die Ruhe geschrieben, und was sie bewirken kann. Also beruhigte ich die Dame und machte ihr Mut, dass es mit Gottes Hilfe *(mit dem göttlichen Selbst in ihr)* kein Unmöglich gibt. Es war zwar ein Splitterbruch, doch auch diese komplizierte Knochenfraktur kann sich wieder ganz zusammenfügen. Ich *(ICH BIN)* kam ihrer Bitte nach und stellte mich auf sie und die bevorstehende Operation ein.

Ich sagte zu ihr: *„Bleiben Sie bitte im Gottvertrauen."* Wir beendeten das Telefonat und ich überließ sie Gottes Liebe. Nachdem ich *(ICH BIN)* mich auf sie eingestellt hatte und deutlich die Genesung ihrer Schulter gesehen hatte, ließ ich dem Heilungsprozess seinen freien Lauf. Nach acht Tagen rief sie mich nochmals an und berichtete mir voller Staunen und Dankbarkeit, dass sie bereits am darauffolgenden Montag wieder heimgehen könne. Das klingt extrem ungewöhnlich – und das ist es auch, denn diese Heilung geschah außerhalb der weltlichen Anschauung! Die Ärzte nannten es ein „Wunder".

Der Splitterbruch war nach der Operation innerhalb kürzester Zeit wieder zusammengewachsen. Sie war in ihrem Glauben bestärkt worden und wusste nun, mit Gott ist alles möglich. Dieses Beispiel zeigt uns ganz deutlich, dass es immer eine Möglichkeit gibt. Wir müssen nur unserem wirklichen Selbst vertrauen. Unsere vielen Gespräche und so mancher Spaziergang mit dieser Dame hatten ihr Selbstvertrauen wachsen lassen. Auch wenn es in ihrem Leben hier und da eine Herausforderung gab, so ließ sie sich davon nicht abhalten, an ihrem Glauben festzuhalten.

Als ihre glorreiche Erdenzeit fürs Erste beendet war, nahm sie all die Erkenntnisse und Weisheiten mit auf die Ebene ihrer Glückseligkeit. Ihr Wissen und ihre Weisheit werden ihr in der kommenden Inkarnation ein Segen sein!

8. *Was ist mit den vielen umherirrenden Seelen?*

Über dieses Thema wurde und wird viel diskutiert und geschrieben. Aus Erfahrung wissen wir, dass viele Menschen irgendwelchen Menschen folgen, die letztlich mit der Astralebene kommunizieren. Doch wer macht sich schon Gedanken darüber, dass sich Wesen der Astralebene auch als andere Seelen ausgeben könnten? Diese Nachrichten klingen nicht nur verlockend! Manche Seelen sind zwar in der Lage, uns eine Menge Informationen zu liefern, doch ihre Aussagen sind meist eine Täuschung.

Schauen wir uns jetzt einige mir bekannte Annahmen etwas näher an. Mir ist diesbezüglich in den vergangenen Jahrzehnten so manche Seele begegnet. Diese Erscheinungen ereigneten sich an den unterschiedlichsten Orten. Im »Handbuch für Götter« habe ich so manche Begebenheit angesprochen. Kommen wir auf einige dieser Erscheinungen zurück.

Die Gedenkstätte Heldenhain bei Beerfelden ist zum Gedenken an die Gefallenen aus dem Ersten und Zweiten Weltkrieg sowie auch aus dem Deutsch-Französischen Krieg von 1870/71 errichtet worden. Vor einigen Jahren wanderten ein guter Freund und ich im Odenwald mit dem Ziel, den Galgen bei Beerfelden zu besuchen. Die Idee kam von ihm, er hatte eine Eingebung, dass der Heldenhain und der Beerfelder Galgen meinen Segen dringend nötig hätten. So wanderten wir bei wechselnden Wetterverhältnissen durch Wald und Flur, bis wir am späten Nachmittag den idyllisch gelegenen Heldenhain erreichten. Wir folgten einem kleinen Weg bis zu einem zentralen Platz. Bei den Gedenkkreuzen vor uns verspürte ich unterschiedliche Energien, teilweise bedrückend und dann auch wieder Frieden. Es waren noch Seelen vor Ort, und auch das mit ihnen verbundene Leid der Hinterbliebenen. Auch kann ich mich daran erinnern, dass nicht alle drei Gedenkstätten gleich belastet waren. Bei zwei Kriegen war das Seelenleid stärker anwesend, und bei einem offenbarte es sich deutlich geringer. Es war sogar Frieden

zu spüren. So machte ich mich im Namen Gottes an die Arbeit. Es begann eine lebhafte Kommunikation mit den rastlosen Seelen vor Ort. Ich bat die göttliche Quelle um Führung und Erlösung für all die Seelen, die an diesem Ort verweilten. Es waren keine Kampfhandlungen oder emotionale Energien anwesend. Diese Seelen waren durch ihr Bewusstsein an diesen Ort gebunden – es waren im Grunde verirrte Seelen. Nach meiner Arbeit und Gottes Segen kam eine Welle von Frieden und wirklicher Erlösung über diesen Heldenhain. Unsere Mission war vollbracht, und so wanderten wir an Wiesen und Feldern entlang zum Galgenberg bei Beerfelden. Mein Freund J. hatte mir unterwegs die Geschichte von der Zigeunerin erzählt, die man im Jahr 1804 am Beerfelder Galgen erhängt hatte, weil sie für ihr krankes Kind ein Huhn und zwei Laibe Brot gestohlen hatte.
Der Erzählung nach soll sie auf dem Weg zur Richtstätte, als das Volk am heißesten Sommertage stürmisch bergauf drängte, es ihr selbst aber naturgemäß gar nicht pressierte, geschrien haben, sie sei ja die Hauptperson bei dem Spektakel, und der Henker solle ruhig warten, bis er blau würde, er bekäme es ja bezahlt, und das Volk würde noch genug zu sehen bekommen für sein Geld … *„Bevor ich nicht oben bin, geht es doch nicht los!“*

Machen wir es an dieser Stelle kurz, auch hier habe ich mich auf diese Begebenheit eingestellt, und es war nicht nur die Zigeunerin, die noch an diesem Platz weilte. Erwähnenswert ist die Tatsache, dass die Seele der damals erhängten Zigeunerin uns vor Ort in Menschengestalt erschien. Mit den Händen herumfuchtelnd und wild gestikulierend kam sie zu diesem Platz und schaute mich dabei tiefblickend an. Alles Weitere kannst du im »Handbuch für Götter« nachlesen. (S. 66)

Diese Beispiele sind nur zwei von Hunderten in den vergangenen Jahrzehnten, die mir aufgetragen wurden. Es war immer eine göttliche Führung, die mich zu solchen Orten brachte. Ob Burgen, Kriegsschauplätze, Haus- oder auch Menschenbesetzungen, Unfall- oder Freitod, und auch Friedhöfe *(Waldbestattungen und klassische Friedhöfe)*. Sie standen an Straßen, an Flüssen und vielen anderen Orten. Oft winkten sie mir, um mir zu zeigen, dass sie erlöst werden möchten. Sie wussten, dass ich sie sehen konnte. Sie wollten dadurch auf sich aufmerksam machen, doch diese Seelen in Menschengestalt wussten im Grunde gar nicht so richtig, was ihnen geschehen war. Oft war damit ein Schock verbunden. Letztlich konnten alle abgeholt werden, um ins wirkliche Licht überführt zu werden.

Mein lieber Freund und Weggefährte J. wollte mich vor Jahren nach Verdun zu einem Gedenkfest mitnehmen. Er wusste, auch hier gab es Arbeit für mich, doch ich lehnte diese Einladung dankend ab. Ich musste nicht vor Ort sein, um Seelen zu befreien, oder meinst du, Gott bzw. Geist hat etwas mit Zeit und Raum zu tun?

„ICH BIN hier und ICH BIN dort!“ Das ist eine unumstößliche Tatsache, und keine Wissenschaft der Welt wird jemals das Gegenteil beweisen können.

Erinnere dich an Jesus, als er sagte: *„Mein Reich ist nicht von dieser Welt.“*

Zur Information: *Die Schlacht um Verdun war eine der längsten und verlustreichsten Schlachten des Ersten Weltkrieges an der Westfront zwischen Deutschland und Frankreich. Sie begann am 21. Februar 1916 mit einem Angriff deutscher Truppen auf den Festen Platz Verdun und endete am 19. Dezember 1916 ohne Erfolg der Deutschen. Sie hat über 700.000 Opfer gefordert; etwa 300.000 Tote und Vermisste und ca. 400.000 Verwundete. Die Verluste waren bei beiden gegnerischen Armeen enorm. Aufgrund dieser Einladung, die mit einer weiteren Mission verbunden war, nämlich diese Seelen, die sich noch am Kriegsschauplatz aufhielten, zu erlösen, machte ich mich im Namen Gottes erneut an Gottes Werk. Sei gewiss, es waren keine Kämpfe mehr zu sehen, nur Trauer und Leid. Die Seelen waren teilweise wie versteinert und in einem Schocktrauma gefangen. Es wird ja behauptet, dass hier noch Kämpfe stattfinden, was ich von meiner Seite jedoch nicht bestätigen kann. Kämpfe sah ich nur noch in den Seelenanteilen. Es gibt eben eine Menge Aberglauben, und damit einhergehend Unwissenheit.*[4]

So wurden zum Beispiel vor vielen Jahren eine Menge Burgen von einem lieben Bruder von mir gereinigt, der vielen Menschen durch das Neue Testament in der Bibel *(auch er empfing den Heiligen Geist und bekam einen segensreichen Auftrag von Jesus Christus für diese Welt)* bekannt sein dürfte. Es war nicht Jesus. Im Grunde sind nicht wir es, die diese Dinge tun, es ist immer die göttliche Quelle, die das Leben ist.

Diese umherirrenden Seelen finden ihren Frieden, wenn wir uns auch an unsere Wirklichkeit in uns erinnern, anstatt das Relative anzubeten. Die Welt der Materie ist im Grunde Geist. Wenn sich ein globales Erwachen offenbart und der Christus in uns von allen Menschen erkannt wird, so wird es auf diesem Planeten zu einer grandiosen Kettenreaktion der Liebe kommen. Diese wird gleichzeitig auch noch all die Seelen erlösen, die noch verwirrt sind. Liebe ohne Grenzen!

9. Weitere Heilsgeschichten

Bruno Gröning: *„Vertraue und glaube. Es hilft, es heilt die göttliche Kraft!“*[(9)]

Diese Worte sollten wir immer mit unserer ganzen Herzensliebe umarmen. Die göttliche Kraft ist alles Leben, ohne diese Kraft gibt es kein Leben. Bruno Gröning sagte: *„Es gibt vieles, was nicht erklärt werden, aber nichts, was nicht geschehen kann.“* Er hat damit den Menschen an seine göttliche Pflicht erinnert, sich und seinen eigenen Körper, der nicht getrennt vom Ganzen ist, wirklich zu erkennen.

„Ich bin der wahre Weinstock.“ (Joh. 15, 1)

Wenn wir in der Akzeptanz und Gewissheit stehen, so nehmen wir den Christus in uns war, der uns führt, leitet und segnet.

In diesem Kapitel werden wir weitere Heilerfahrungen verschiedenster Menschen beleuchten. Erinnern wir uns auch daran, dass es mit Gott kein „Unmöglich“ gibt.

„Denn bei Gott ist kein Ding unmöglich“ (Lukas 1, 37), und es heißt doch auch: *„Das Reich Gottes ist inwendig in euch.“ (Lk. 17, 21)*

„Gott, unsre Burg
Für den Chormeister. von den Korachitern. Nach der Weise ‚Mädchen‘. Ein Lied. Gott ist uns Zuflucht und Stärke, als mächtig erfahren, als Helfer in allen Nöten. Darum fürchten wir uns nicht, wenn die Erde auch wankt, wenn Berge stürzen in die Tiefe des Meeres; mögen seine Wasser tosen und schäumen und vor seinem Ungestüm Berge erzittern. (Sela) Eines Stromes Arme erfreuen die Gottesstadt, des Höchsten heilige Wohnung. Gott ist in ihrer Mitte, sie wird nicht wanken. Gott hilft ihr, wenn der Morgen anbricht. Völker tobten, Reiche wankten; seine Stimme erscholl, da muss die Erde schmelzen. Mit uns ist der HERR der Heerscharen, der Gott Jakobs ist unsre Burg. (Sela) Kommt und schaut die Taten des HERRN, der Schauder erregt auf der Erde.

Er setzt den Kriegen ein Ende bis an die Grenzen der Erde. Den Bogen zerbricht er, die Lanze zerschlägt er; Streitwagen verbrennt er im Feuer. Lasst ab und erkennt, dass ich Gott bin, erhaben über die Völker, erhaben auf Erden! Mit uns ist der HERR der Heerscharen, der Gott Jakobs ist unsre Burg." (Sela) (Psalm 46)

Der Gott Jakobs ist nicht Jehova, der in Wahrheit ein blutrünstiger Kriegsgott ist. Er ist ein Gott der Liebe, wie auch Jesus Christus es der Menschheit offenbarte. Jehova hat den Kampf um die Menschheit bereits verloren und musste sich zurückziehen, doch im Hintergrund schürte er mit seinen Heerscharen in schwachen Menschen die Gewalt und den Ruf nach kriegerischen Auseinandersetzungen.

Doch das Leuchtfeuer der Liebe ist gleichsam ein Bündnis unter allen Menschen und Sternengeschwistern. Es kann von keiner Dunkelheit überwunden werden. Der Glaube der Menschheit an diese bedingungslose Liebe entfesselt den Christus, der als Ganzes in allem Leben existiert. Unteilbar ist dieser unsere feste Burg.

„Darum, wer diese meine Rede hört und tut sie, der gleicht einem klugen Mann, der sein Haus auf Fels baute." (Matthäus 7, 24)

Das heißt, unser Selbstvertrauen sollte auf dem Fels der bedingungslosen Liebe anstatt auf Sand gebaut sein. Wie oft kommen außergewöhnliche Wellenbewegungen in unser Leben und rütteln heftig an diesem Haus, das auf einem geistigen Fundament errichtet wurde. Wenn der Alltag uns als menschliche Individuen fordert und unsere gewohnheitsbedingten Lebenseinstellungen ins Wanken bringt, so ist ein fester Glaube immer ein Segen. Er führt uns zu frischem Wasser und zu grünen Wiesen.

Heilerfahrungen sind im Grunde genau diese Energieschübe, die von diesem frischen Wasser des Heiligen Stromes stammen. Unser fester Glaube an unser göttliches Selbst, erfüllt vom Geist Christi, ist unser Anker und der goldene Hirte in unserem Sein. Wie oft erleben wir, wie dieser feste Glaube durch andere Menschen in unserem Leben auftaucht. Meist plötzlich und im rechten Moment. Manchmal sind es auch Schriften, Bücher oder einfach eine Wanderung in der Natur. Der Vielfalt an möglichen Boten sind hier keine Grenzen gesetzt.

In meinen Gesprächen, Telefonaten und Briefwechseln *(E-Mails)* mit ratsuchenden Menschen habe ich immer wieder ein bekanntes Zitat eingebracht, das da lautet *(1. Petrus 5, 7)*:

„Alle eure Sorge werft auf ihn, denn er sorgt für euch." In meinen Worten: *„Ich werfe die Last auf den Christus in mir und bin frei."*

Beherzigen wir diese Worte und setzen wir sie in die Tat um, so können wir in diesem Moment eine angenehme Erleichterung in uns fühlen. Bruno sagte ja auch, wenn einem Menschen die Last zu schwer wird, man sie dann ihm geben solle. Die vielen Berichte über Bruno Gröning sind doch Zeugnis dafür, dass wirklich eine Erleichterung in den um Hilfe bittenden Menschen stattfand. Vor allem Jesus selbst ist doch ein überzeugendes Beispiel dafür. Wir können die Last unserer Mitmenschen eine Wegstrecke tragen, doch wir dürfen uns nicht darin verlieren.

Der Mensch kann dies nicht vollumfänglich, doch Christus macht es bereits an jedem unserer Tage in dieser Weise. Christus trägt im Grunde unsere Last jeden Tag, da er durch uns atmet und uns belebt. Diese Last, die uns begleitet, wird von uns genommen, wenn wir sie wirklich an Christus übergeben.

Ich werfe sie auf den Christus in mir und bin frei! Wie oft haben mir Menschen geschrieben, dass sich ihr Leben durch das »Handbuch für Götter« verändert hat. Sie haben es als Impuls und als Antriebskraft in ihrem Alltag aufgenommen. Einige begleitet es in ihrem Auto als willkommener kraftvoller Begleiter. Ob auf dem Beifahrersitz oder auf dem Rücksitz liegend – allein dass es da ist, erfreut die Herzen dieser Menschen. Sie haben sich entschlossen, ihr Leben ins Außergewöhnliche zu verändern. Da gibt es die unterschiedlichsten Reisen. Wie oft wird die Ernährungs- und Bewegungsweise daraufhin verändert, oder das Selbstvertrauen geht soweit, dass sie den weltlichen Krücken mehr und mehr entsagen.

Es heißt bekanntlich: „*Viele Wege führen nach Rom.*" Es stimmt, viele Wege führen zu unserem grenzenlosen Selbst. Etliche Leserinnen und Leser baten mich um Hilfe und Rat. Ihnen wurde immer geholfen, auch wenn sie es nicht gleich erkannten und so mancher es noch immer nicht erkennen kann. Oft dauert es Jahre, bis diese Hilfe ins Lebensrad des betreffenden Menschen eingreift und dieses dadurch wieder „*rund läuft*".

Hast du dich einmal gefragt, ob es ein Segen ist, wenn alles in deinem Leben „*rund läuft*"? Bis sich ein Christus im menschlichen Gewand erhebt, braucht es viel Geduld und viele außergewöhnliche Erfahrungen, die eben nicht gleich „*rund laufen*". Es sind die Widrigkeiten im Leben, die uns mit Wissen und Weisheit segnen. Meine liebe Mutter sagte es mir bereits: „*Geduld ist eine himmlische Tugend!*"

Wer kennt keine Heilsgeschichten, ob im eigenen Leben oder aus Berichten anderer Menschen. Die ganze Welt ist täglich erfüllt davon. Sie sind die Leuchtfeuer, die dem einen oder anderen Menschen wieder ins Gottvertrauen bzw. Selbstvertrauen führen. Die Botschaft Christi ist der segensreiche Sturm, der alles in dieser Welt berührt.

Eine Frau in Südamerika schrieb mir eines Tages eine E-Mail und wollte sich einfach für das »Handbuch für Götter« bedanken. Sie berichtete mir, dass sie in einer für sie außergewöhnlichen Situation sei, und sie fühlte, sie müsse eine Glaubensentscheidung treffen. Daraufhin fand sie das »Handbuch für Götter« an einem öffentlichen Platz, als wäre es aus dem Unsichtbaren für sie an diesem Ort hingelegt worden. Sie erkannte beim Lesen, welcher Weg für sie der richtige war. Überglücklich und entschlossen setzte sie das Erkannte in die Tat um.

Mir berichteten Menschen, dass es Leute gibt, die den Inhalt des Buches in Frage stellen. Das ist ihr gutes Recht, und warum auch nicht. Prüfe für dich selbst, was du im Moment an Nahrung aufnehmen kannst. So mancher Mensch hat sich auch abgewandt und folgt irgendeinem anderen Weg. Das darf auch sein, denn letztlich kommen wir alle auf den einen Weg zurück. Es ist wie mit dem Gleichnis vom verloren Sohn.

Maria Magdalena folgte Jesus mit ihrer ganzen Liebe, doch es war eben noch nicht die *ganze* Liebe, und so ergab es sich, dass sie sich eines Tages, geplagt von Selbstzweifeln und den Geistern der Vergangenheit, von der Gemeinschaft entfernte. Jesus wusste von ihren Gedanken und Zweifeln, doch in seiner bedingungslosen Liebe ließ er sie gehen. Du kennst die Geschichte, er als Hirte dieser Gemeinschaft sandte zwei Jünger aus, um sie zur Herde (Familie, Gemeinschaft) zurück zu führen. Und was tat Jesus, als sie zu ihm ins Zelt kam? Er umarmte sie liebevoll, und seine Blicke segneten diese Frau, die Jesus unsagbar liebte.

Gott offenbarte durch seinen Sohn Christus im Menschensohn Jesus den Willkommenssegen der Liebe. Diese Erfahrung und dieses Gefühl des Verlorenseins musste Maria Magdalena nochmals erleben, um sich über ihre Persönlichkeit zu erheben.

Dies gilt für alle Menschen. Die menschliche Persönlichkeit ist vergleichbar mit einem programmierten Computer, dessen Arbeitsspeicher sich irgendwann, vom Leben gezeichnet, in einem Überlastungsmodus befindet. Dies ist vergleichbar mit einer dunklen Nacht für diesen Menschen. Hier gilt es, eine Entscheidung zu treffen. Wenn wir in diesem Moment wirklich diese Worte beherzigen, die hier noch einmal wiederholt seien: *„Ich werfe die Last auf den Christus in mir und bin frei!“*, dann wird dies wahrlich ein Segen für uns sein.

Haben wir nicht diese Willensstärke, dann kommt vielleicht von irgendwo ein Lichtlein her. Gottes Liebe hilft immer, und doch sollten wir erkennen, dass wir den Verhinderer *in unserem Geist* beherbergen. Diese Tatsache gibt uns die Möglichkeit, auf ihn vorbereitet zu sein – eben wachsam!

Diese Frau in Südamerika hatte also die Botschaft Gottes erkannt, und irgendein himmlischer Bote hatte an diesem öffentlichen Platz das

Handbuch für sie abgelegt. Sie brauchte es nur noch in ihre Hände zu nehmen und seine Kernbotschaft zu erkennen: Sei selbst dein Souverän und denke für dich selbst, anstatt andere für dich denken bzw. entscheiden zu lassen. Nimm dein Leben selbst in die Hand.

Es gibt eine Vielzahl von Heilungsgeschichten, die mit diesem Handbuch einhergehen, doch im Grunde ist das Nebensache.

Ein weiteres Beispiel möchte uns aufzeigen, was mit starkem Glauben möglich ist. Eine Frau schrieb mir, dass sie dieses außergewöhnliche Buch mit ins Bett nimmt und es manchmal, wenn ihr danach ist, einfach auf ihr Herz legt. Sie betet dann und stellt ihren Geist auf Gott bzw. den Christus in ihr selbst ein. Es ist also auch möglich, dadurch eine Brücke zu sich selbst herzustellen.

Im Laufe der Zeit schrieb mir so manche Leserin und so mancher Leser von solchen Begebenheiten. Das Handbuch war und ist also für viele Menschen ein zündender Funke, der in ihnen das Feuer der Begeisterung entfacht. So bedarf es in unserem Leben immer wieder einmal solcher zündender Funken in Form von Büchern, Menschen oder Begebenheiten. Im Grunde sind wir Gottesfunken, die im rechten Moment aneinander reiben, sodass das Feuer in uns wieder aufflammen kann und wir zur Gott-Vater-Mutter-Quelle zurückfinden, der Quelle in uns selbst. Vertraue deinem Selbst, nicht deiner konditionierten Persönlichkeit!

Diese Worte durften wir alle schon oft beherzigen. Sich selbst im Spiegel des Lebens zu erkennen, bedarf einer außergewöhnlichen Aufrichtigkeit und Demut. Für liebe Freunde von mir ist dieses Handbuch eine Kraftquelle, und auf ihrem Weg der Erkenntnis haben sie in den vielen Jahren Außergewöhnliches geleistet. Es geht nicht darum, was wir werden können – es geht darum, was wir schon immer waren: Gotteskinder, erfüllt und durchströmt vom Heiligen Strom der Liebe, dem Stoff, aus dem alles Leben erschaffen wurde.

Die Worte, die durch so manches Lied unsere Herzen berühren, erinnern uns an unsere Wirklichkeit. *„Hinter dem Horizont geht's weiter"*, oder „*Über den Wolken … muss die Freiheit wohl grenzenlos sein.*“ Es gibt eine Fülle von Liedern mit derartigen Botschaften. Gott hat also überall segensreiche Botschaften eingebracht, die uns helfen, wenn wir Unterstützung und Erinnerung benötigen. In der Not kommt oft eine segensreiche Wende. Die Heilung ist eine Heiligung, die sich dann offenbart, wenn wir selbst in uns die göttliche Ordnung herstellen. Manchmal hilft uns ein Mensch *(Therapeut, Heiler, Freund, Schwester, Bruder, Trainer, Papa, Mama, Großpapa, Großmama, ein Buch, ein Lied, ein Gedicht, ein Bekannter, ein Unbekannter usw.)*, eine Begebenheit im Leben oder ein Zeichen, das uns zur Hilfe führt. Letztlich ist es immer der Heilige Strom *(das universelle Bewusstsein)* der bzw. das im Hintergrund unseres Lebens lautlos das grenzenlose All durchströmt.

Dieser Heilige Strom ist und war schon immer unser stiller Begleiter auf unserer Lebensreise. Der Christus in uns ist der Empfänger und Sender, der sich in der menschlichen Form ausdrückt. Wir sollten ihm *wirklich* vertrauen! Er ist das Leben! Wie viele Heilungsgeschichten benötigt der Mensch, um aus seinen selbst erschaffenen Begrenzungen auszusteigen?

Letztlich ist es die göttliche Pflicht jedes einzelnen Menschen, sich selbst ins wirkliche Leben zu lieben. Bedingungslose Liebe ist die wahre Erlösung.

Kapitel 5 – Hilf dir selbst, dann hilft dir Gott

1. Auf den Punkt gebracht, ohne Wenn und Aber

Wir können es drehen und wenden, wie wir es wollen: Wir haben es selbst in der Hand! Wir entscheiden jeden Tag, was für einen Kurs wir steuern.

Morpheus würde jetzt sagen: *„Wähle, welche Pille du schlucken möchtest – die rote oder die blaue?“* Neo hat im Film „Matrix“ die rote Pille gewählt und plötzlich war er der Hauptdarsteller in einem außergewöhnlichen Abenteuer. Haben wir den Mut, die Kraft, den Willen und die Intelligenz, eine solche Wahl zu treffen? Wie würdest du dich entscheiden, oder hast du deine Wahl bereits getroffen? Was für einen Rat würde uns Jesus Christus geben?

Es gibt eine Menge Prophezeiungen, die in vielen Menschen eine nachhaltige Angst hervorrufen. Solches erzeugt im Menschen oftmals Dunkelheit und eine bleierne Müdigkeit, die ihm die Lebensfreude raubt. Wir haben die Dunkelheit in diesem Buch etwas näher betrachtet und können dadurch erkennen, dass sie uns im Grunde dient. Wir könnten sie als *freundlich* bezeichnen. Sie möchte uns auf etwas aufmerksam machen: dass wir wahrlich ein Mysterium sind. Weshalb eigentlich?

Bei Johannes 14, 9 kannst du einen Hinweis auf dieses Mysterium Gottes, das sich durch uns offenbart, nachlesen:

> *„Jesus spricht zu ihm: „So lange bin ich bei euch, und du kennst mich nicht, Philippus? Wer mich sieht, der sieht den Vater; wie sprichst du denn: Zeige uns den Vater? Glaubst du nicht, dass ich im Vater bin und der Vater in mir? Die Worte, die ich zu euch rede, die rede ich nicht von mir selbst. Der Vater aber, der in mir wohnt, der tut die Werke. Glaubet mir* (seid im Wissen und in Akzeptanz meiner Worte), *dass ich im Vater bin und der Vater in mir ist; wo nicht, so glaubet mir doch um der Werke willen.“*

Bei Markus 1, 15 heißt es: *„Die Zeit ist erfüllt, und das Reich Gottes ist nahe gekommen. Kehrt um* (erneuert euch) *und glaubt an das Evangelium* (der bedingungslosen Liebe)*!"*

Wir können davon ausgehen, dass keine Macht der Welt diese Liebe aufhalten könnte, schon gar nicht irgendwelche „Propheten", die von Angst und Schrecken predigen. Jesus möchte uns durch seine Worte mitteilen, dass die Liebe das Wasser des Lebens und allen Lebens Grund ist. Sie ist das immerwährende Sein und das Reich Gottes. Jesus kündete von diesem Reich, das wir in uns haben. Es offenbart sich durch unser Einssein und die Christuskraft in unseren Herzen. Unaufhaltsam kommt diese Flamme der Liebe ins Leben aller Menschen und erneuert unseren Geist – und unsere konditionierte Persönlichkeit.

Jesus lud uns ein, indem er sagte: *„Kommt her zu mir, alle ihr Mühseligen und Beladenen!" (Matthäus 11, 28)*

Damit ist doch bereits alles gesagt. Jesus sprach diese Worte vor ca. 2000 Jahren, und seine Prophezeiung offenbart sich aktuell als globaler Frühlingsturm, der die Menschheit zur Umkehr auffordert. Warum sollten wir diesen Worten nicht vertrauen? Er zeigt den Menschen, was es heißt, bedingungslos zu lieben. Selbst ein Heer mit den modernsten Waffensystemen könnte dieser Liebe nicht standhalten. Warum? Alle Waffensysteme entstammen dem menschlichen Schöpfergeist, und dessen Grundsubstanz ist der Heilige Geist, die Essenz der Liebe. Wir selbst haben das Waffensystem mit diesem Stoff erschaffen, denn der freie Wille ist uns gegeben. Frage dich einmal selbst, wer all die Erfindungen der Zerstörung in die Welt gebracht hat. Es waren Erfinder und Wissenschaftler, die, von Erfolg und Ruhm getrieben, diese Dinge ins „Leben" riefen. Wie verirrt muss ein Geist sein, um all diese Tötungsinstrumente zu konstruieren. Bezeichnen wir dies als *„freundliches"* Übel, das die Menschheit an die bedingungslose Liebe erinnern wollte. Es ist doch absurd, dass es erst kriegerische Konflikte erfordert, damit Menschen sich wieder dieser Liebe erinnern.

In der Not rufen sie unvermittelt wieder nach Gott, Jesus und den himmlischen Helfern. Wie treffend doch diese Worte sind: „*Wer nicht hören will, muss fühlen.*"

Viele Menschen fühlen sich momentan ausgebrannt oder sprechen von einer Leere in ihrem Leben. Es fühlt sich oft an wie eine Entwurzelung aus ihrem gewohnheitsgesteuerten Leben, und es ist in der Tat eine natürliche Begleiterscheinung dessen, was sich aktuell auf diesem Planeten offenbart. Loslassen kann schmerzlich sein, doch nur deshalb, weil die Sicht noch von „altem Kram" vernebelt ist. Die wirkliche Liebe trägt keinen Schleier, sie ist klar und frei von jeglichen Störungen. Sie ist eine grenzenlose Schwingung im Nichts, dem alle Schöpfung entspringt! Eine unteilbare und undefinierbare Essenz. Dieser *Lebensstrom* speist und erneuert fortwährend unser Wesen.

Wenden wir unseren Blick nun der weltlichen Technik zu, die sich eines Tages in etwas Grenzenloses transformieren muss, weil die Allmacht in uns – die wir sind – im Grunde keiner weltlichen Technik bedarf. Diese stellt uns nur vorübergehend Brücken *(Krücken)* zur Verfügung, die unserem Erkennen dienen. Wir haben einen Schatz in uns, der erkannt werden möchte.

> Jesus sagte: „*Wenn euer Glaube auch nur so groß wäre wie ein Senfkorn, würdet ihr zu dem Maulbeerbaum hier sagen: Heb dich samt deinen Wurzeln aus dem Boden und verpflanze dich ins Meer, und er würde euch gehorchen.*" *(Lukas 17, 6)*
>
> Wie weise und wirklich diese Worte doch sind: „*Das Himmelreich gleicht einem Schatz, im Acker verborgen, den ein Mensch entdeckt und wieder zudeckt; in seiner Freude geht er dann hin, verkauft alles, was er hat, und kauft den Acker.*" *(Matthäus 13, 44)*
>
> Auf den Punkt gebracht: „*Christus ist das Licht der Welt.*"

Wir sollten einfach damit aufhören, uns etwas vorzumachen, indem wir allen möglichen Versuchungen und Krücken dieser Welt folgen. Es ist bereits eine Wiederholungsschleife, in der wir Menschen uns befinden. Wir finden den Schlüssel im *Jetzt,* und doch scheint es uns zu gefallen, um dieses Jetzt herumzutanzen. Wir beten die Vergangenheit und die Zukunft an, obwohl diese nicht wirklich existieren. Wir geben ihnen Energie und halten diese Filme und Bilder in unserem Geiste fest. Wir machen uns etwas vor und verteidigen diese starre Haltung bzw. Illusion auch noch!

Es gibt keinen Ort, an dem wir uns vor uns selbst verstecken können *(weder auf Erden noch im Himmel, noch in der Erde oder an sonst einem Ort in der Weite der Universen).* Wir sollten zur Tat schreiten und die Ursachen unserer selbsterschaffenen Störungen beseitigen.

Man kann auch nicht sagen: Seht, hier ist es, oder: Dort ist es! Denn: *„Das Reich Gottes ist* (schon) *mitten unter euch." (Lukas 17, 21)*

Aufgrund des uns gegebenen freien Willens können wir wählen, welche Pille wir schlucken möchten - die blaue oder die rote Pille. Wie oft haben wir die bittere Pille geschluckt und kamen zu der Erkenntnis: *„Wenn ich doch nur auf meine Intuition gehört hätte, anstatt der Eitelkeit meiner Persönlichkeit zu folgen."*

Es geht auch nicht darum, irgendeinen Menschen zu verurteilen, sondern einfach um das Erkennen des eigenen und globalen Selbst. Wir alle sind wie Zündkerzen – wenn eine nach der anderen gezündet wird, kommt es zur Kettenreaktion. Diese segensreiche Welle des Erwachens deckt die still in sich ruhende Freiheit in allen Menschen auf. Wenn auch zögerlich – doch was sind schon Erdenjahre!

In der Dunkelheit strebt der Samen dem Lichte entgegen. Fragen wir uns selbst: Wessen Samen tragen wir in uns? Was ist erforderlich, damit dieser Samen austreibt? Ist es die „freundliche" Dunkelheit oder die Liebe? Vielleicht beides zusammen, weil die „freundliche" Dunkelheit einfach nur ein Diener der Liebe ist. Bedenkt also, wen ihr verurteilen möchtet. Wer ist Opfer und Täter in diesem Lebensspiel? Könnten wir es selbst sein, die immer wieder die Rollen tauschen, um den Duft der bedingungslosen Liebe in allem Leben zu erkennen? Sein oder Nichtsein, das ist hier die Frage! Die Antwort auf diese Frage ist im

Grunde einfach, doch wir sollten sie selbst erkennen, um im Wissen darum zu sein!

Schauen wir in die Welt, so sollten wir uns auch selbst im Spiegel betrachten. Jesus Christus hat es auf den Punkt gebracht, und seine Jünger haben seine Botschaft in die Welt getragen. Wir sind doch auch die Jünger Christi, der in uns allen wohnt und uns belebt. So wie wir die Jünger Christi sind, so sind wir gleichsam die Jünger Gottes, da der Vater im Sohn ist und der Sohn im Vater. Wir sollten uns dieser Wirklichkeit bewusst sein.

> Jesus sagte: „*Wie mich der Vater liebt, so liebe ich euch. Bleibt in meiner Liebe! Wenn ihr nach meinen Geboten lebt, wird meine Liebe euch umschließen. Auch ich richte mich nach den Geboten meines Vaters und lebe in seiner Liebe. Das alles sage ich euch, damit meine Freude euch erfüllt und eure Freude dadurch vollkommen wird. Und so lautet mein Gebot: Liebt einander, wie ich euch geliebt habe. Niemand liebt mehr als einer, der sein Leben für die Freunde hingibt. Und ihr seid meine Freunde, wenn ihr tut, was ich euch aufgetragen habe. Ich nenne euch nicht mehr Diener; denn einem Diener sagt der Herr nicht, was er vorhat. Ihr aber seid meine Freunde; denn ich habe euch alles anvertraut, was ich vom Vater gehört habe. Nicht ihr habt mich erwählt, sondern ich habe euch erwählt. Ich habe euch dazu bestimmt, dass ihr euch auf den Weg macht und Frucht bringt – Frucht, die bleibt. Dann wird euch der Vater alles geben, worum ihr ihn in meinem Namen bittet. Das ist mein Auftrag an euch: Liebt einander.*“ *(Johannes 15, 9-17)*

Wir haben bis zu einem gewissen Punkt im Grunde immer eine Wahl, selbst dann, wenn wir uns bereits in einer fast ausweglosen Situation befinden. Es gibt immer einen Weg! Wir alle kennen das Gefühl, wenn etwas total aussichtslos erscheint, und plötzlich kommt von irgendwo ein Lichtlein her! Wer ist dafür verantwortlich, dass wir plötzlich einen Weg aus einer scheinbar ausweglosen Situation gezeigt bekommen? Es gibt eine universelle Intelligenz, die der Urgrund allen Seins ist.

Der Mensch ist ein grandioses Geist-Körper-System mit einer Seele, die erfüllt ist von Intelligenz und einem (fast) freien Willen. Wie oft werden wir mit außergewöhnlichen Ereignissen konfrontiert, die auch außergewöhnliche Entscheidungen erfordern. Ob wir dann willens sind, eine solche Entscheidung zu treffen, obliegt uns selbst. Wie aus heiterem Himmel trifft uns ein solches Ereignis. Jeden Tag landen auf diesem Planeten Millionen von Seelen, und gleichzeitig verabschieden sich Millionen von Menschen. Es ist eben ein Kommen und Gehen. Jeder hat seine Reiseroute im Gepäck – was wir letztlich daraus machen, obliegt unserer Verantwortung.

Ein erhabener Eichenbaum hat Hunderte von Samen an seinen Zweigen, und alle tragen das Abbild der Vater-Mutter-Eiche in sich. Wenn dann die Zeit kommt, da dieser Baum seinen Samen abwirft, fallen die Eicheln auf einen vorbereiteten Boden. Ein Teil dieser Samen wird sich eines Tages aus seinem Kokon befreien und dem Lichte entgegen streben. Voraussetzung ist jedoch auch der Standort der Eiche und dessen Bodenqualität, denn die Eicheln (Samen), die Kinder der Eiche, brauchen, genauso wie Menschenkinder, förderliche Nährstoffe, um heranzuwachsen. Die Elementarwesen und Naturwesen sind hier die Gärtner, die dann diese Frucht begleiten, bis das Kind der Eiche das Licht der Welt erblickt. Danach folgt eine liebevolle Pflege und Begleitung dieser Baumkinder. Auf ihrer Wachstumsreise erleben sie immer wieder Widrigkeiten, ob Stürme, Hagel, Hitze, Kälte oder Sonstiges, und mit jedem Jahr werden sie größer – und dabei entsteht ein Erinnerungsring (Jahresring) im Baumstamm, der sich hinter dem Schutzmantel einer starken Rinde befindet. Sie reifen zu weisen, starken Eichen heran und sind Gastgeber und auch Freunde für viele Lebewesen. Menschen bewundern solche Bäume, fühlen sich von ihnen angezogen, und so mancher Mensch umarmt sie liebevoll. Wer eine Zeit lang bei ihnen verweilt, fühlt sich leichter und entspannter.

Was geschieht uns dabei, und warum gibt es Menschen, die von solchen Erfahrungen berichten? Sind es außergewöhnliche Menschen, oder können sich alle Menschen darauf einlassen? Die Antwort offenbart sich uns im Wort *„ein-lassen"* – wir lassen es in uns hinein. Wenn wir uns vollkommen darauf ein-lassen, öffnen wir dabei unser Herz und unseren Geist.

Andererseits sind wir es selbst, die eine solche Erfahrung durch unser Denken blockieren. Stellen wir uns darauf ein und sind wir wirklich willens, unser Herz zu öffnen, dann wird dies für Leib und Seele ein Segen sein. So ist es auch mit der intelligenten Lebenskraft, die alles Leben immerwährend nährt. Wenn wir uns dieser Kraft entspannt öffnen, wird unser Körper von ihr vollkommen durchströmt. Die Tatsache, dass wir atmen, beweist, dass Gott anwesend ist!

Hierzu ein Beispiel: Drehen wir einen Wasserhahn vollständig auf, so strömt daraufhin das Wasser kraftvoll heraus. Was hindert uns daran, unser Empfangsventil *(oder -modul)* vollständig aufzudrehen? Unser tägliches Leben mit all den Versuchungen, Begierden und Widrigkeiten – unseren Sorgen, Störungen und unserem Kummer – verhindert, dass sich dieses Ventil vollständig öffnet. So ergeht es dem überwiegenden Teil der Menschheit.

Kommen wir nochmals auf die Eiche und ihre Kinder zurück. Ähnlich wie bei diesem Baum ist es auch bei den Menschen: Die Seele sucht sich das ideale Umfeld in dieser Welt und wählt auch den idealen Körper für ihre Erfahrungsreise, die auf einer selbsterschaffenen Blaupause basiert. Sobald dann die Reise beginnt *(und diese Reise beginnt bereits im Mutterleib)*, ist das Baby bzw. das Kind dem gesellschaftlichen „Bewusstsein" ausgesetzt. Es muss über viele Jahre verschiedenste Begrenzungsprogramme über sich ergehen lassen. Gleich einem Aufnahmegerät nimmt es diese Energien in seinem Geist auf. Es folgt eine jahrelange Konditionierung. Was dabei herauskommt, spiegelt sich an jedem Tag in dieser Welt wider. Wir leben in einer Matrix voller Grenzen. Der Mensch hat sich angemaßt, Gesetze zu erlassen, um den überwiegenden Teil der Menschen zu kontrollieren, obwohl die Worte *„freier Wille"* bereits alles sagen. Es gibt Naturgesetze, und diese dienen uns als goldener Faden. Die menschlichen Gesetze sind nicht von Dauer und werden eines Tages *alle* im Nichts verschwinden.

Was möchte ich damit sagen? *„Es gibt mit Gott, dieser universellen Intelligenz, kein ‚Unmöglich'!"*, und damit bringe ich es erneut auf den Punkt! Wenn wir also die Welt betrachten, so erkennen wir, dass sich im Grunde fast alle Menschen einem Joch unterworfen haben. Vergessen wir dabei auch nicht, wie viel Leid die Menschheit über die Tiere gebracht hat! Im Laufe unserer Inkarnationen ist dem einen oder anderen im wahrsten Sinne des Wortes ein Licht aufgegangen. So manche Seele kam in diese Welt und wuchs als mutiges, liebevolles Wesen heran, das nach und nach einen starken Willen offenbarte. Es sind dies für die oberflächliche Gesellschaft oft die schwarzen Schafe, die Aufrührer, Rebellen und sich nicht in die konditionierte Gesellschaft einordnenden Individuen.

Es gibt ein interessantes Zitat in der Bibel, das diesen Menschen Mut machen möchte. Als Petrus nach dem Lohn der Nachfolge fragte, meint Jesus: *„Das Aufgeben von Dingen, an denen man hängt, lohnt sich allemal", und er sagte weiter: „Aber viele, die die Ersten sind, werden die Letzten, und die Letzten werden die Ersten sein." (Matthäus 19, 27-30 bzw. Markus 10, 28-31)*

Bedenkt, was Jesus für einen starken Willen haben musste, als er in seiner Vision den schwachen Willen seiner Jünger erkannte. Er allein hatte diese Mission zu vollbringen, und dieser außergewöhnliche Mensch hatte auf seinem Lebensweg so manche Hürde zu nehmen. Ausgepeitscht, verraten, bespuckt, gehasst und beschimpft vollbrachte Jesus das ihm aufgetragene Gotteswerk.

„Vater vergib ihnen, denn sie wissen (wirklich) *nicht, was sie tun!"*, waren seine Worte. Dieser Satz bringt es wiederum auf den einen Punkt: *„Liebe deinen Nächsten, denn dein Nächster lebt in und durch dich – und liebe Gott über alles, denn Gott ist dein Nächster!"*

Fühlt in diese Worte hinein, welch wundervolle und zugleich tröstende Botschaft sie offenbaren. Dein Nächster ist dein Tröster und gleichsam dein Erlöser. In jedem Augenblick deines Seins ist Gott bzw. Christus mit dir. Er *(ES)* ist dein Nächster, und weil *ES* in allen Menschen wohnt, so ist auch ein jeder Mensch dein Nächster! Bedenke diese Worte: ICH BIN dir näher als dein Atem.

An dieser Stelle möchte ich nochmals einige Worte aus Baird T. Spaldings Buch zitieren:

„Wenn der Mensch die selbstsüchtigen satanischen Gedanken aus seinem Bewusstsein ausscheidet, so hört der Kampf zwischen Gog und Magog auf, und dies bringt keine äußerliche Gottheit zustande. Als Jesus sagte: „Meine Worte sind Geist und sie sind Leben", bezog er sich auf das innere Wort, das alles erschuf, und wusste, dass es voll Lebenskraft und Antriebskraft war und dass es das von ihm Gewünschte hervorbringen würde. Würden solche Worte in den Seelen aller Menschen und aller Nationen erklingen, so wüssten sie, dass sie Zutritt haben zur Quelle des Ewigen Lebens, die von Gott ausströmt. Viele geben Christus Ausdruck, indem sie Christus sich in ihrem Herzen thronend vorstellen, oder besser hinter dem Herzen, dem Sitz der Liebe. Von diesem Throne aus soll man Christus jede Tätigkeit des Körpers leiten lassen in vollkommener Übereinstimmung mit dem unveränderlichen Gesetze Gottes und soll wissen, dass man mit Christus zusammen wirkt und nach den Idealen strebt, die man direkt aus Gottes Gedanken empfängt. So soll man sich Christus auf seinem Throne vorstellen, wie er sich ausbreitet und Besitz ergreift von jedem Atom, jeder Zelle, jedem Muskel und jedem Organ des ganzen Körpers. Und in der Tat, er hat sich ausgebreitet und hat euren ganzen Körper zum reinen Christuskörper gemacht, dem eingebornen Sohne Gottes zum wahren Tempel, darin Gott wohnt und es liebt, darin zu wohnen. Von diesem Throne aus kann man jedes Zentrum des ganzen Körpers anrufen. Man kann zu diesen Zentren sagen: Ihr seid liebende, kraftvolle, weise, furchtlose, freie Geisteszentren. Ihr seid rein in der Lauterkeit des Geistes. Kein menschlicher Gedanke oder Wunsch der Unreinheit kann sich euch nähern. Ihr

seid überflutet vom reinen Christus. Der Geist des Lebens in Christus macht euch zum reinen Tempel Gottes. Ihr könnt hier anhalten und sprechen: „Vater, hierin, wie auch in allen anderen Dingen, offenbare du Christus, deinen vollkommenen Sohn in mir." Dann segnet Christus. Wenn ihr auf diese Weise Christus verwirklicht habt, dann könnt ihr eure Hand ausstrecken, und wenn es Gold ist, dessen ihr bedürft, werdet ihr Gold darin finden."[(1)]

Diese Worte künden von Liebe, Weisheit und Wissen! Folgen wir bereitwillig Christus, der in unserer Seele auf einem Throne die Fäden unseres Schicksals in der Hand hält, dann werden wir jedes Tal unserer Erkenntnisreise meistern. Wie oft möchten wir ein solches Tal umgehen, weil wir der Meinung sind: *„Nicht schon wieder, es muss doch endlich ein Ende haben."*, doch Tatsache ist, wir werden dadurch wissender, weiser und demütiger. Christus ist der goldene Hirte, der seine Schäflein führt und uns niemals wirklich im Regen einer dunklen Nacht stehen lässt. Wenn wir auch oft widersprechen möchten, die Erlösung offenbart sich uns immer im rechten Augenblick. Liebe deinen Nächsten wie dich selbst und sei achtsam, denn der Nächste ist der Christus, der durch dich *(alles Leben)* atmet und dich *(alles)* belebt.

In vielen Teilen dieser Welt haben wir eine rastlose Welt erschaffen, in der Lärm an der Tagesordnung ist. Viele Menschen kommen daher, als wären sie willige Roboter, die jede Nahrung, egal welcher Art, ohne zu hinterfragen in ihrem Geist und Körper aufnehmen.

Ich erinnere mich an eine Frau, die diesbezüglich Folgendes sagte: *„Menschen sind wie Fressmaschinen, sie fressen jeden Fraß, den man ihnen vorsetzt, weil sie gierig, blind und verdorben sind."*

Da ist schon etwas Wahres dran. Sie folgen einem Programm, das ihnen seit ihrer Kindheit aufgedrängt wird. Generation um Generation wurden sie auf ein manipulierendes System, eine geplante Agenda eingestimmt, doch die frohe Botschaft lautet: *Die Quelle allen Seins kann nicht wirklich manipuliert werden, und da sie das Leben ist, wird sich diese Welt, wie wir sie kennen, auflösen. Die Dunkelheit wird sich verabschieden, und eine erneuerte Welt der bedingungslosen Liebe wird entstehen!*

Christus ist das Licht der Welt. Wenn unsere Herzen in der Ruhe verweilen, können wir eine heilige Stille wahrnehmen, die uns immer zum Segen ist. Diese heilige Stille wird dich weiterhin beim Lesen dieses Buches begleiten. Möge es dir zum Segen sein.

Abb. 6: Baird T. Spalding (1872-1953)

2. *Sei still und wisse, ICH BIN, und weshalb sich das menschliche Individuum nach Unsterblichkeit sehnt*

> In Psalm 64, 10 lesen wir: *„Seid stille und erkennet, dass ich GOTT bin. Ich will Ehre einlegen unter den Heiden; ich will Ehre einlegen auf Erden."*

Worauf möchten uns diese Worte hinweisen? Wenn es heißt *„Ich will Ehre einlegen unter den Heiden."*, dann deutet dies darauf hin, dass wir uns bewusst machen sollten, dass sich die ICH-BIN-Gegenwart in uns und durch uns in dieser Welt offenbart. Mit „Ehre" ist die Tatsache gemeint, das Gott in uns auf dem Thron sitzt und nicht der Anti-Gott oder Antichrist. Es gibt eine Vielzahl von Auslegungen, was das Wort *„ein Heide sein"* bedeutet. Wenn es heißt, ein Heide sei ein gottloser oder ungläubiger Mensch, so können wir dies definitiv verneinen. Wie soll ein Mensch *„gottlos"* sein, wenn doch Gott alles ist, was ist, und in jedem Menschen seinen Thron errichtet hat? Das Mysterium *Gott* werden wir niemals ergründen können, doch wir können *ES* in allem Leben erkennen – ein nie versiegender Lebensstrom, der alles, was ist, immerwährend durchströmt. Wir sind also Empfänger und gleichzeitig Sender dieser All-Kraft.

So wird auch das Leben für die weltliche Wissenschaft weiterhin ein Mysterium bleiben, solange sie danach forscht, was es ist – *ES IST* einfach. Wir können Gott nicht ergründen und somit auch nicht das Leben. Der Mensch wurde zum Gleichnis und zum Bildnis Gottes erschaffen. Das heißt, er ist dadurch genauso unergründlich wie Gott, dessen Sohn *(Geist und Sein)* im Menschen lebt und sich ausdrückt.

Jesus sagte doch auch: *„Ich und der Vater sind eins."* Auch wenn der Christus sich noch nicht vollkommen durch alle Menschen in der Welt ausdrücken kann, so ist er doch zu hundert Prozent im Menschen anwesend.

Eine Analogie: Ein Elektroherd ist meist so konstruiert, dass wir ihn mit zwei Stromspannungen betreiben können. Ist er an einer 230-Volt-Leitung angeschlossen, so ist sein Wirkungsgrad bzw. seine Leistung nicht vollkommen ausgeschöpft. Schließen wir ihn jedoch an eine 400-Volt-Leitung an, so wird seine Leistung in vollkommener Weise abgerufen. Solche Beispiele finden wir in vielen Bereichen.

Sehr viele Menschen üben eine sportliche Aktivität aus, um körperlich beweglich und leistungsfähig zu sein. Können wir wirklich nur durch Sport unsere körperliche Leistung erhöhen? Was geschieht, wenn wir unsere liebgewordenen sportlichen Aktivitäten minimieren oder gar einstellen? Existiert vielleicht ein Programm in der Matrix, dem wir den Namen *„Sport“* gegeben haben? Soll es unsere Persönlichkeit in einer Weise beschäftigen, dass wir dadurch unsere Genialität nicht voll abrufen können? Wenn wir in der Geschichte zurückschauen, so können wir erkennen, dass verschiedene Sportarten bereits in der Antike ausgeübt wurden. Tatsächlich gab es bereits lange davor Sportarten. Viele Menschen sind heutzutage durch das gesellschaftliche Bewusstsein und das damit einhergehende Verbildungssystem *(Verhinderungssystem)* derart konditioniert, dass sie in einen Fitnesswahn „leben“. Wir sollten uns fragen, warum bei den Athletinnen und Athleten aller Leistungssportarten früher oder später verschiedenste Verschleißerscheinungen im Körpersystem auftreten. Diese weisen Worte zeigen uns einen einfachen Weg: *„Wir sollten nichts übertreiben und in unserer Mitte bleiben.“*

Was ist mit der Lebenskraft in uns, und wie können wir sie in vollkommener Weise abrufen? Was hindert uns daran? Schauen wir uns diesbezüglich das Gleichnis vom Weinstock an.

> Jesus sagte zu seinen Jüngern: *„Ich bin der wahre Weinstock, und mein Vater ist der Winzer. Jede Rebe an mir, die keine Frucht bringt, schneidet er ab, und jede Rebe, die Frucht bringt, reinigt er, damit sie mehr Frucht bringt. Ihr seid schon rein durch das Wort, das ich zu euch gesagt habe. Bleibt in mir, dann bleibe ich in euch. Wie die Rebe aus sich keine Frucht bringen kann, sondern nur, wenn sie am Weinstock bleibt, so könnt auch ihr keine Frucht bringen, wenn ihr nicht in mir*

bleibt. Ich bin der Weinstock, ihr seid die Reben. Wer in mir bleibt, und in wem ich bleibe, der bringt reiche Frucht; denn getrennt von mir könnt ihr nichts vollbringen. Wer nicht in mir bleibt, wird wie die Rebe weggeworfen und er verdorrt. Man sammelt die Reben, wirft sie ins Feuer, und sie verbrennen. Wenn ihr in mir bleibt, und wenn meine Worte in euch bleiben, dann bittet um alles, was ihr wollt: Ihr werdet es erhalten. Mein Vater wird dadurch verherrlicht, dass ihr reiche Frucht bringt und meine Jünger werdet.“ (Johannes 15, 1-8)

Wenn wir also die Reben sind, so reifen an uns auch die Trauben *(Früchte)* heran. Wir haben einen Winzer, der die Reben gepflanzt hat, und das ist der *Vater*. Der Vater ist die Natur, die Elemente *(z.B. das Wasser, also auch der Regen, sowie Feuer, Luft Erde und Geist)*, das Leben und der Stoff, aus dem das Leben ist. Wir könnten ihn auch als intelligenten elektronischen Lebensstrom bezeichnen. Gott, Christus, die universelle Liebe, kann nicht geteilt werden, so wie wir nicht die Elektrizität teilen können. Selbst das Atom und auch der Äther ist nicht die Wirklichkeit dessen, was *ES* ist! Die Quelle ist unergründbar! Wir können die Werke Gottes in unserem täglichen Leben erfahren, die von uns oft als Wunder bezeichnet werden, was sie jedoch nicht sind.

Wir können ebenso wenig den Wind, den Atem oder den Geiststoff zerschneiden. Wenn wir also aus diesem Geiststoff erschaffen worden sind und dieser Geiststoff nicht teilbar ist, so sind wir bzw. das Leben eine Ganzheit – ein Einssein. Wir kommunizieren miteinander als ganzheitliches System und in jedem Augenblick! So befruchten wir uns gegenseitig, und es gibt fleißige Menschen, die überall auf der Erde mit ihren liebevollen Gedanken und Frequenzen aufblühende Menschenkinder bestäuben. Sie sind die Helferinnen und Helfer, die das große Werk Gottes unterstützen. Sie haben durch ihre Inkarnationszyklen eine Reife erreicht, die sie zu liebevollen Werkzeugen Gottes macht.

Die ICH-BIN-Gegenwart ist nicht nur ein Wort – sie ist eine unbeschreibliche und unergründliche Energie.

Die folgenden Worte solltest du in deinem Geiste ergründen: *„Der Vater ist im Sohn und der Sohn im Vater, so bin ich, der Christus, im Menschen, und der Mensch ist im Christus. Ich kenne den Vater, und der Vater kennt mich, und da ich den Vater kenne und ihr mich, den Christus, so kennt ihr den Vater durch mich, da ich in euch bin – und ich im Vater."*

Wenn wir diese Worte vollumfänglich in unserem Bewusstsein aufnehmen und sie erfassen können, so werden wir uns der Bedeutung der *ICH-BIN-Gegenwart* bewusst. Wenn wir uns im Tagesablauf selbst beobachten, so können wir immer wieder erkennen, dass Gedanken, die wir ablehnen und verdrängen, verstärkt in unser Königreich eindringen möchten.

Ein Beispiel von vielen, die mir bekannt sind: Ich kenne seit vielen Jahren eine Frau aus einer Kleinstadt in Rheinland-Pfalz. Sie hat einen fleißigen und mutigen Charakter, und ihr Herzenswunsch ist es, sich in diesem Leben ihrer Souveränität bewusst zu werden. Diese Frau ist bereits für jeden Schritt in ihrem Leben dankbar. Sie suchte sich als Seele eine Familie, die ihrer Bewusstseinsentwicklung dient. Im Grunde sind es alles Seelen, die einander sehr lieben, und durch ihre bedingungslose Liebe, die in ihren Seelen präsent ist, fordern sie sich auch gegenseitig. Ein Leben ohne Störungen ist so, als hätte ein fleißiger Handwerker keine Aufträge abzuarbeiten. Wie du weißt, sind es die Widrigkeiten in unserem Leben, die uns wissender und weiser machen. So hatte auch diese Frau eine Menge Widrigkeiten in ihrem Leben zu meistern. Teils waren es Wiederholungen, die darauf basierten, dass sie einfach nicht von verschiedenen Einstellungen lassen konnte. Ob Begierden, Süchte oder eben auch außergewöhnliche Erfahrungen – sie alle dienten und dienen ausnahmslos ihrem Erkennen.

In unseren Gesprächen hat sich immer wieder gezeigt, wie sehr sie an ihren selbsterschaffenen Einstellungen haftete. Da gab es Tage, die mit Freude erfüllt waren und dann wieder Tage, an denen sie an sich selbst zweifelte. Wenn wir uns im Spiegel anschauen, was können wir dann erkennen? Sehen wir da einen Menschen, der nach dem Bilde und Gleichnis Gottes erschaffen wurde, oder eine selbstmanipulierende Wesenheit, die in der Matrix lebt?

Diese Frau hatte auch das »Handbuch für Götter« gelesen und mehrmals die CD »Gottsein im Sein – im Leben« angehört (siehe S. 311). Sie sagte mir: „*Wenn ich auch reinfalle – ich werde immer wieder aufstehen.*“ Sie ist sich dessen bewusst, dass sie selbst für ihr Leben verantwortlich ist, und dass diese Fallgruben ihr im Grunde dienen. Diesbezüglich dürfen wir uns doch alle selbst an der Nase packen. *Wir* sind doch für unser Leben verantwortlich, nicht die Ehefrau, der Ehemann, die Kinder, die Eltern, die Freunde, die Firma usw.! Meist muss es erst hart auf hart kommen, bis wir Menschen die Ursache erkennen. Diese mutige Frau hat sich wahrlich weiterentwickelt, auch wenn sie noch heute oft eine Achterbahn der Gefühle durchleben darf.

Folgende Worte von Jesus sind für die allermeisten Menschen eine besondere Herausforderung und betreffen auch diese Frau und ihre Familiengeschichte:

> *„Ihr sollt nicht meinen, dass ich gekommen bin, Frieden zu bringen auf die Erde. Ich bin nicht gekommen, Frieden zu bringen, sondern das Schwert. Denn ich bin gekommen, den Menschen zu entzweien mit seinem Vater und die Tochter mit ihrer Mutter und die Schwiegertochter mit ihrer Schwiegermutter. Und des Menschen Feinde werden seine eigenen Hausgenossen sein. Wer Vater oder Mutter mehr liebt als mich, der ist meiner nicht wert; und wer Sohn oder Tochter mehr liebt als mich, der ist meiner nicht wert. Und wer nicht sein Kreuz auf sich nimmt und folgt mir nach, der ist meiner nicht wert. Wer sein Leben findet, der wird's verlieren; und wer sein Leben verliert um meinetwillen, der wird's finden.“ (Matthäus 10, 34-38)*

Und weiter sind auch diese Worte von Jesu ein Fingerzeig Gottes (der göttlichen Quelle): „*Wer euch aufnimmt, der nimmt mich auf; und wer mich aufnimmt, der nimmt den auf, der mich gesandt hat. Wer einen Propheten aufnimmt, weil es ein Prophet ist, der wird den Lohn eines Propheten empfangen; und wer einen Gerechten aufnimmt, weil es ein Gerechter ist, der wird den Lohn eines Gerechten empfangen. Und wer einem dieser Kleinen auch nur einen Becher kalten Wassers zu trinken gibt, weil es ein Jünger ist, wahrlich, ich sage euch: Er wird nicht um seinen Lohn kommen.*“ *(Matthäus 10, 40-42)*

Wir können daran erkennen, dass die Liebe zu seinem Nächsten der Christus in uns selbst ist und wir ihn *(bzw. ES)* durch die Frequenz der bedingungslosen Liebe erreichen können. Es ist das Schwert, das die Ketten entzweit, die wir uns selbst angelegt haben, indem wir uns von unseren Familienangehörigen derart abhängig gemacht haben, dass wir unsere Souveränität aufgaben. Wir bangen und sorgen uns um sie, das geht eben so weit, dass wir uns in deren Fallstricke verwickeln. Jesus spricht nicht von sich selbst als Mensch, sondern er weist eindeutig auf den eingeborenen Sohn des Vaters hin, der der Christus ist. In der Weise, wie Jesus den Christus offenbarte, gab er an die Menschen auch im Namen seines Vaters all die Botschaften weiter, von denen wir wissen, und auch die, die uns noch nicht offengelegt wurden. Jesus kündete vom Christus, der sich durch ihn als Menschensohn der Welt zeigte und dessen Botschaft, die Auflösung der persönlichen Konditionierungen im Menschen. Wie können wir einhundertprozentig bei unserer Ursprungsquelle sein, wenn wir die Welt mit all diesen Fallstricken anbeten?

Wie sagte Jesus einst: „*...wer Gottes Willen tut, der ist mein Bruder und meine Schwester.*“ Und auch hier zeigt er uns durch folgende Worte deutlich, wer unser wirklicher Vater ist. Jesus sagte: „*Nennt nicht einen auf Erden euren Vater, denn nur einer ist euer Vater, der im Himmel.*“

Wir sollten uns immer bewusst sein, dass das Christussein in uns selbst bereits vollkommen ist. Es ist die lenkende Kraft unseres Lebens und das ewige Sein. Wie soll jemals etwas über uns kommen, das uns bedrohen könnte, wenn uns diese Wirklichkeit bewusst ist. Gott ist Christus und Christus ist Gott. So, wie Jesus noch lebt und auch nicht gestorben ist – obwohl viele Menschen ihn noch immer in einem gepeinigten Körper am Kreuz anbeten –, so lebt das Bewusstsein Gottes, der Christus, in allem Leben.

> Jesus lebt und sprach aus dem Christus die folgenden Worte: *„Ich bin die Auferstehung und das Leben. Wer an mich glaubt, der wird leben, auch wenn er stirbt; und wer da lebt und glaubt an mich, der wird nimmermehr sterben."* *(Johannes 11, 25-26)*

Glauben ist nicht, im Wissen zu sein, obwohl wir im Grunde im Sein allen Wissens leben und es vollumfänglich sind. Wir haben uns jedoch eine Illusionsblase erschaffen, in der wir unseren liebgewonnenen Alltag verbringen. Durch den Futtertrog eines konditionierten gesellschaftlichen Bewusstseins wird der Menschheit die Nahrung gegeben, die sie mit ihrem Geist-Körper-System bereitwillig aufnimmt.

Betrachten wir die aktuelle Welt, so können wir erkennen, dass die allermeisten Menschen diesen wohldurchdachten Programmen Folge leisten. Wie oft haben mir Leser des »Handbuch für Götter« geschrieben, dass dieses Buch in jedem Haushalt präsent sein sollte. Wo es Lob gibt, da gibt es auch Tadel, ebenso wie Menschen, die sich selbst nicht eingestehen möchten, dass auch sie noch im Hamsterrad der Matrix gefangen sind. Weil sie sich als „spirituell Fortgeschrittene" und auch als „alte Seelen" bezeichnen, sind sie der Überzeugung, dass sie Auserwählte seien, die mit allen möglichen Engelskräften, außerirdischen Intelligenzen, Meistern, Jesus, Bruno Gröning, Graf von Saint Germain, Maria, Maria Magdalena oder welcher Wesenheit auch immer kommunizieren können.

Hast du dich einmal gefragt, ob Jesus mit seinen Jüngern über derlei Aberglauben gesprochen hat? Er hat mit den Menschen, die ihm und seiner Lehre folgten, stets über den Vater im Himmel gesprochen.

Er zeigte ihnen durch die Lehre Christi: ICH BIN das Leben, die Liebe und das Licht der Welt – und dass sie einfach nur ihr geistiges Gewand von Unrat befreien müssen. Dies ist eine Aufgabe, die alle Menschen bis zum heutigen Tage fordert. Dafür braucht es einen starken Willen und einen konstanten Geist, um dem eigenen göttlichen Selbst sein uneingeschränktes Vertrauen zu schenken. Das Gleichnis vom weißen Blatt, das wir im »Handbuch für Götter« beschrieben haben, offenbart bei konstanter Übung einen reinen Geist.

So erging es auch Gandalf dem Grauen bei »Herr der Ringe«, als er durch die Auseinandersetzung mit dem Balrog in den Tiefen seines Seins, Gandalf der Weiße wurde. Pipin war im Grunde ein Bote, der den Anstoß für diesen segensreichen Prozess gab. Er war ein Narr und Held und ein Instrument Gottes, sonst wäre Gandalf bei der Brücke von Khazad Dum nicht durch einen Feuerpeitschenhieb des Balrogs in die Tiefe gerissen worden. Die Zeit war gekommen, da die verdunkelte Welt den weißen und unbefleckten Weisen brauchte. Es war das Schicksal Gandalfs, diese Aufgabe in die Tat umzusetzen. Seine Seele hatte die Reife, und es bedurfte nur noch dieses außergewöhnliches Ereignisses. Im Grunde war es ihm bereits seit einiger Zeit bewusst, deshalb sagte er zu den Gefährten, die ihm am Abgrund noch die Hand reichen wollten: *„Flieht, ihr Narren (ihr noch Unwissenden)!“*

Sie konnten ihm diese Aufgabe nicht abnehmen, und so kam es, wie es kommen sollte. Die Qualität seines Geistes war dabei, den Körper eines bewussten Christus anzunehmen. Es fehlte nur noch die Erlösung von der Scheinwelt, und so musste er sich letztlich seiner größten Angst stellen: dem Balrog (Feuerdämon) in der Tiefe seiner Seele. Die Erlösung kostete Gandalf seinen grauen Körper, doch, davon befreit, konnte sich der Christuskörper offenbaren. So war er ein Segen für eine Welt, die die Dunkelheit verschlingen wollte (was im Grunde niemals funktionieren kann). Das weiße Licht dieses Weisen blendete gar Legolas (einen unsterblichen Elben und Königssohn), Aragorn (einen weisen Númenórer, Dúnedain und Thronerben) und den Zwerg Gimli aus dem Königshaus Erebor. Auch wenn der »Herr der Ringe« für viele Menschen eine fiktive Geschichte ist, so steckt eine Menge Wahrheit in dieser Erzählung von J.R.R. Tolkien.

Kommen wir nun zur Frage, warum sich Menschen nach Unsterblichkeit sehnen. Diesen Wunsch tragen sehr viele Menschen in ihrem Geist. Sie leben dadurch in der Zukunft und sie werden, solange sie den Gedanken an Unsterblichkeit pflegen, nicht die Unsterblichkeit erkennen. Was versperrt diesen Suchenden den Weg? Weil sie eben suchen, obwohl die Unsterblichkeit das *Jetzt* ist. Warum, was ist falsch an dieser Einstellung? Mit dem Wunsch nach körperlicher Unsterblichkeit wählen wir die Zukunft, weil wir sie mit unserer Persönlichkeit, unseren Eitelkeiten, unserem Stolz, unseren irdischen Wünschen *(Reichtum, Besitz, Tradition, Erfolg, Jugendlichkeit usw.)* und dem Streben nach Erfüllung verbinden. Die Unsterblichkeit ist das lebendige *Jetzt,* das sich in jedem Augenblick offenbart. Wir bleiben durch all die scheinbar positiven Gedanken in unserer Vergangenheit hängen. Wir streben nach der Unsterblichkeit unserer Persönlichkeit, obwohl wir *(viele Menschen)* wissen, dass es die Seele ist, die unsterblich ist, weil in ihr die intelligente Lebenskraft lebt.

Diese Lebenskraft ist das LEBEN, von dem Jesus Christus sprach: *„ICH BIN die Auferstehung und das LEBEN!“* oder: *„ICH BIN das Licht der Welt!“* Es ist Gott, den wir niemals ergründen können. Doch wenn wir diese Welt und uns selbst als das Relative erkennen, so können wir die Unsterblichkeit im *Jetzt* als das Leben erfahren, das immerwährend dahinfließt.

Die Worte Jesu zeigen uns auch hier einen Weg: *„Lasst sie, sie sind blinde Blindenführer! Wenn aber ein Blinder den andern führt, so fallen sie beide in die Grube.“ (Matthäus 15, 14)*

Das Relative ist der blinde Führer, dem wir blind vertrauen, weil diese Blindheit mit vielen weltlichen Einstellungen einhergeht, die eine Dualität in unser Leben rufen. So ist das menschliche Individuum im Relativen gefangen und fördert es mit seiner konditionierten Persönlichkeit! Wir werden als Persönlichkeit nicht die Unsterblichkeit erkennen, solange wir das Relative als Wirklichkeit annehmen.

Die Lebenskraft ist die Unsterblichkeit, die sich im *Jetzt* immerwährend ausdrückt. Selbsterkenntnis führt zum Erkennen unserer Wirklichkeit. Es existiert nur *eins*, und es kann in der Wirklichkeit dessen, was Gott ist, keine *zwei* geben. Wir leben in der Dualität und wollen uns daraus befreien, obwohl wir im Grunde unseres Seins bereits *frei sind*. Unser Streben nach Freiheit im *Relativen* erschafft nur noch weitere Bindungen. Die wirkliche Freiheit und Unsterblichkeit offenbart sich im lebendigen *Jetzt*.

Wir können unser wirkliches Selbst erkennen, wenn wir unsere Persönlichkeit im *Relativen* beobachten!

Jesus nahm dem Relativen die Macht, indem er sein wirkliches Selbst erkannte und dadurch den lebendigen Christus offenbarte. So sprach er:

„Wahrlich, wahrlich, ich sage euch: Der Sohn kann nichts von sich selbst aus tun, sondern nur, was er den Vater tun sieht; denn was dieser tut, das tut gleicherweise auch der Sohn." (Johannes 5, 19)

Und erklärte an anderer Stelle: *„Wenn jemand dürstet, der komme zu mir und trinke! Wer an mich glaubt* (Wer wirklich weiß, wer ICH BIN), *aus seinem Leibe werden Ströme lebendigen Wassers fließen." (Johannes 7, 37-38)*

Wer Jesus liebt, der liebt auch den Christus in allem Leben, den Sohn Gottes, von dem Jesus sprach. Jesus sagte auch: Nicht ich tue die Werke, es ist der Vater im Himmel, den wir als Gott, als Heiligen Geist bezeichnen.

Christus ist das Licht, das in dieser Zeit der Seelen-Ernte – da sich die Spreu vom Weizen trennt – alle Kinder Gottes ins wirkliche Licht führt. Hinter dem Horizont leuchtet das wirkliche Licht, so wie die strahlenden Sterne im dunklen Mitternachtsblau einer erhabenen Nacht hell vom Firmament leuchten. Unvergessen die Berührung und das

Gefühl, das wir dabei empfinden, ein vertrautes Sehnen nach unserer wirklichen Heimat. Erinnere dich an die Nächte, als du mit wachen Augen in den Nachthimmel aufgesehen hast und du von diesem Mysterium tief in deinem Herzen berührt wurdest. Erinnere dich, du Kind der Liebe.

Wir Menschen, die mit allen Sternengeschwistern *eines* gemeinsam haben – wir alle wurden aus dem Stoff der Liebe erschaffen. Die Liebe wird uns im rechten Moment die Freiheit schenken, von der Jesus kündete, als er mit all seiner Liebe sagte: *„ICH BIN das Leben und die Auferstehung, wer mir folgt, der wird wirklich Leben in der Unendlichkeit, ‚Leben' genannt."*

Das Leben fordert uns auf, uns an unser Erbe zu erinnern. Es fordert uns auf, jetzt eine Entscheidung zu treffen. Welche Entscheidung wirst du treffen? Die Erde oder auch Gaia hat sie bereits getroffen und ist niemals davon abgewichen. Sie folgt treu der göttlichen Ordnung und dient treu der Liebe – sie ist Liebe und liebt dich und alles Leben.

Jesus sprach: *„Ja, ihr kennet mich und wisset, woher ICH BIN! Und doch bin ich nicht von mir selbst gekommen, sondern der Wahrhaftige ist es, der mich gesandt hat, welchen ihr nicht kennet. Ich kenne ihn; denn von ihm bin ich, und er hat mich gesandt."* (Johannes 7, 28-29)

Und weiter erklärte Jesus: *„Wahrlich, wahrlich, ich sage euch. Wenn jemand mein Wort bewahrt, so wird er den Tod nicht sehen in Ewigkeit."* (Johannes 8, 51)

Er wird sich selbst erkennen und die lebendige Unsterblichkeit im JETZT.

Ein weiteres Beispiel, um dies zu veranschaulichen:
Jesus sprach: *„Ich habe es euch gesagt und ihr glaubt nicht. Die Werke, die ich tue im Namen meines Vaters, diese geben Zeugnis von mir, doch ihr glaubt nicht, denn ihr seid nicht von meinen Schafen. Wie ich*

euch gesagt habe, meine Schafe hören meine Stimme, das Wort, das vor Abraham war), *und ich kenne sie, und sie folgen mir nach, und ich gebe ihnen ewiges Leben, und sie werden in der Ewigkeit nicht* (niemals) *verloren gehen, und niemand wird sie aus meiner Hand reißen. Mein Vater hat sie mir gegeben, ist größer als alle, und niemand kann sie aus der Hand des Vaters reißen. Ich und der Vater sind eins." (Johannes 10, 25-29)*

Bedenke, was für ein Wissen und welch Weisheit diese Worte offenbaren, die Jesus einst sprach, als er Lazarus vom scheinbaren Tod im relativen Leben erweckte, weil er die Wirklichkeit dessen kannte, was *LEBEN* ist.

Jesus sprach: „*Diese Krankheit* (Störung) *ist nicht zum Tode, sondern zum Lobpreis Gottes, damit der Sohn Gottes dadurch gelobpreist wird." (Johannes 11, 4)*

3. Der Segen einer Spiegelwelt

Wie oft schauen wir in einen Spiegel? Auf diese Frage werden wohl die meisten Menschen mit „sehr oft“ oder „mehrmals täglich“ antworten. So war es nicht immer, da die Eitelkeit und die Anbetung des eigenen Körpers mit der Zivilisation permanent gewachsen sind. In der Natur spiegelt sich unser Gesicht und unser Körper beispielsweise in einer Wasseroberfläche wider. Lass uns noch einen Schritt weitergehen und den menschlichen Spiegel betrachten. Tatsächlich spiegelt sich unser Wesen in allen Menschen, die uns im Alltag begegnen, wider.

Jesus sagte: *„Liebet euren Nächsten wie euch selbst.“* Wie wir bereits wissen, ist Christus unser Nächster. Er ist uns näher als unser eigener Atem und lebt in allen Menschen. So sollten wir die Worte von Jesus dem Christus beherzigen, indem wir in unserem Alltag diese Nächstenliebe in die Tat umsetzen. Das *„freundliche“* Übel oder all die täglichen Herausforderungen, die wir meistern dürfen, möchten uns dabei unterstützen. Es gibt einen Spruch aus dem Sanskrit, der im Grunde auf diese Widerspiegelung unseres Selbst in einem scheinbar anderen Menschen hinweist. Er lautet: *„Tat Tvam Asi.“*, und bedeutet *„Das bist du.“* oder *„Du bist das.“*.

Wenn wir also in unserem Alltag einem Menschen begegnen, egal ob Vagabund, Handwerker, Professor, Akademiker oder sonst einem Menschen – so zeigt er uns, wer wir in Wirklichkeit sind. Wo immer wir hinschauen, erkennen wir Gott – im Grunde unser Einssein mit dem Leben. So sollten wir die Kraft des Segnens im All-Tag praktizieren. Sie offenbart die All-Liebe Gottes! Und Gott drückt sich ja durch die menschlichen Individuen aus. Die Worte, die einst Jesus seinen Jüngern Jakobus und Johannes ans Herz legte, zeugen von der Liebe Jesu zu den Menschen:

> *„Wisset ihr nicht, welches Geistes Kinder ihr seid? Des Menschen Sohn ist nicht gekommen, der Menschen Seelen zu verderben, sondern zu erhalten!“ (Lukas 9,54-56)*

Es geschah in Samarien, nachdem beide Jünger Jesus fragten: *„Herr, willst du, so wollen wir sagen, dass Feuer vom Himmel falle und verzehre sie, wie auch Elia tat."* Sie erinnerten Jesus an die Vernichtung der samaritischen Führer und Soldaten, die seinerzeit ausgesandt worden waren, um den Propheten Elia festzunehmen.

Was erwarteten sie von Jesus? Sie dachten doch wirklich in ihrem Zorn, dass Jesus Vergeltung verlangen würde. Zuvor waren die Samariter nicht gerade freundlich zu den Dreien gewesen. Jesus wollte damit seinen beiden Jüngern zeigen, dass sie als Vorbilder vorangehen sollten, indem sie Demut und bedingungslose Liebe in der Tat praktizierten. Wenn wir unseren Alltag betrachten, so können wir erkennen, wie oft wir in emotionalen Mustern gefangen sind. Wie schnell wird in dieser Welt verurteilt, obwohl wir unser göttliches Selbst in jedem Menschen erkennen können.

> Jesus sagte: *„Richtet nicht, damit ihr nicht gerichtet werdet! Denn wie ihr richtet, so werdet ihr gerichtet werden, und nach dem Maß, mit dem ihr messt, werdet ihr gemessen werden. Warum siehst du den Splitter im Auge deines Bruders, aber den Balken in deinem Auge bemerkst du nicht? Oder wie kannst du zu deinem Bruder sagen: Lass mich den Splitter aus deinem Auge herausziehen! – und siehe, in deinem Auge steckt ein Balken! Du Heuchler! Zieh zuerst den Balken aus deinem Auge, dann kannst du zusehen, den Splitter aus dem Auge deines Bruders herauszuziehen!" (Matthäus 7, 1-5)*

Jesus wies mit diesen Worten darauf hin, dass sie dem Vater im Himmel (in ihnen selbst) Vertrauen sollten und sich im Gebet üben sollten.

> So sagte Jesus weiter: *„Bittet und es wird euch gegeben; sucht und ihr werdet finden; klopft an und es wird euch geöffnet! Denn wer bittet, der empfängt; wer sucht, der findet; und wer anklopft, dem wird geöffnet. Oder ist einer unter euch, der seinem Sohn einen Stein gibt, wenn er um Brot bittet, oder eine Schlange, wenn er um einen Fisch bittet? Wenn nun ihr, die ihr böse seid, euren Kindern gute Gaben zu geben wisst, wie viel mehr wird euer Vater im Himmel denen Gutes geben, die ihn bitten." (Matthäus 7, 7-9)*

Vor Jahren wurde mir von einer wahren Begebenheit berichtet. Ein Mann hatte eine Vision, in der er ein Ereignis voraussah, das sich erst viele Monate danach ereignen sollte. Nämlich, dass er eines Tages von seinen langjährigen Seminarteilnehmern und Weggefährten aufgrund einer von ihm getroffenen Entscheidung, die keinem Menschen irgendeinen Schaden zugefügt hatte, aufs Schärfste verurteilt werden würde. Kurz nach dieser Vision erzählte er ihnen auf einer Veranstaltung davon. Sie waren sichtlich betroffen – einige weinten bitterlich und konnten sich nicht vorstellen, dass sie ihn, ihren liebgewonnenen Freund und Helfer, der sie über Jahre begleitet und ihnen kein Unrecht zugefügt hatte, vorschnell verurteilen würden. Im Gegenteil, jeder von ihnen war dankbar für jede Unterstützung, die sie von ihm erhalten hatten.
Das weitere Jahr verlief ohne besondere Vorkommnisse, und so waren diese Menschen mit sich selbst soweit im Frieden. Monate vor dem Ereignis gab es dann eine kleine Gruppe, die sich im Hintergrund auf negative Strömungen einließ. Sie gehörten zu den Menschen, die meist mit sich selbst nicht im Frieden sind – und aus so einer Unzufriedenheit heraus sind Menschen oft anfällig für destruktive Frequenzmuster.
Das Einzige, was er dann tat, war, für sich eine eigene Entscheidung zu treffen. Als er diese Vision hatte, hatte er deren Hintergrund nicht gleich erkannt. Doch nun musste er feststellen, dass viele seiner Gefährten tatsächlich nicht verstanden hatten, was wirkliche Nächstenliebe im All-Tag bedeutet. Handelte es sich um ein Vergehen seinerseits, oder nicht vielmehr um eine segensreiche Gelegenheit für alle Beteiligten, wirkliche Nächstenliebe in die Tat umzusetzen?
Im Nachhinein betrachtet waren diese Unzufriedenen diejenigen, die bei der sich abzeichnenden Bewusstseinsentwicklung den Anschluss verloren. Als dann das Ereignis stattfand, waren sie in ihren Einstellungen derart gefangen, dass sie diesen Mann verurteilten – sie richteten über ihn als denjenigen, der ihrer Meinung nach für etwas Geschehenes verantwortlich war. Sogar sein Umfeld bezogen

sie zum Teil mit in ihr destruktives Tun ein. Einige der Beteiligten hielten sich immerhin zurück und wollten ihn nicht verurteilen, denn sie kannten ihn als barmherzigen, liebevollen Menschen.
Gottes Wege sind unergründlich, und wir Menschen können oft nicht die darin verborgene Weisheit erkennen. In den darauffolgenden Jahren waren dann die Konsequenzen der Verurteilung im Grunde für alle zu erkennen. Es zeigte sich, dass dieses Ereignis für alle Beteiligten ein Geschenk des Himmels war!

Was möchte uns diese Geschichte sagen? Dass wir nicht richten sollten, denn wir richten uns damit selbst – unser göttliches Selbst, das in allen Menschen lebt. Hier sollten wir an die Worte Jesu denken: *„Richtet nicht, damit ihr nicht gerichtet werdet! (Matthäus 7, 1-5)*

Dies besagt, dass wir uns in allem spiegeln, und dass diese Welt im Grunde für uns ein Segen ist. Es liegt an und in uns, wie wir dieses Leben in unserem Lebenssein gestalten, und ob wir eines Tages erkennen, was das heißt – bedingungslos zu lieben. Leben heißt, dem *LEBEN* zu dienen.

Wenn wir in liebevoller Demut sind, so offenbart sich unsere wirkliche Führung, ohne dass sich unsere Persönlichkeit in den Vordergrund schiebt.

Jesus Christus ist uns ein segensreiches Vorbild, und im Grunde unseres Seins ist der Christus unser aller Ideal. Bedingungslos zu lieben, heißt, nicht zu urteilen, zu verurteilen, noch im All-Tag unseren Geschwistern gegenüber Neid oder Missgunst an den Tag zu legen. Bedingungslose Liebe ist kindlich, einfach und ohne Einfärbung durch weltliche Meinungsmuster. Sobald wir uns im Spiegel eines freudigen Kindes erkennen, fühlen und spüren wir eine Leichtigkeit in unserem Gemüt und Leib. Wie oft schauen Babys einfach in die Luft hinein und lächeln. Ja, sie sehen etwas, weil ihr Sehen noch ungestört ist. Wie du erkennen kannst, ist diese Welt seit vielen Jahren in einem Wandlungsprozess. Die Seelen, die seit vielen Jahren hier landen, haben dieses Wissen bereits im Gepäck, und so mancher Mensch ist sich dessen bewusst.

Einige Beispiele aus der Bibel: *„In aller Demut und Sanftmut, in Geduld. Ertragt einer den andern in Liebe." (Epheser 4, 2)*

Petrus wollte durch folgende Worte auf die Versuchung des Äußeren und die Unvergänglichkeit eines sanften Geistes hinweisen: *„Euer Schmuck soll nicht äußerlich sein – mit Haarflechten, goldenen Ketten oder prächtigen Kleidern –, sondern der verborgene Mensch des Herzens, unvergänglich, mit sanftem und stillem Geist: Das ist köstlich vor Gott." (1 Petrus 3, 3-4)*

Diese Worte zeigen uns deutlich, wie sehr unsere Welt von den äußeren Scheinbildern geprägt wurde. Wir haben es immer selbst in der Hand, daran etwas zu verändern. Wo ein Wille ist, da ist auch ein Weg.

Ein weiteres Beispiel zeigt uns, dass *wir* im Grunde unseres Seins die Heiligen sind, doch auch hier dürfen wir uns selbst fragen: *„Sind wir das tatsächlich?"* Wenn ein Fahrzeug Supertreibstoff in seinem Tank hat, so müssen auch die Voraussetzungen dafür geschaffen worden sein. Wir haben ein geniales Geist-Körper-System und nutzen es nicht vollumfänglich. Störungen im Geist- und Körpersystem blockieren die vollkommene Nutzung dieser stillen Kraft in unserem System.

Nehmen wir die folgenden Worte in unserem Bewusstsein auf, so können wir einen Weg frei machen, um diese Kraft zu entfesseln.

„So zieht nun an, als die Auserwählten Gottes, als die Heiligen und Geliebten, herzliches Erbarmen, Freundlichkeit, Demut, Sanftmut, Geduld..." (Kolosser 3, 12)

Wir, als die Auserwählten Gottes, die Heiligen und Geliebten mit all diesen Tugenden, sollten bestrebt sein, das Leben wirklich mit LEBEN zu erfüllen.

Die Worte des Jakobus sind voller Erkenntnis und Demut: *„Wer ist weise und klug unter euch? Der zeige mit seinem guten Wandel seine Werke in Sanftmut und Weisheit." (Jakobus 3, 13)*

Liebe Leserin, lieber Leser, auch wenn die Bibel in ihren Worten hin und wieder verändert wurde oder gar einige bedeutende Evangelien nicht in diesem Buche erwähnt werden, so ist es doch eine absolute Feststellung, dass der Bibel Grundsubstanz der Heilige Geist ist. Sie wäre in dieser Welt nicht um den ganzen Globus verbreitet worden, wenn sie nicht einige außergewöhnliche Botschaften für die ganze Menschheit in sich offenbaren würde.

Wenn auch im Alten Testament von Angst, Gewalt und Blutvergießen die Rede ist, so ist diese auf einen kriegerischen persönlichen Gott mit Namen Jehova gegründet. Doch auch im Alten Testament ist von Güte, Liebe, Demut, Frieden, Glaube, Wissen, Weisheit, Freude und Freiheit die Rede.

Das Neue Testament präsentiert sich in der Sprache der Liebe und gibt uns mit der Lehre Christi einen goldenen Kompass in unsere Hände. Es zeigt uns, dass wir das, was wir auf unseren geistigen Feldern säen, eines Tages auch ernten werden.

> Jesus sprach zu ihnen: „*Wer dieses Kind aufnimmt in meinem Namen, der nimmt mich auf; und wer mich aufnimmt, der nimmt den auf, der mich gesandt hat. Denn wer der Kleinste ist unter euch allen, der ist groß.*“ *(Lukas 9, 48)*

Auf den Feldern bringen wir die Saat aus, die uns „groß“ bzw. grenzenlos machen wird, und diese Saat ist so winzig, das so mancher Mensch sie in seiner Blindheit nicht erkennen kann.

> Wie wahr doch folgende Worte sind: „*Ihr aber, Brüder und Schwestern, seid zur Freiheit berufen. Allein seht zu, dass ihr durch die Freiheit nicht dem Fleisch Raum gebt, sondern durch die Liebe diene einer dem andern.*“ *(Galater 5, 13)*

> *„Wahrlich, wahrlich, ich sage euch: Der Knecht ist nicht größer als sein Herr und der Gesandte nicht größer als der, der ihn gesandt hat.“ (Johannes 13, 16)*

Jesus lebte dieses Ideal, indem er seinem wirklichen Ideal folgte, das er „Vater“ nannte. Er war und ist im Wissen, dass das Gott-Vater Mutter-Prinzip die All-Liebe, die All-Weisheit, das All-Wissen und die All-Macht ist. Dadurch, dass Jesus diesem Ideal mit seinem Willen und Geist folgte, wurde er zu einem Gottes-Christus. Er stellte sich nicht höher als seine Mitmenschen, nein, Jesus erniedrigte sich, wie auch Bruno Gröning, im Angesicht derer, die ihn liebten und derer, die ihn verurteilten. Jesu Liebe kannte keine Grenzen und sie war und ist noch immer bedingungslos. Wie können wir heute noch einen Gottes-Christus Jesus am Kreuze anbeten, obwohl er bereits drei Tage nach seinem scheinbaren irdischen Tod wieder auferstanden ist? Wir wissen, dass es hierüber unter den Menschen unterschiedliche Sichtweisen gibt. Warum wollen wir Menschen immer wieder Widersprüche und Gegensätze im Geiste nähren, wenn es doch um bedingungslose Liebe in der Botschaft Christi geht? Wir haben die Pflicht, uns selbst zu erkennen, anstatt auf dem Jahrmarkt der Eitelkeiten alle möglichen Thesen unter unseresgleichen zu verbreiten. Erinnere dich an das Gleichnis vom Strom, der in der Leitung zur Lampe ungestört – also frei von Widersprüchen und Gegensätzen – fließen kann! Was passiert, wenn der Strom die Glühbirne erreicht? Sie leuchtet in ihrer Glückseligkeit!

Jesus weilt unter uns und schenkt uns Trost und Mut in diesen stürmischen Zeiten. Wir sollten es ihm gleichtun und in unseren Geschwistern das Licht Christi anerkennen. Warum liebte er Kinder ganz besonders und gab uns zu verstehen: *„Wenn ihr nicht umkehrt und werdet wie die Kinder, so werdet ihr nicht ins Himmelreich kommen.“*

Warum das so ist, werden wir uns jetzt ansehen.

4. Die Energie der Freude

Aus eigener Erfahrung wissen wir, was überschäumende Freude mit uns anstellen kann. Die Zellen unseres Körpers schwingen in diesem Moment in einer Frequenz, die alle Schwerkraft auflöst. Wir erleben eine ganzheitliche Leichtigkeit. Es ist ein Erlebnis der Glückseligkeit.

Es gibt unzählige Geschichten, in denen Menschen über einen derartigen Bewusstseinszustand berichten. Bekannte Sätze wie *„Ich schwebe förmlich auf Wolke sieben.“*, *„Ich bin im siebten Himmel.“* oder *„Ich könnte die Welt umarmen!“* sind nur einige von vielen. Die Energie der Freude ist wahrlich ein Segen für uns Menschen und unser gesamtes Umfeld (Menschen, Tiere, Pflanzen, Wasser und die gesamte Welt werden davon berührt und gesegnet).

Erst wenn wir uns wieder an die Energie von Sorgen, Kummer, Angst und Leid erinnern, holen wir diese Energien der Schwerkraft in unseren Geist zurück, und damit auch in unser Körpersystem. Wie oft haben Menschen versucht, in meinem Geist ihre Ängste und ihren Kummer abzuladen, als wäre ich eine Mülldeponie. Natürlich, wenn wir uns bei einem lieben Menschen entladen können, so wird es uns danach leichter ums Herz sein. Wie wäre es, wenn dieses Entladen auch auf andere Weise stattfinden könnte? Was gibt es für Alternativen?

Nehmen wir dieses Beispiel, in dem sich ein Mensch bereits im Vorfeld eines Gespräches ausheult bzw. sich dadurch entlädt. Wer ist dafür verantwortlich, und wohin entlädt sich diese Überspannung? Verantwortlich zeichnet bei diesem Beispiel der führende Aspekt in dir – der Souverän, der Gott deines Seins, das *ES.* Als hätte jemand den Feuermelder betätigt – und schon heißt es: *„Wasser marsch!“* Du hast den Feuermelder betätigt, weil du dir das Entladen auf diese Weise bereits als Gewohnheit in deinem Bewusstsein hinterlegt hast. Du empfindest es bisher als hilfreich, weil du dich im Anschluss, nach dem Entladen, befreiter fühlst. Bei diesem Beispiel entlädt bzw. befreit sich das überforderte Nervensystem bereits von einem Großteil der „schweren" Energien. Der Rest kann sich in einem aufbauenden Gespräch in nichts auflösen. Du entscheidest durch deine Haltung bzw. Einstellung, ob er sich in Gänze auflösen darf. Du bist also selbst der Erlöser bzw. die Erlöserin und kannst dich in einem Augenblick für die Freude entscheiden. Wir Menschen sollten die Ursache unserer selbsterschaffenen Störungen in uns selbst entdecken, um sie dadurch zu entblößen. Dadurch wird ihnen die Energie genommen, weil wir uns nicht mehr für sie interessieren. Sie haben existiert, weil wir sie mit Energie genährt haben!

Ein Beispiel dazu, was die Energie der Freude bewirken kann: Was machen kleine Kinder, wenn sogenannte „Erwachsene" streiten? Sie ziehen sich entweder zurück oder sie kommen als Friedensstifter daher, da sie die Situation mit ihrer Leichtigkeit harmonisieren. Oft ziehen Kinder die Aufmerksamkeit auf sich selbst und nehmen gar eine Schelte in Kauf, nur um für Frieden zu sorgen. Erwachsene sind schnell dabei, ihren Kindern in solchen Situationen den Mund zu verbieten.

Was meinst du, wer ist hier der Störenfried, die Erwachsenen oder das Kind? Es gibt eine Vielzahl von Beispielen, was die Energie der Freude, der Einfachheit und der Liebe von Kindern vollbracht hat. Sie sind wie strahlende Leuchttürme in einer dunklen Nacht.

Kürzlich rief mich ein Freund an. Seit vielen Jahren begleiten ihn verschiedenste Herausforderungen, die er durchwandern darf. Damit nicht genug, es kam noch heftiger. Vor lauter Kummer und Sorgen erwischte es auch seine Frau. Wenn du denkst, es kann nicht noch etwas draufgelegt werden, so wirst du meist eines Besseren belehrt. Es verstarb auch noch der geliebte Familienhund bei einem Auslandsaufenthalt. Die gesamte Familie liebte diesen weisen und weißen Hund. Ich kannte diesen Hund persönlich und kann bestätigen, dass er in dieser Familie ein helles Licht war. Was sagten mir mein lieber Freund und seine liebe Frau am Telefon? Sie

vermissen ihn, doch sie wissen auch, er ist in seliger Gemeinschaft auf einer geistigen Ebene. Auch ein Hund inkarniert wieder, und Gott weiß, wo ihn seine Liebe hinführt – vielleicht wieder in diese Familie?
Jetzt kommen wir zu den Kindern dieser herzlichen Familie. Mein Freund sagte mir, seine Enkelkinder schenken ihm und seiner Frau eine unvorstellbare Liebe und Freude. Ich erwiderte: *„Sie sind kleine, strahlende Leuchttürme, und im Grunde sind sie liebevolle Riesen."* Er sagte daraufhin, dass seine Frau und er selbst alle Familienangehörigen an jedem Tag mit in ihre Gebete aufnehmen. Was sagt man dazu? So sieht eine Familie aus, die, obwohl vom Leben kräftig geprüft, Gott und die Dankbarkeit, wie auch die Lebensfreude, nicht vergessen haben. Es war ein erfülltes und von Gott gesegnetes Telefonat.

Ein weiteres Beispiel: Mir wurde vor vielen Jahren von einer wahren Begebenheit berichtet. Bei einem Fußballspiel in einem Stadion traf es einen Zuschauer, der mit Begeisterung seine Mannschaft beobachtete. Wenn ein Fußballfan mitfiebert, durchlebt er meist Höhen und Tiefen im Verlauf der Spielzeit. Dieser Mann mit einem schwachen Herzen hätte umfallen und vor lauter Aufregung einen Herzinfarkt bekommen können. Es kam jedoch anders und absolut außergewöhnlich, dieses Fußballspiel war ein Segen für ihn. Seine Mannschaft hatte gewonnen und seine Freude war riesengroß. Kurz darauf hatte er einen Arzttermin, bei dem seine Herzleistung gemessen wurde. Der Arzt staunte nicht wenig, als er die Auswertung des durchgeführten Belastungs-EKGs analysierte. Die Werte hatten sich drastisch gebessert, man könnte sagen, sie waren fast wieder in Ordnung. Der Arzt fragte ihn natürlich, ob er an anderer Stelle eine besondere Therapie gemacht habe. Der Mann verneinte und sagte ihm, dass er vor Tagen nach einem Fußballspiel eine große Erleichterung im Körper gefühlt hatte. Er beschrieb dies mit einer überschäumenden Freude und berichtete dem Arzt ausführlich, was er dabei empfand! Kannst du dir das vorstellen? Begeisterung und überschäumende Freude offenbaren oft eine außergewöhnliche Energie! Herzensfreude offenbart sich jenseits von Spannungsfeldern wie Sorgen, Kummer, Leid oder Trauer.

Warum spielen unbeschwerte Kinder das wirkliche Spiel des Lebens? Sie sind eben unbeschwert, und das so lange, wie sie keine Widersprüche und Gegensätze einprogrammiert bekommen.

Warum wurde zum Beispiel Pippi Langstrumpf in über 75 Sprachen übersetzt? Was sagen Erwachsene zu Pippi Langstrumpf, die mit einem Pferd und einem Affen in einer kunterbunten Villa lebt? Sie wirbelt das Leben in diesem Ort auf, wo ihre beiden Freunde leben. Gemeinsam entdecken sie spielerisch und unbeschwert das Leben. Hier gibt es unterschiedliche Meinungen, und zwar ganz gegensätzliche. Da gibt es die Erwachsenen, die im Herzen selbst noch ein Kind sind und mit einer segensreichen Phantasie ihre Lebensreise begehen. Die Opposition in Gestalt einiger „kluger" Erwachsener ist ganz anderer Meinung – sie tun die Geschichten der Pippi Langstrumpf als Phantastereien und als unrealistisch ab: *„So etwas braucht die Menschheit nicht."* Sie sind die Schlauberger und Besserwisser auf diesem Planeten und wollen unbedingt beschwerte Erwachsene ohne Kinderträume sein. Sie sind keine Visionäre, denn Visionäre offenbaren eine außergewöhnliche Phantasie. Astrid Lindgren hat den Menschen auf diesem Planeten damit ein Geschenk gemacht, um sie daran zu erinnern, dass wir alle das Kind in uns haben. Erwachsene tun nur so erwachsen, doch im stillen Kämmerlein, fernab der Öffentlichkeit, haben auch sie das Bedürfnis nach Herzenswärme, Leichtigkeit und wirklicher Freiheit. Es ist die Freude und Leichtigkeit dieser Figur, die viele Menschen auf dem gesamten Globus im Herzen berührt. Der Mensch, der Pippi Langstrumpf erdacht hat, war Astrid Lindgren, die nicht nur ihre schwedische Heimat mit den fröhlichen Geschichten dieses Mädchens verzauberte. Pippi Langstrumpf ist bis zum heutigen Tage die wohl bekannteste Kinderfigur in dieser Welt.

Auch sogenannte „Erwachsene“ waren einst Kinder, und viele erinnern sich gern an Pippi Langstrumpf – ein Mädchen, das ihr tägliches Leben entgegen der allgemeinen Norm in der Villa Kunterbunt und dessen Umfeld mit ihren beiden Freunden, einem Pferd und einem kleinen Affen, verbringt. Sie verfügt über außergewöhnliche Fähigkeiten, die sie spielerisch im richtigen Moment anwendet. Sie hat vielen Menschen in dieser Welt Mut gemacht, das innere Kind in sich wieder zu entdecken, um einfach Freude in ihrem Alltag erleben zu können.

Erinnern wir uns doch wieder an diese Freude und beleben das Kind in uns! Überall auf Erden sind diese freudigen Wesen, sie sind wie strahlend leuchtende Blumen, die uns im Herzen berühren. Was im Hintergrund dieser Welt verschleiert wurde, wird sich offenbaren, und die Welt darf auch zu all den Kindern von Herzen *„Thank you, forgive me, and I love you!“* sagen! *„Wir danken euch und bitten euch um Verzeihung. Wir lieben euch so sehr!“*

Ja, wir haben uns selbst und unsere Kinder von der bedingungslosen Liebe weggeführt, indem wir sie und uns bereits im Mutterleib, und danach, mit Begrenzungen gefüttert haben. Denn unsere Kinder sind unsere Landeplätze *(Inkarnationsmöglichkeiten)*, wenn wir irgendwann wieder auf dieser Ebene landen möchten, um uns vom Rad des selbsterschaffenen Karmas zu erlösen. Eines Tages wird dieses Rad stillstehen, weil wir Christus dann wirklich erkennen, der in uns und in allen Menschen lebt!

So waren zum Beispiel einst die Eltern unsere Kinder. Wir schlüpfen in alle Rollen einer Erdenfamilie, um das Leben in vollkommener Weise zu erleben. Gleiches gilt für alle Farben und Rassen. *Tat tvam asi!*

5. Die Erhabenheit eines konstanten Geistes

Wenn du nicht im Geiste wie ein kleines Kind wirst *(bist)*, so wirst du nicht in das grenzenlose Reich des Geistes kommen. Nur mit einem Geist, der frei ist von Widersprüchen und Gegensätzen sich selbst und anderen Menschen *(oder sonstigen Wesenheiten)* gegenüber, kannst du das Unbegrenzte aufnehmen.

Sei gewiss, *ICH BIN ES,* der in dir und durch dich wirkt. *ICH BIN* die Auferstehung und das Leben. Du musst mich nicht suchen – ich war schon immer bei und in dir. Warum suchst du mich? *ICH BIN* das ewige, unbegrenzte Sein. Sobald du mich suchst, stellst du mich in Frage. *ICH BIN Gegenwart. D*u atmest, weil *ICH BIN. D*ein Herz pocht in einem Rhythmus, weil *ICH BIN.* Du lebst, weil *ICH* das Leben *BIN.* Dein konditionierter Verstand mit all seinen Programmen ist das Produkt deines begrenzten Denkens.

Nachfolgend noch einige Worte aus dem Buch »Leben und Lehren der Meister im Fernen Osten« von Baird T. Spalding, die dich im Herzen berühren und bewegen möchten:

> *„Die nächste große Wahrheit, die durch dieses Bewusstsein offenbart werden soll, ist, dass jedes Individuum, da es empfangen worden ist im göttlichen Gemüt, in diesem Gemüt festgehalten wird als vollkommene Idee. Nicht ein einziger unter uns muss sich selber erzeugen. Wir sind vollkommen erzeugt und werden in dem vollkommenen Denken Gottes immer als vollkommene Wesen festgehalten. Wenn wir diese Erkenntnis unserem Bewusstsein beigebracht haben, können wir in Berührung kommen mit dem göttlichen Bewusstsein und so aufs Neue erzeugen, was Gott schon an unserer Stelle erzeugt hat. Dies ist, was Jesus ‚wiedergeboren werden' nannte. Es ist das große Geschenk, das uns vom Schweigen dargeboten wird; denn wenn wir in Berührung kommen mit dem Gottesbewusstsein, können wir im Gottesbewusstsein denken und uns erkennen, wie wir in Wirklichkeit sind, nicht wie wir zu sein glauben. Wir werden das Gottesgemüt berühren durch richtiges*

Denken, und damit einen richtigen Ausdruck hervorbringen, während wir heute durch unser unrichtiges Denken einen unwahren Ausdruck hervorgebracht haben. Die Form mag jedoch vollkommen oder unvollkommen sein, so ist das Wesen der Form dennoch vollkommene Gottesmacht, Substanz und Intelligenz. Es ist nicht das Wesen der Form, was wir zu wandeln wünschen, sondern die Form, die das Wesen angenommen hat. Dies muss getan werden durch eine Erneuerung des Denkens oder die Verwandlung des unvollkommen Erzeugten in vollkommen Erzeugtes, vom menschlichen Denken in das Denken Gottes. Wie wichtig ist es also, Gott zu finden, mit Ihm in Berührung zu kommen, eins mit Ihm zu sein und Ihn zum Ausdruck zu bringen! Und wie ebenso wichtig ist das Schweigen oder das Zum-Stille-sein-Bringen des persönlichen Verstandes, da Gott mit all Seiner Herrlichkeit unser Bewusstsein erleuchten kann. Wenn dies geschieht, können wir verstehen, wie ‚die Sonne der Gerechtigkeit (der Richtigkeit) *erstehen und auf ihren Flügeln das Seil tragen wird'. Gott überflutet das Bewusstsein, wie der Sonnenschein einen verdunkelten Raum überflutet. Das Einströmen des universellen Bewusstseins in den persönlichen Verstand ist wie das Eintreten der frischen Luft von außen in die unreine, die lange Zeit in einem geschlossenen Raume gehalten worden ist.*"[(1)]

Die Verwirrung in der Welt scheint ungeahnte Ausmaße anzunehmen, doch wir sollten im Wissen sein, dass der Christus niemals versagt. Es sind die Menschen, die in ihrer selbsterschaffenen Welt von Ideen, Glaubensformen, Widersprüchen und Gegensätzen umherirren. Blicke auf zum Himmel und sieh die strahlende Sonne – sie zeigt uns, dass es bereits vollbracht ist. Um was du den Vater in meinem Namen *(Christus)* auch immer bittest, das hast du bereits bekommen. Hinterfrage nicht diese Kraft, sondern habe die Leichtigkeit und Unbegrenztheit eines kleinen und unkonditionierten Kindes. Das Sein kann niemals in irgendeiner Weise beeinflusst werden, da es in sich selbst die Pendelbewegung der Polarität annimmt. *ES* ist unbegrenzt und ewig während. *ES* wirkt im Hintergrund allen Lebens und ist die Wirklichkeit, die All-Liebe.

Würdest du ein weises, aufgestiegenes Wesen *(Jesus, Petrus, Maria, Maria Magdalena, Franziskus, Joseph und viele weitere weibliche und männliche aufgestiegene Meisterinnen/Meister)* oder ein fortgeschrittenes außerirdisches Wesen *(oder eines, das im Innern des Planeten Erde lebt)* fragen: „*Warum wandelt die Menschheit noch immer in der Dunkelheit umher, obwohl wir doch die Hoffnung und den Glauben bisher nicht aufgegeben haben?*“, so wird dieses weise Wesen dir antworten: „*Weil Glaube und Hoffnung nicht absolute Akzeptanz offenbaren. Beide sind nur ein Weg, der eines Tages im JETZT seine Krönung durch die vollkommene Akzeptanz erfahren wird!*“

Ein kleines Kind lebt das Sein, doch das System der Erwachsenen verbildet und manipuliert das Wesen des Kindes! Die frohe Botschaft: Es gibt Kinder, die diese Welt nicht manipulieren kann. In ihnen pulsiert die wirkliche Freiheit und Lebensfreude. In diesem Kinde ist eine reife Seele inkarniert. Sie hat durch die eigene Reise vieler Inkarnationen ein außergewöhnliches Bewusstsein erschaffen. Dieses Kind wird sich auch nicht durch die Störungen *(Widersprüche und Gegensätze)* aufhalten lassen und entschlossen seinem selbst gewählten Lebensweg folgen. Es wird durch Täler wandern, wo viele Menschen verzweifeln würden, doch es wird alles meistern, was das Leben ihm schenkt, um eines Tages als Christus aufzusteigen.

Es wird unter anderem auch die folgenden Worte vom Psalm 27 im Herzen tragen:

> „*Der Herr ist mein Licht und mein Heil, vor wem sollte ich mich fürchten? Der Herr ist meine Lebenskraft, vor wem sollte mir grauen? Wenn Übeltäter mir nahen, um mein Fleisch zu fressen, meine Widersacher und Feinde* (Ich liebe meine Feinde, und wenn sie in Horden dahergebraust kommen, so liebe ich sie um ein Vielfaches mehr, denn in ihren Herzen sehe ich dich, mein Geliebter), *so müssen sie straucheln und fallen.*

Selbst wenn ein Heer sich gegen mich lagert, so fürchtet mein Herz sich dennoch nicht; wenn sich Krieg gegen mich erhebt, so bin ich auch dabei getrost (denn ich trage deinen Mantel der Liebe).
Eines erbitte ich von dem Herrn, nach diesem will ich trachten: dass ich bleiben darf im Haus des Herrn mein ganzes Leben lang, um die Lieblichkeit des Herrn zu schauen und (ihn) *zu suchen* (zu entdecken, zu erkennen und zu erfassen) *in seinem Tempel* (meinem Tempel, der im Grunde Gottes Tempel ist).
Denn er deckt mich in seiner Hütte (mit seinem Mantel der Liebe) *zur Zeit des Unheils* (segensreicher Veränderungen), *er verbirgt mich im Schutz seines Zeltes* (mit seinem Mantel der Liebe) *und erhöht mich auf einen Felsen* (als Christus).
Nun ragt mein Haupt hoch über meine Feinde (scheinbaren Feinde, die nur eine Illusion dieser Welt sind), *die um mich her sind, und ich will Jubel bringen in seinem Zelt; ich will singen und spielen dem Herrn.*
O Herr, höre meine Stimme, wenn ich rufe; sei mir gnädig und antworte mir! (und Gott wird es immer tun!)
Mein Herz hält dir vor dein Wort: Sucht (erkennt und erfasst) *mein Angesicht! Dein Angesicht, o Herr* (o Gott, meine Liebe), *will ich suchen* (erkennen, so soll es sein).
Verbirg dein Angesicht nicht vor mir (Ich weiß, du bist immer anwesend, denn du belebst meinen Körper, der der deinige ist)*; weise deinen Knecht nicht ab* (Ich weiß, du weist dein Kind nicht ab), *denn du bist Liebe. Meine Hilfe bist du geworden* (warst du immer)*; verwirf mich nicht und verlass mich nicht* (Das hat diese Kraft niemals getan, ansonsten könnten wir nicht atmen usw., den Tod und das Verderben haben wir selbst erschaffen und gewählt), *du Gott meines Heils!*
Wenn auch mein (irdischer) *Vater und meine* (irdische) *Mutter mich* (nur scheinbar) *verlassen, so nimmt doch der Herr* (die allumfassende Liebe usw.) *mich auf.* (So lebe ich im himmlischen Vater, und der Vater in mir.)
Zeige mir, Herr, deinen Weg und leite mich auf ebener Bahn um meiner Feinde (selbsterschaffenen Störungen) *willen!*

Gib mich nicht preis der Gier meiner Feinde (Hilf mir, dass ich nicht schwach werde ob meiner selbsterschaffenen Begierden, die mir mein Alltag widerspiegelt), *denn falsche* (erforderliche) *Zeugen sind gegen mich aufgestanden und stoßen Drohungen aus* (die mich nicht berühren können, weil ich weiß, wer ICH BIN).
Ach, wenn ich nicht gewiss wäre (Ich bin mir jedoch gewiss, denn ICH BIN), *dass ich die Güte des Herrn sehen werde im Land der Lebendigen.*
Harre auf den Herrn! (Vertraue auf diese Liebe und auf Gott.) *Sei stark, und dein Herz fasse Mut und harre auf den Herrn!* (Ja, mein Gott, das tue ich und ich weiß, so ist mein Tun gesegnet.)" *(David, Psalm 27)*

Wie weise diese Bibelworte doch sind, wenn wir deren Botschaft auch wirklich erkennen – die Botschaft eines Buches, das seit Tausenden von Jahren den Höhen und Tiefen der Weltgeschichte standgehalten hat. Oft wurde Hand angelegt an die Botschaft dieses Werkes. Es waren Versuche, die Menschen über Jahrhunderte beeinflussen konnten, doch die wirkliche Botschaft der Bibel, die bedingungslose Liebe zu allem Leben, konnte mit keiner Tinte noch mit irdischem Werkzeug verändert werden. Sie wurde mit der Essenz der Liebe geschrieben, und eine unsichtbare Hand führte die Feder der aufrichtigen und gesegneten Schreiberlinge.

Was wäre, wenn es auch weibliche Wesen gab, die in der Hand eine Feder hielten, um in dieses weltbekannte Werk segensreiche Gedanken in Worte einzupflegen? Eines Tages wird so manches im Lichte der Wirklichkeit erscheinen!

Die Jünger Jesu hatten in ihrem Leben einen konstanten Geist erlangt. Jesus wusste sehr wohl, welche Seelen an seiner Seite wandelten. Er veredelte sie im Namen seines Vaters, und so wurden diese Menschen zum Segen für diese Welt, indem sie die Botschaft Jesu Christi unter den Menschen verbreiteten. So hat im Grunde ein jeder Mensch die Möglichkeit, in seinem Leben *(Inkarnation)*, einen starken und konstanten Geist zu erlangen.

Es gibt eine Menge erfolgreicher Menschen, denen der Erfolg nicht einfach so nebenbei in den Schoß gefallen ist. Sie hatten eine Vision, die sie mit ihrem Herzen und Willen umarmten. Diese Menschen erlangten diesbezüglich einen außergewöhnlichen Geist. Ihre Vision wurde zu ihrem Ideal, sie waren sich in gewisser Weise des alchemistischen Labors in ihrem Gehirn und Geist bewusst und befeuerten die Neuronen. Die Elektronenwolke, die ihren Körper umgab, war in diesen Momenten frei von Widersprüchen! Sie konnten manchmal an gar nichts anderes mehr denken als an dieses Ideal.

Der Erfinder Nikola Tesla zum Beispiel war ein solcher Mensch, der zu einem Genius in seinem Fach heranreifte. Er konnte sich mit dem unendlichen Geist verbinden, und die Sende- und Empfangseinheiten in seinem Körper konnten grenzenloses Wissen empfangen, das in seinem Bewusstsein, seinem Gehirn und seinen Zellen abgespeichert wurde (ein segensreicher Download). So war es ihm ein Herzenswunsch, die Menschheit mit freier Energie zu beschenken, doch dem Industrie- und Bankenkomplex in dieser Welt war dies ein Dorn im Auge!

Wie wir wissen, hatte Jesus Christus seine Jünger/-innen bewusst gewählt. Sie hatten außergewöhnliches Potenzial und sie waren bereit, dafür das weltliche Leben aufzugeben.

Ein besonderes Beispiel ist das Bekenntnis Jesu Christi an Petrus und die Verheißung an ihn:

„Da kam Jesus in die Gegend der Stadt Cäsarea Philippi und fragte seine Jünger und sprach: Was sagen die Leute, dass des Menschen Sohn sei? Sie sprachen: Etliche sagen, du seist Johannes der Täufer; die andern, du seist Elia; etliche du seist Jeremia oder der Propheten einer. Er sprach zu ihnen: Was sagt denn ihr, wer ich sei? Da antwortete Simon Petrus und sprach: du bist Christus, des lebendigen Gottes Sohn!" (Johannes 6, 69)

„Und Jesus antwortete und sprach zu ihm: Selig bist du, Simon, Jonas Sohn; denn Fleisch und Blut hat dir das nicht offenbart, sondern mein Vater im Himmel. Und ich sage dir auch: du bist Petrus, und auf die-

sen Felsen will ich bauen meine Gemeinde, und die Pforten der Hölle sollen sie nicht überwältigen. Und ich will dir des Himmelsreichs Schlüssel geben: Alles, was du auf Erden binden wirst, soll auch im Himmel gebunden sein, und alles, was du auf Erden lösen wirst, soll auch im Himmel los sein. Da verbot er seinen Jüngern, dass sie niemand sagen sollten, dass er, Jesus, der Christus wäre." (Matthäus 16, 13-20)

Petrus hat bis zum heutigen Tage diese Aufgabe, die Jesus, der Christus, ihm zugeteilt hat, in die Tat umgesetzt. All die anderen Jünger und Jüngerinnen und all die ungenannten Weggefährten, die dem Weg Christi mit Willen und Begeisterung folgten, könnten wir als Nachfolger Jesu Christi bezeichnen, wenn da nicht die Tatsache im Raum stehen würde, das Jesus noch immer in dieser Welt wirkt. Er ist im Grunde nicht wirklich verstorben, da er wusste, dass sein Vater das Leben ist, und dass diese intelligente Lebenskraft seinen Geist wie auch seinen Körper immerwährend durchströmt – und erfüllt. Jesus wusste, wie er seinen irdischen Körper nach seinem leiblichen Tod wieder aufbauen konnte. Er war ein lebendiger Christus und im Wissen, was Schwingungsfrequenzen sind!

Die Botschaft, die er seinen Jüngern gab, war deutlich und klar: *„Da sprach Jesus zu seinen Jüngern: Will mir jemand nachfolgen, der verleugne sich selbst und nehme sein Kreuz auf sich und folge mir." (Matthäus 16, 24)*

Ich möchte diese Botschaft noch etwas ausweiten, indem ich sage: Wir alle sind die Nachfolger Christi, da Christus in uns lebt, uns belebt und durch uns wirkt. Es ist nicht nur eine Wahrheit, sondern die Wirklichkeit dessen, was IST, wenn Jesus uns auffordert: *„Wenn ihr nicht eure* (weltlichen) *Väter, Mütter, Söhne und Töchter* (eure Glaubensbekenntnisse, Traditionen, eure Kultur und all die Widersprüche und Gegensätze, die in eurem Geiste zur Abhängigkeit vom Relativen geführt haben) *verlasst* (aufgebt), *noch euer Leben für mich hingebt, so werdet ihr den Christus* (die Christuskraft) *nicht in euch selbst erblicken, erfassen* *und verwirklichen können* (denn ihr habt Ketten der Bindung an eure irdischen Familien in eurem Herzen geschmiedet. Ihr werdet ihnen folgen, denn sie werden an diesen Ketten zerren, bis ihr nachgebt und mich verleugnet)." (von mir übersetzt)

Das heißt nichts anderes, als dass dein Blick über diese weltlichen Bande hinweg schauen muss. Folge dem Christus, dem *ICH BIN*, der das *LEBEN* ist. Du musst dafür nicht deine Familie aufgeben, doch die Bindungen, die du dadurch täglich offenbarst, werden dich immer wieder in Zweifel, Gegensätze und Widersprüche verwickeln. Souveränität ist einfach und ist absolute Klarheit im Geiste.

Jesus sagte: „*Willst du geheilt werden?*" Daraufhin sagte dieser grandiose Meister: „*Es ist vollbracht.*" Sein Glaube gründete sich nicht auf einen Geist, der angefüllt war mit Widersprüchen, Gegensätzen und Wankelmut. Das Innere des Menschen wird im Alltag mit Herausforderungen, Zweifel, Erfolg und Misserfolg, Gut und Böse, Krankheit und Gesundheit, Liebe und Lieblosigkeit, Hass und Frieden usw. konditioniert. Wir wissen doch, dass das Innere das Äußere erschafft, doch wenn unser Inneres jeden Tag vom Äußeren beeinflusst wird, so werden wir uns weiter in einem Hamsterrad abstrampeln, bis die Lebensenergie in uns aufgebraucht ist. Unsere Ladestation in uns wird von Störungen belagert. Wir haben es selbst in der Hand, diese Störungen aufzulösen, indem wir uns von diesen täglich auf uns einwirkenden Frequenzen der Widersprüche befreien. Wir können uns nirgends davor verstecken. Sie folgen uns überallhin, weil wir sie im Reiserucksack unserer Persönlichkeitseinstellungen mit uns tragen. Es gibt Menschen, die dazu sagen würden, der Feind lebt in uns, doch es ist kein Feind. In Wirklichkeit ist es ein Freund und Befreier, wenn wir ihn in seinem wahren, wirklichen Gewand erkennen. Sobald dies geschieht, erlösen wir uns selbst von diesen Widersprüchen und erkennen die Worte Jesu wirklich: „*Liebe deinen nächsten wie dich selbst.*"

Sei dir bewusst, dass deine Gedanken durch die Unendlichkeit unseres Universums reisen und eines Tages zu dir zurückkehren. Die Erhabenheit eines konstanten Geistes bedeutet doch auch, dass wir uns selbst zurücknehmen dürfen.

Hier stellt sich dem einen oder anderen die Frage: „*Was wollen mir diese Worte sagen? Sollte ich meine persönlichen Sichtweisen überdenken? Ist hier vielleicht Eitelkeit im Spiel? Ist mein Geist mit Widersprüchen und Gegensätzen angefüllt?*"

Und hier nun eine Frage für all die, die sich davon berührt fühlen: „*Wie kann ein Mensch mit einem Menschen auf Augenhöhe sprechen, wenn der eine noch im Tal ist und der andere bereits auf dem Berg?*" So geschah es, dass Jesus seine Brüder Petrus, Johannes und Jakobus mit sich auf einen Berg nahm, um zu beten. Frag dich doch selbst, wie Jesus sich gegenüber Petrus, Johannes und Jakobus offenbarte, als er sie dahin mitnahm. Waren sie da etwa auf Augenhöhe mit Jesus, ihrem geliebten Meister? Nein, denn während er betete, veränderte sich das Aussehen seines Gesichtes, und sein Gewand wurde leuchtend weiß.

> „*Und siehe, es redeten zwei Männer mit ihm. Es waren Mose und Elija; sie erschienen in Herrlichkeit und sprachen von seinem Ende, das er in Jerusalem erfüllen sollte. Petrus und seine Begleiter aber waren eingeschlafen, wurden jedoch wach und sahen Jesus in strahlendem Licht und gleichsam die zwei Männer, die bei ihm standen. Und es geschah, als diese sich von ihm trennen wollten, und Petrus zu Jesus sagte: Meister, es ist gut, dass wir hier sind. Wir wollen drei Hütten bauen, eine für dich, eine für Mose und eine für Elija. Er wusste aber nicht, was er sagte. Während er noch redete, kam eine Wolke und überschattete sie. Sie aber fürchteten sich, als sie in die Wolke hineingerieten. Da erscholl eine Stimme aus der Wolke: Dieser ist mein auserwählter Sohn, auf ihn sollt ihr hören. Während die Stimme erscholl, fanden sie Jesus allein. Und sie schwiegen und erzählten in jenen Tagen niemandem von dem, was sie gesehen hatten. (Lukas 9, 28-38)*

Kommen wir zu einem weiteren Beispiel: Kann ein Läufer, der sich noch am Ende des Läuferfeldes *(oder darin)* befindet, mit dem Läufer an der Spitze ein Gespräch auf Augenhöhe führen? Hier stellt sich doch die Frage: Konnten die Jünger Jesu die Liebe, die Weisheit und das Wissen auf Augenhöhe *(in dieser grenzenlosen Frequenz)* aufnehmen oder erkennen?

Die Jünger waren in ihrer Denkweise an einen eingefahrenen Alltag gewöhnt, der auf Tradition und Endlichkeit eingestellt war. Die Qualitäten, die Jesus in ihnen erkannte, waren ihre Einfachheit, Herzensgüte und Willensstärke, die eine derartige Mission erfordern würde, wie Jesus sie lebte! Aufgrund dieser Tatsache stellt sich wiederum die Frage: Konnten sie die Wirklichkeit Christi in Jesus vor seiner Kreuzigung erkennen? *(Hier sei angemerkt, dass es tatsächlich auch eine Sichtweise gibt, dass Jesus gar nicht gekreuzigt wurde, oder dies gar in einem anderen Land stattfand. Darüber hinaus gibt es auch die These, dass Jesus nicht wirklich am Kreuze starb. Meiner Ansicht nach ist das nicht wirklich von Bedeutung. Es gibt so viele Wahrheiten auf der Erde, wie es Menschen gibt, denn jeder Mensch bastelt sich seine Wahrheit selbst zusammen. Wir sollten bei uns selbst bleiben und der Lehre Christi, die uns mit der Erlösung von unseren selbsterschaffenen Störungen beschenkt.)* Eines Tages wird die Wirklichkeit in vielen Menschen aufsteigen, und dann wird sich diese Frage von selbst klären.

Wie sieht es heute aus? Ist der Aberglaube, der Glaube an die äußere Scheinwelt, in den Menschen noch präsent? Wer ist der Schauspieler und wer nicht? Wir sollten uns selbst im Spiegel ansehen und sehr aufrichtig mit uns selbst sein, denn der Tag wird kommen, da wird es keine Ausrede, noch ein Versteck für die Menschheit geben. *ALLES wird offen dargelegt werden!*

6. *Die Botschaft Bruno Grönings*

Bruno Gröning ist nicht nur in Deutschland, Österreich und in der Schweiz, sondern auch in vielen weiteren Ländern und auf allen Kontinenten bekannt. Es gibt zahlreiche Bruno-Gröning-Freundeskreise, die sich regelmäßig in Gemeinschaftsstunden zusammenfinden. Für viele Menschen ist Bruno Gröning ein Phänomen, ein Heilsbringer und ein Idol. Wollte dieser einfache Mann aus Danzig, dass Menschen ihn als Idol anbeten? Was ist mit den Freundeskreis-Vereinen? Wird dort Bruno Gröning also Idol angebet, obwohl er immer Gott in den Mittelpunkt gestellt hat? Er sagte doch auch: *„Schaut, dass ihr den Schmutz und den Aberglauben aus eurem Geist entfernt!"* Wir wissen, dass Bruno nur *ein* Idol kannte und dass er stets zu den Hilfesuchenden sagte: *„Dankt nicht mir, sondern dankt unserem Herrgott."*

Bruno Gröning erblickte am 30. Mai 1906 in Oliva, Kreis Danziger Höhe, als Bruno Grönkowski das Licht der Welt. Sein öffentliches Wirken begann nicht etwa erst Ende der 1940er Jahre. Bereits als Kind verströmte er eine besondere Energie in seinem Umfeld, und es geschahen oft wunderliche Dinge, die wir teils in Berichten über diesen Mann finden können. Die Erfahrungen in seiner Kindheit und als Jugendlicher konnten nicht alle dokumentiert werden, weil viele Geschehnisse ihm in dieser Zeit selbst nicht vollumfänglich bewusst waren. Erst als herangereifter Mann erkannte er das Ausmaß seiner Mission und deren Bedeutung.

Es ist allseits bekannt, dass 1949 Tausende zum „Wunderheiler" *(diesen Namen gab ihm die Presse)* nach Herford strömten, bis kurz darauf die Stadtverwaltung Herford sein Wirken untersagte, was dazu führte, dass die Landesregierung in Nordrhein-Westfalen Gleiches tat. Eine derartige Mission lässt sich mit weltlichen Maßnahmen nicht wirklich stoppen und so verlegte Bruno seine Tätigkeit nach Rosenheim zum dortigen Traberhof. Die Menschen waren auf Bruno Gröning aufmerksam gemacht worden. Ausgerechnet die Presse hatte hier als göttliches Medium gewirkt, obwohl die Medien die Tätigkeit dieses

Mannes in den Schmutz der Lächerlichkeit ziehen wollten. Es wurde ihm Scharlatanerie und Blendwerk unterstellt. Bruno Gröning, diesem einfachen und liebenswerten Mann, der den Menschen in den Gemeinschaftsstunden und Vorträgen sehr oft sagte, er sei ein einfacher Zimmermann, der nur den Nagel direkt auf den Kopf treffe, konnte dies nicht wirklich etwas anhaben. Sein Gottvertrauen war auf Fels gebaut. Die lange Nacht der Heilungen vom Traberhof, 1949, als Zehntausende vor Ort auf seine Wunder hofften, war ein unvergessliches Erlebnis für alle Menschen vor Ort. Sie warteten tagelang auf Bruno Gröning, und selbst widrige Wetterverhältnisse konnten sie nicht daran hindern. Als Bruno Gröning dann endlich eintraf und auf dem Balkon vor den Tausenden sprach, offenbarte sich ihnen eine unbeschreibliche Stille, einhergehend mit den Worten Bruno Grönings. Als es vollbracht war, erhoben all diese Menschen gleichzeitig ihre Stimmen und sangen: „*Großer Gott, wir loben dich.*“ Überall unter den Zuhörern riefen Menschen, sie seien geheilt, und es sei ein Wunder. Lahme konnten wieder gehen und Blinde wieder sehen. Wie konnte so etwas geschehen?

Es waren keine Wunder und Bruno Gröning war auch kein Wunderheiler – er war sich der Christuskraft bewusst, die durch seinen Geist wirkte. Seine Gedanken und Worte waren frei von Widersprüchen, von Zweifel, Ängsten, Leid, Hass usw.

Bruno zitierte doch seinen geliebten Bruder Jesus, der einst sagte, dass es nicht seine, sondern die Werke seines Vaters sind, die er durch ihn als seinen Sohn vollbringt. So wusste auch Bruno Gröning, von wem dieser Heilstrom kam. Die vielen Heilsuchenden in der Nachkriegszeit benötigten dringend einen solchen Menschen, der in ihnen das Selbstvertrauen stärkte, indem er in den vielen Vorträgen, Gemeinschaftsstunden im Freundeskreis und auch in Einzelgesprächen von der Botschaft Christi sprach. Brunos Wirken ging mit einer unermüdlichen Kraft einher, den er den Heilstrom Gottes nannte. Es gab und gibt noch heute Zeugen, die in Anwesenheit von Bruno Gröning diesen Heilstrom im eigenen Leib spürten.

Natürlich spüren auch heute noch viele Menschen diesen Heilstrom Gottes, denn er war vor Anbeginn der Erde und wird immer sein im Sein, da er das Sein ist. Wir bezeichnen ihn auch gern als universelle Liebe, weil das Gefühl der Herzensliebe eine Botschaft dieser Kraft in sich offenbart. Im unendlichen Sein geht kein Gedanke verloren, und so ist es ganz *„normal"*, dass, wenn sich Menschen im Geiste auf etwas fokussieren – es als Ideal annehmen –, sie es auch fühlen, spüren und erleben können. So geschehen noch heute für den menschlichen Verstand oft außergewöhnliche Heilungen, die im Grunde gewöhnlich sind. Wir sind es selbst, die uns von der Wirklichkeit des Seins entfernen, indem wir solche Heiligungen als „übernatürlich" erklären. Bruno Gröning hat die Menschen aufgefordert, der Lehre Christi zu folgen, nicht ihn als Ideal anzubeten und sich dabei im eigenen, widersprüchlichen Selbst *(Persönlichkeit)* zu verlieren.

Die Worte *„Hilf dir selbst, dann hilft dir Gott."* könnten auch von ihm stammen. Seine Botschaft war direkt und unmissverständlich, obwohl die weltlichen Instanzen mit ihren Machtinstrumenten ihn fortwährend drangsalierten.

Wie bereits gesagt: Sein Gottvertrauen war auf Fels gebaut. Die Willenskraft und Liebe dieses Mannes waren von einer solchen Intensität, dass diese weltlichen Instanzen ihm nicht wirklich etwas anhaben konnten. So offenbarte sein Wirken unter den Menschen einen Impuls einer kraftvollen Kettenreaktion der Liebe, die sich bis zum heutigen Tage fortsetzt. Wie ist es denn um dein Vertrauen in dein göttliches Selbst bestellt?

In den 1950er-Jahren wirkte Bruno Gröning nicht nur in Westdeutschland. Durch seine zahlreichen Vorträge erreichten seine Botschaften auch aufnahmewillige Menschen in anderen Kontinenten, die die Sendungen im Geiste und in ihren Worten weitergaben. Der Heilstrom wirkte und wirkt überall auf der Welt und er kam ja, wie wir bereits wissen, auch nicht wirklich von Bruno Gröning. Diese heilige Kraft belebt uns in Wirklichkeit von innen, wenn unser Blick in unser Inneres geht. Bruno Gröning erklärte es den Menschen mit ähnlichen

Worten, wie ich es jetzt mit diesen Worten tue. Wir laden das uns umgebende elektromagnetische Feld permanent mit Informationen auf, die sich dann in die Atmosphäre und in das Grenzenlose ausweiten. Sind es begrenzte Gedanken, so werden auch sie von vielen Seelen, die in gleicher Weise denken, in dieses elektromagnetische Feld gesendet und dadurch verstärkt. Gleiches geschieht in umgekehrter Weise. Sind unsere emotionalen Gedanken grenzenloser Natur, so wird sich auch diese Energie ausbreiten und letztlich auch zu uns selbst und in diese Welt zurückkehren, da sie immer anwesend war. Wir hatten sie einfach nicht vollumfänglich bewusst für uns selbst anerkannt.

Dieser stille, heilige Strom ist überall und durchströmt unentwegt die gesamte Welt. Ob wir es bewusst oder auch nicht bewusst wahrnehmen, diese Kraft erfüllt alles mit Leben. Wir sind Schöpfer und nutzen sie als Baustoff unserer Wünsche, die wir fortwährend im Alltag mit dieser Energie nähren. Wenn wir uns ihrer bewusst sind, können wir diese unvorstellbare Kraft überall zum Wohle unseres Lebens und dieser Welt hinaussenden.

Die Worte Jesu „*Wer an mich glaubt, der wird die Werke auch tun, die ich tue, und wird größere als diese tun…*“ deuten genau auf diese Christuskraft hin. Es war und ist nicht nur Bruno Gröning, der diesen elektromagnetischen und elektronischen Strom als Sender nutzte. Ihrer Zahl nach sind es sehr, sehr viele Menschen, die dies in der Tat angewendet haben.

Wie oft habe ich in zahlreichen Seminaren oder Meditationstreffen den Teilnehmern gezeigt, wie es funktioniert, und ihnen versichert, dass es wirklich jeder Mensch bei sich selbst anwenden kann! Und doch konnte ich auch sehen, dass die versammelten Menschen noch voller Widersprüche und Gegensätze im Geiste waren. Es bedarf eben der Wiederholung, um im eigenen Geist die Widersprüche und Gegensätze aufzulösen!

Natürlich sollte unser Geist von Störungen befreit sein, um einen grenzenlosen All-Tag zu erschaffen. Eine Meditation kann dabei von segensreichem Nutzen sein. Was geschieht bei einer Meditation mit uns, und was möchten wir erreichen? Wir wollen einen ruhigen Geist erhalten. Doch wenn wir dann mit dem Meditieren beginnen, melden sich plötzlich vermehrt alle möglichen Stimmen *(Gedankenenergien)* in unserem Kopf. Wir werden unruhig, zappelig, und vielleicht juckt es an irgendeiner Stelle am Körper. Die Nervenbahnen kommen in Wallung, und wir würden dann am liebsten die Meditation abbrechen!

Viele Menschen durften es also auch in meinen bzw. unseren Gemeinschaftsstunden vor Ort am eigenen Leib erfahren, was geschieht, wenn sie diesen Strom in ihrem Körper spüren. Wie oft sagen mir Menschen bei einem Telefonat, dass sie plötzlich Erleichterung in ihrem Körper fühlen. Wenn bei einem solchen Gespräch im Geist eines menschlichen Senders keine Störungen anwesend sind, so wird das zum Wohle für den Anrufer wie auch für den Sender sein. Das gesamte elektromagnetische Feld dieser beiden Menschen, wie auch die Atmosphäre, wird sich bei diesem Prozess harmonisieren. Das heißt, dass Menschen/Seelen, die auf der gleichen Wellenlänge sind, davon berührt werden. Es durchdringt alle Materie, weil es der Grundstoff der Materie ist. Nochmals möchte ich betonen, dass ein starkes und ausgeglichenes Feld eines Menschen wahre Wunder *(Grenzenloses)* in anderen Menschen erzeugt.

Es aktiviert im Grunde einen Regelungsprozess, ein Einstimmen aller körperlichen Energiefelder auf den Geist bzw. das Bewusstsein. Der Sender nimmt den anderen Menschen in sein Bewusstsein auf. Das heißt, dass das hochschwingende Frequenzfeld des Senders auf das Energiefeld des Empfängers einwirkt und einen Prozess aktiviert. Das kann zu den verschiedensten Regelungen führen. Dem einen Menschen wird es ganz warm, vielleicht sogar heiß, und ein anderer spürt anfänglich starke Schmerzen *(Regelung)*. Es kommt auch vor, dass Menschen, die ein solches Erlebnis erfahren, plötzlich ganz müde werden, ja sogar einschlafen, oder sie erleben Glückseligkeitsgefühle. Einige Menschen fangen auch plötzlich an zu weinen, weil es eine Reaktion in deren Nervensystem auslöst. Es gibt eine Vielzahl solcher Energieprozesse, die sich durch einen solchen Kontakt offenbaren. Es kann auch zu Reibungen führen, weil sich ein Mensch nicht wirklich dafür öffnen will. Er trotzt dieser Energie und wehrt sich unbewusst oder auch bewusst dagegen.

Bruno Gröning hielt einer schwerkranken Frau, die auf Heilung durch ihn hoffte, vor: „*Weshalb wehren Sie sich gegen mich?*"

Wenn wir zum Beispiel eine Leitung mit Schwachstrom (z.B. einen Elektrozaun usw.) in die Hand nehmen, so spüren wir oft nur ein leichtes Kribbeln, doch kommt Starkstrom ins Spiel, bekommen wir buchstäblich einen Stromschlag, der uns das Leben kosten kann! Das heißt, die Zellen unseres Körpersystems waren nicht wirklich auf diesen Strom, sprich diese Frequenz, vorbereitet, weil sie über viele Leben hinweg mit Widersprüchen und Gegensätzen konditioniert wurden. So erschufen wir in unserem Geist und Körper Widerstände, die ein vollkommenes Aufnehmen des heiligen Stromes unmöglich machte! All diese Schwingungen wie Gesundheit und Krankheit, Gut und Böse, positiv und negativ, Hass und Liebe, Erfolg und Misserfolg, Ängste, Sorgen, Kummer, Leid usw. sind Störungsmuster. Sie sind die Widerstände, die unsere Zellen an diese begrenzten Frequenzen gewöhnt haben. Wir sollten uns darüber im Klaren sein, dass unsere Gedanken durch den Äther reisen, wohin auch immer wir sie lenken.

Bruno Gröning hat immer wieder darauf hingewiesen, dass die Menschen sich auf den Heilstrom einstellen sollten.

Jesus drehte sich um, sah sie an und sagte: „*Hab keine Angst! Dein Vertrauen* (Akzeptanz) *hat dir geholfen.*" *Im selben Augenblick war die Frau geheilt." (Matthäus 9, 22)*

Ein Beispiel, dass wir göttlicher Natur sind, finden wir in den Worten von Bruno Gröning wieder, als er einst sagte: „*Ich will nicht von einem einzigen meiner Mitmenschen verherrlicht werden. Ich bin nicht Gott, sondern nur göttlich, wie jeder meiner Mitmenschen!*"

Wie könnten wir auch selbst die göttliche Quelle sein? Wir sind *göttlicher Natur*, weil wir Kinder der einen Quelle sind, die wir mit All-Liebe bezeichnen könnten. Ein Stückchen eines Goldbarrens wird immer in Resonanz mit seinem Ursprung sein: dem Goldbarren, der Goldader, allem Gold im unendlichen All und der Ursprungssubtanz, aus der das Gold erschaffen wurde. So verhält es sich mit uns, da wir doch dieser Quelle entstammen. Wir leben in Gottes Sein – im Leben!

Bruno Gröning rief in seinen Vorträgen immer wieder zur „*Großen Umkehr*" auf, was die Abkehr von weltlicher Wissenschaft und die Zuwendung zum wirklichen, wahren Glauben und auch zur Geisteswissenschaft bedeutet. Er wusste, dass „glauben" nicht gleich „im Wissen sein" ist.

Wenn wir uns die vielen Bruno-Gröning-Freunde besehen, so müssen uns die Worte seiner Frau Josette doch nachdenklich stimmen und uns anregen, uns selbst zu hinterfragen. Sie sagte eben auch, wenn Menschen Bruno den Rücken kehren, so vergessen sie schnell, worum es in seinen Botschaften wirklich geht. Sie haben nicht wirklich ihn und sein Werk erkannt, sondern nur den Menschen Bruno Gröning in ihm gesehen. Doch Bruno war nicht nur ein Mensch, sondern ein strahlendes Licht in dieser Welt.

Tatsache ist doch Folgendes: Menschen haben die Angewohnheit, von Heiler zu Heiler und von Therapeut zu Therapeut zu wandern, statt wirklich an sich selbst zu arbeiten. So geben die meisten Menschen ihre Macht an andere Menschen ab und somit an das Relative, das scheinbare „Außen", das die eigene, konditionierte Persönlichkeit ist. Diesen Menschen geht es vordergründig um Heilung ihrer Störung, sprich Krankheit, und nicht um das Erkennen der Ursache, die ihrem konditionierten Selbst entstammt. Wir haben es wirklich selbst in der Hand. Es braucht eben viel Zeit, um die Konditionierungen in einem Menschen aufzulösen.

Dieses vorliegende Buch soll dazu beitragen, dass Menschen sich ihrer göttlichen Allmacht erinnern, an eine bedingungslose Liebe, die Weisheit und Wissen offenbart. Sie ist alles, was ist. Wenn wir ihr vertrauen, dann wird sie für uns immer eine willkommene Hilfe sein, und wir können mit ihrer Hilfe unsere selbsterschaffenen Störungen demaskieren, indem wir deren Ursachen erkennen. Zum Beispiel kann Mitleid zu einer liebgewordenen Gewohnheit werden!

Kommen wir nochmals zu Bruno Gröning und seinem Freundeskreis. Die Kirchenvertreter von damals, wie auch von heute, sehen – von wenigen Ausnahmen abgesehen – in den sich auf Bruno Gröning berufenden Gruppen eine Sekte oder eine esoterische Geistheiler-Gruppe. Hier stellt sich uns doch die Frage: Die Christen sind doch einst auch als Sekte verfolgt worden *(und werden es auch heute noch)*, bevor sie eine Kirche gründeten und zu einer „elitären" Gruppe von Menschen mit dem Recht des Mächtigen auf ihrer Seite wurden *(weil von dieser Kirche eigene Gesetze ausgerufen wurden)*, um fortan nach Belieben schalten und walten zu können. Diese rosigen und manipulativen Zeiten dieser patriarchalischen Kirche gehören mittlerweile der Vergangenheit an. Die vielen Kirchenaustritte sind ein deutliches Zeichen, dass sich hier ein Wandel vollzieht – und vollziehen muss.

Bruno sagte einst in einem seiner Vorträge: „*Die Erde droht zu zerspringen. Ich lege ihr einen Ring um, dann kann sie nicht zerspringen.*" 1979 gründete Grete Häusler, eine langjährige Begleiterin Bruno Grönings, den Bruno-Gröning-Freundeskreis. Dort las ich als Interpretation zu Grönings Worten, dass der „Ring" der Kreis der Menschen sei, die sich an der Hand halten und gemeinsam die Lehre von der geistigen Heilweise praktizieren.

Diese Heilweise, wie Grete Häusler sie bezeichnet, ist den Menschen nicht nur von Bruno Gröning wieder näher gebracht worden. Denken wir an Jesus Christus, der diese Lehre umfangreich erneuert hat. Bruno Gröning warnte die Menschen davor, etwas ungeprüft anzunehmen. Es gab und gibt eine Menge Scharlatane. Bruno ermahnte die Menschen, nicht blind zu folgen, sondern auf ihr Herz zu hören.

Was sagte Jesus zu diesem Thema? *„...Er aber sprach: HERR, ich glaube, und betete ihn an. Und Jesus sprach: „Ich bin zum Gericht auf diese Welt gekommen, auf dass, die da nicht sehen, sehend werden, und die da sehen, blind werden." Und solches hörten etliche der Pharisäer, die bei ihm waren, und sprachen zu ihm: „Sind wir denn auch blind?" (Johannes 9, 38-40)*

Diese Worte von Jesus Christus sprechen für sich und zeigen uns doch, dass in dieser Welt jede Menge Blinde herumlaufen. Sie meinen doch wirklich, sie können der Menschheit für immer Scheuklappen verpassen.

Bruno Gröning erklärte dazu, dass es eines Tages einen Ring um die Erde geben werde, der sich bereits seit Jahrzehnten heranbilde, und dieser mit einem weltweiten Erwachen einhergehe.

Menschen hinterfragen permanent ihr eigenes Leben sowie auch alle existierenden Glaubensmodelle auf Erden. Sie sehnen sich nach wirklicher Freiheit und erinnern sich an die Lehre Christi, die besagt: Liebet den Nächsten wie euch selbst und preiset den Herrn *(weiblich, wie auch männlich)* und Gott allen Seins.

Wir können einen ansteigenden, weltumspannenden Zerfall einer dogmatischen Welt beobachten. Sie will sich die eigene Niederlage aber *(noch)* nicht eingestehen.

Eine Dame aus Bayern schrieb mir kürzlich eine E-Mail und wollte wissen, was von Bruno Gröning zu halten ist. Sie schrieb mir, sie sei viele Male in den Gemeinschaftsstunden eines Bruno-Gröning-Freundeskreises gewesen. Sie war der Meinung, man betreibe dort einen Personenkult, und hat daraufhin für den Moment entschieden, diesem Freundeskreis fernzubleiben. Sie könne sich nicht vorstellen, dass Bruno Gröning einen solchen Kult um seine Person gutheißen würde.

Ich übermittelte dieser Dame den folgenden Wortlaut und gaben ihr zu verstehen, dass sie weiterhin gut daran täte, alles zu prüfen:

Liebe Frau S., das entspräche auch nicht den Worten, mit denen er einst seine Mission beschrieb: „Ich lehre unsere Mitmenschen all das, was jeden Menschen durch die Lehre Christi, die wir Menschen selbst in die Tat umzusetzen haben, zu Gott führt." Bruno Gröning (1906-1959)

7. Liebe und Vergebung

> *„Meine Lieben, wie ich euch ALLE liebe, ohne Wenn und Aber, gleich, was ihr getan habt!"*

Du wirst jetzt vielleicht denken: Was meint er damit, wie kann ich alle lieben, wenn es doch so viele Unterschiede auf der Welt gibt? Wie kann ich Menschen lieben, die mir oder anderen Menschen ein Leid zufügen wollten oder gar zugefügt *haben*? Wie kann ich meine Feinde lieben und solche Menschen, die mich hassen? Wieso empfinde und fühle ich, dass verschiedene Menschen in meinem Umfeld eine Distanz aufgebaut haben? Warum gibt es Kriege, Streit und Zwietracht, wenn es doch heißt, die Liebe ist das höchste Gut? Warum lieben Kinder bedingungslos, und die „Scheinriesen" von Erwachsenen machen Unterschiede und erheben so oft das Schwert der Trennung? Wo ist die Ursache zu finden?

Was machen die meisten Menschen, wenn sie in Not sind? Sie bitten Gott um Hilfe, er möge sie erleuchten und ihnen einen Weg aus der Not zeigen.

Liebe Leserin, lieber Leser, um Hilfe zu bitten, ist etwas ganz Natürliches, doch ohne absolute Akzeptanz werden wir keine wirkliche, selbstständige Souveränität durch unseren Geist offenbaren können. Ja, wir bekommen manchmal Hilfe und nennen dies dann ein Wunder, doch wir wissen nicht, wie es sich ereignet hat. Die Frage ist doch auch: Warum sollte Gott uns einen Weg zeigen, wenn wir uns bereits auf diesem Weg befinden? Es ist doch weltweit bekannt, dass wir Gotteskinder sind, und dass Gott uns nach seinem Bilde und Gleichnis erschaffen hat. Was können wir tun, um einen klaren Geist zu erhalten, das heißt, unseren Geist von allen Widersprüchen und Gegensätzen zu befreien? Wie machen wir dies im Alltag? Durch die Offenbarung eines konstanten Geistes! Gibt es einen goldenen Faden, um dies zu erreichen? Ja, einfach bedingungslos lieben! Die Liebe ist der Christusweg!

Eines Tages rief mich eine Mutter von zwei Kindern an. Sie sagte mir, dass ihre Kinder gerade dabei seien, das wohlbehütete Nest der Eltern für eine vielleicht ungewisse Reise zu verlassen. Sie fragte mich um Rat und weiter, ob ihre Kinder bereits soweit seien, die Anforderungen für eine solche Reise zu meistern. „*Warum nicht?*", fragte ich, und bat die Frau, dass sie auf die Liebe Gottes vertrauen solle, die alles für uns übernimmt, wenn wir ihr alles übergeben. Genau dies tun wir eben meist nicht. Wir wollen im Grunde dieser Liebe vertrauen, doch hegen wir gleichzeitig Zweifel daran, ob dann auch alles wirklich „gut" bzw. unbegrenzt in der göttlichen Ordnung ist.

Anhand eines einfachen Beispiels aus der Natur konnte ich ihr etwas an die Hand geben, das sie überzeugte. Im Grunde wusste sie es bereits, doch oft brauchen wir einfach noch eine zweite Meinung oder eine weise Hilfestellung. Wir sollten Gott-Vater-Mutter, der einen Quelle, einfach alles übergeben. Jesus kommunizierte in jedem Augenblick seines Seins mit seinem Vater und wusste, das alles, was sein Vater tut, er ihm nachtun würde. Was für eine Liebe und Vorbild Jesus noch immer für die Menschheit ist!
Frau M. sprach mit mir über ihr unterkühltes Verhältnis zu ihrer Schwester. Sie fragte mich, was sie tun könne, um wieder ein liebendes Einvernehmen herzustellen, oder ob sie es einfach akzeptieren solle, wie es sich im Moment für sie anfühlt.

Meine Antwort auf ihre Frage war: „*Haben Sie Ihre Schwester schon einmal im Geiste ein, zwei oder mehr Minuten herzerwärmend umarmt und ihr gesagt, wie sehr Sie sie lieben?*"

Ich riet ihr, ihre Sichtweise zu ändern, denn meist ist es ein Hilferuf, der erhört werden möchte. Wenn Wege festgefahren erscheinen, sollten wir in uns hineinhören und nach der Ursache fragen. Die Christuskraft ist das Buch des Lebens, weil *ES* das *LEBEN* ist. Wir sollten nicht darauf hoffen, dass wir eine Antwort erhalten, sondern wir sollten es bereits wissen, dass es so ist. Allein die Gewissheit, dass unser Körper von dieser Kraft belebt wird, und dass sie unseren Körper atmen lässt, den Herzmuskel im Rhythmus bewegt, und dass ohne diese Kraft im Grunde nichts wirklich leben könnte, sollte uns in keiner Weise daran zweifeln lassen.

Jesus sagte einst: „*Wahrlich, wahrlich ich sage euch: „Wer an mich glaubt, der wird die Werke auch tun, die ich tue, und wird größere als diese tun; denn ich gehe zum Vater.“ Und was ihr erbitten werdet in meinem Namen, das will ich tun, auf dass der Vater geehrt werde in dem Sohne. Was ihr erbitten werdet in meinem Namen, das will ich tun.“ (Johannes 14, 12-14)*

Jesus zeigt uns dadurch, was alles möglich ist, wenn wir uns dieser Liebe ganz anvertrauen.

Wenn du mit einem Schalter eine Lampe einschaltest, dann fließt der Strom zur Lampe, der sie zum Leuchten bringt. Wenn Störungen vorhanden wären, so würde die Lampe nicht leuchten *(vielleicht auch flackern)*.

Ein bedeutsames Zitat der bereits erwähnten Florence Scovel Shinn: „*Wahre Liebe verströmt sich auf das Objekt ihrer Zuneigung, ohne etwas zurückzuverlangen.*“[(5)]

Und an anderer Stelle erklärte sie: „*Ein Mensch mit vollkommenen Frieden und völlig im Gleichgewicht, erfüllt von Liebe und gutem Willen, wäre imstande, alle negativen Schwingungen aufzuheben. Sie würden hinwegschmelzen wie Schnee vor der Sonne.*“[(17)]

Im Grunde ist dies alles nichts Neues, doch es gerät im Alltag eines Menschen oft leicht in Vergessenheit. Bedenke, wie es der Lehre Jesu Christi seit ca. 2.000 Jahren ergangen ist. Sie wurde in den Schmutz gezogen, geriet teilweise in Vergessenheit, wurde belächelt und war verpönt, wurde verurteilt, und dann, in der Not, hat man sich ihrer wieder erinnert. In ihrem Namen hat man Kriege geführt, Völker ausgerottet und unermessliches Leid über die Menschen gebracht. Glaubensgemeinschaften *(Organisationen, Sekten usw.)* haben sie als Machtinstrument benutzt und Menschen dadurch in eine Abhängigkeit geführt. Es wurde gefoltert, und im Namen Gottes wurden Menschen auf dem Scheiterhaufen verbrannt. Die Gräueltaten, die hinter diesem Schleier einer dekadenten Menschheit versteckt wurden, werden nun mehr und mehr gelüftet. Nicht *ein* Mensch, der darin verwickelt ist, wird entkommen können, denn Gott, die Liebe, ist gleichsam auch der Beobachter in uns selbst. Es kann nur eines geben: bedingungslose Liebe! Gott verurteilt nicht eines seiner Kinder, ansonsten würde *ES* sich selbst verurteilen und begrenzen. Die Liebe kommt daher wie ein frischer Frühlingswind, der unsere gesamte Welt in ein blühendes Feld der Aufrichtigkeit, der Geschwisterlichkeit und des Einsseins führt.

Die folgenden Worte empfing ich einst, die auch die Botschaft Jesu bestätigen: „*Ich bin bei euch bis zum Ende dieser Welt und werde dann durch euch alle in der Glorie Gottes, meines Vaters erblühen. ICH BIN der goldene Samen! ICH BIN die Auferstehung und das Leben, und ihr folgt mir, ob ihr wollt oder nicht, denn euer Atem ist mein Atem. ICH BIN die Liebe, und so ist mein Atem immerwährende Liebe und Lobpreis.*“

An diesen Worten können wir doch deutlich erkennen, dass kein Mittel gegen diese Liebe existiert, da die Liebe das *LEBEN* ist!

Gedenke der Liebe, indem du – wo auch immer du bist – und dir Menschen begegnen, einfach „*Ich liebe dich!*“ denkst. Das kannst du natürlich auch bei Begegnungen mit Tieren tun. Probiere es einfach einmal aus, und du wirst plötzlich erkennen können, dass die göttliche Quelle in dir alle möglichen Situationen offenbart. Die Christuskraft ist eine immer strahlende Quelle der Glückseligkeit in dir!

Liebe jeden Augenblick deines Seins. Liebe dein Leben, deinen Körper, die Zellen, liebe deine Arbeit, liebe deine Erfahrungen, liebe deine Mitmenschen, liebe deinen Alltag, liebe deine Stimme, die Lebenskraft, liebe die Liebe und liebe, liebe, liebe alles was du möchtest. Liebe dein Autofahren, deinen Aufenthalt in der Bahn, im Bus und wo immer du bist. Deinen Nachbarn, deinen Arbeitskollegen, den Menschen, der dir im Alltag begegnet, deinen Körper, deinen Atem und deine Gedanken. Liebe das Wetter und liebe unsere Welt, die auf dem Fundament der Liebe erschaffen wurde. Die Liebe ist ein heilsamer Strom der Stille.

Einfach so für „nebenher": Schlafe *bewusst* in der Liebe ein und erwache in der Liebe. Wenn du am Morgen aus deinem scheinbaren Schlaf erwachst, so bedanke dich bei der Liebe und sage ihr, wie lieb du sie hast! *„Ich liebe dich!"* Vertraue und baue auf die Liebe – sie führt dich und erhebt dich!

Gedenke dieser Dankbarkeit, wann immer du möchtest und nimm sie mit in deinen Alltag. Lebe diese Dankbarkeit in deinem Herzen.

Die Energie der Begeisterung ist eine Kraft, die uns mit unbeschreiblichen Glücksgefühlen (glücklichen Hormonen) erfüllt, und im Grunde durchströmt sie unser ganzes Sein. Wir sehnen uns nach Momenten, die uns mit Leichtigkeit und Glückseligkeit erfüllen. Ja, es gibt sie, diese außergewöhnlichen „Glückseligkeits-Augenblicke" in unserem Leben, und wir jubilieren vor Freude. Und doch haben wir keine Worte für solche ergreifenden Momente. Es ist ein Gefühl der Ewigkeit und der Grenzenlosigkeit, das uns an unsere wirkliche Identität erinnern möchte. Wir wollen daraus nicht aufwachen und möchten nur noch mit diesem Augenblick verschmelzen. Ein Schauer durchströmt unseren Körper, und unsere Zellen schwingen in einer erhöhten Frequenz. Liebe ist nicht wirklich mit Worten zu beschreiben. Wir können sie als Mensch mit einem erhabenen Gefühl völliger Glückseligkeit erfahren. Unvergesslich bleibt sie in unserem Bewusstsein. Sie leuchtet uns den Weg auf der Reise unserer Bewusstwerdung.

Die wirkliche Liebe ist ein unendliches Gefühl der Glückseligkeit, das wir niemals in Worte fassen können. Du kannst sie nur selbst erfahren! Du wirst keine Worte dafür finden, doch du wirst dadurch diese begrenzte Welt im Geiste erkennen. Es wird dich glückselig machen und die Freude der Liebe Gottes wird dich tragen bzw. erheben.

Die Sonne lächelt immer, auch an dunklen Tagen, auch wenn uns der Himmel mausgrau erscheint. Lassen wir uns darauf ein, werden wir von dieser Stimmung berührt. Wir sollten uns in diesem Augenblick an das Lächeln der Sonne erinnern, die im Hintergrund durch die Wolken scheint. Sie ruft uns zu: *„ICH BIN das Licht der Welt. ICH BIN das Leben. ICH BIN die Auferstehung.“* Nicht eine weltliche Macht auf Erden noch im unendlichen All kann dieses Licht wirklich beeinflussen. Sie beobachtet unsere Welt und unsere Taten und wird uns immer lieben. Wir sind es stets selbst, die uns irgendetwas antun! Ohne Sonne würde dieser Planet in der Dunkelheit wandeln. Sie ist überall, auch in uns selbst! Ihr Licht wird heller und heller und dieses Licht erhebt sich auch in unserem Herzen. Eines Tages ist es soweit und die Christusliebe wird ihr Werk vollenden.

Über die Liebe und ihre Wirkung: Wenn eine Goldammer ihren lieblichen Gesang anstimmt, wird unser Herz tief von ihrer Melodie berührt. *„Wie, wie hab ich dich lieb.“*, übersetzt der Volksmund ihren Gesang, der bis in den Spätsommer hinein ertönt. Wenn du magst, so gehe in die Natur und lausche ihrem Gesang. Du wirst die Worte in ihrem Gesang erkennen. Wir können es ihr gleichtun und auch unsere Herzensmelodie bewusst ertönen lassen. Sie wirkt immer, egal ob wir sie singen, sprechen oder in Gedanken kleiden. In allen Völkern dieser Welt war sie schon immer anwesend, denn sie war bereits vor Abraham. ES ist die Melodie der Freude, des Lobpreises und der allumfassenden Liebe. Jesus kam in diese Welt, um uns daran zu erinnern, was für eine Freude wir sind. Er erneuerte diesen Bund der Liebe, indem er diese Liebe wahrhaftig in der Wirklichkeit dessen, was IST, lebte und zum Christus wurde – zu einem lebendigen Ebenbild Gottes in einem menschlichen Gewand aus Fleisch und Blut.

Ein Zitat aus der Bibel möge als Beispiel dienen: *„So nehmt nun zu Herzen, dass ihr euch nicht vorher sorgt, wie ihr euch verantworten sollt. Denn ich will euch Mund und Weisheit geben, der alle eure Gegner nicht widerstehen noch widersprechen können." (Lukas 21, 14-15)* Diese Worte deuten darauf hin: Nimm die Liebe und sprich in der Liebe, denn sie ist die Weisheit und das Wissen alles Lebens.

Ein weiteres Beispiel dafür, was Liebe bewirkt, ist ein Brauchtum im südlichen Pazifik. Im Grunde ist es weder ein Brauchtum noch eine Tradition. Es ist eine Botschaft der Liebe, die nichts mit Traditionen zu tun hat, denn Liebe kann niemals wirklich eingefangen werden. Sie ist die Freiheit des Windes!

> *„Ho'oponopono – Thank You, I Love You – ich danke dir, ich liebe dich! Ho 'oponopono (auch: ho-o-pono-pono, ho 'oponopono, hooponopono), hawaiianisch etwa: „in Ordnung bringen", ist ein traditionelles Verfahren der Hawaiianer zur Aussöhnung und Vergebung. Ähnliche Bräuche sind im gesamten südpazifischen Raum bekannt. Traditionelles ho 'oponopono wurde durch einen oder eine kahuna lapa 'au (Heilpriester der traditionellen Religion) zur Heilung körperlicher und geistiger Krankheiten durchgeführt, vorwiegend mit Familiengruppen. Moderne Versionen sind meistens so angelegt, dass sie der Einzelne allein durchführen kann."*[(6)]

Die Worte *„in Ordnung bringen"*, sind die eigentliche Botschaft dieses Gebetes. Es beruht auf gegenseitiger Vergebung und bringt es im Grunde auf den Punkt: das eigene oder das gemeinsame Leben wieder in die göttliche Ordnung zu erheben. Die Essenz ist die bedingungslose Liebe und die alles durchdringende All-Kraft, von der Jesus Christus und auch die vielen Liebenden, die uns vorausgingen, kündeten – all die weiblichen Botschafter der Gottesliebe, die von männlichen Hierarchien unterdrückt wurden.

Jetzt ist die Zeit, in der sich diese Veränderung in rasanter Geschwindigkeit in dieser Welt offenbart.

- Die Melodie einer Harfe oder eines Singvogels, die freudige Stimme eines Kindes oder die sanfte Berührung des Frühlingswindes.
- Die schwerelose Flügelbewegung eines prächtigen Schmetterlings im Lichte eines erhabenen Sonnenaufgangs.
- Die artistischen Flugbewegungen einer Schwalbe am wolkenlosen Himmel.
- Das herzerwärmende Lächeln eines Babys.
- Das Verliebtsein in das Leben. Das vertraute Lächeln eines Lebenspartners.

Es gibt noch viele weitere Beispiele, die uns tief in unserem Gemüt berühren. Sie alle sind ein Gottessegen und helfen uns dabei, uns daran zu erinnern, wer wir wirklich sind. Wir sehnen uns nach wirklicher Freiheit, die wir in dieser Welt des Relativen nicht bekommen können, solange diese Liebe von uns nicht vollkommen gelebt wird.

Jesus lebte sie in jedem Augenblick seines irdischen Daseins und lebt sie auch *Jetzt.* In einem Gewand strahlender Liebe dient er der Menschheit und ruft uns zu: *„Folget dieser Liebe, die in allem Leben wohnt. Sie ist das Licht der Welt, und ES ist das ICH BIN!“*

Ein weiteres Beispiel diesbezüglich: *„Tat twam asi“* (Dies bist du) – diese drei Sanskritworte aus den altindischen Upanishaden sind nicht nur in der Philosophie des Hinduismus, sondern auch in den Werken Arthur Schopenhauers von zentraler Bedeutung. Schopenhauer wiederholte sie oftmals in seinen Werken, und zwar besonders im Zusammenhang mit seiner Ethik:

> *„Die Leser meiner Ethik wissen, dass bei mir das Fundament der Moral zuletzt auf jener Wahrheit beruht, welche im Veda und Vedanta (die auf den Upanishaden beruhen) ihren Ausdruck hat an der stehend gewordenen mystischen Formel Tat twam asi (Dies bist du), welche mit Hindeutung auf jedes Lebende, sei es Mensch oder Tier, ausgesprochen wird und dann Mahavakya, das große Wort, heißt.“*[(7)]

8. Das Gleichnis vom weißen Gewand

In der Tat, die Offenbarung eines Gotteschristus im Menschen ist die Wirklichkeit dessen, was Liebe ist. Sie bereichert und ist ein immerwährender Segen für das Leben. Sie ist die Offenbarung und der liebende Ausdruck Gottes durch ein Individuum!

Was hindert uns daran, den strahlenden Christus in vollkommener Weise zu offenbaren? Er (ES) ist ja offensichtlich schon immer der wirkliche Souverän in unserem Körper bzw. in unserem geistigen Königreich! Waren wir blind, oder war es die von uns erschaffene Welt, die uns in einer Art und Weise beeinflusste, dass wir blind wurden? Betrachten wir uns im Spiegel, so sehen wir, wie unsere selbsterschaffene Persönlichkeit uns in die Augen blickt! Wenn wir jedoch in die Tiefe unserer Augen eintauchen, können wir dieses Mysterium, das wir wirklich sind, erahnen! Was möchte uns dieses Mysterium, dem wir den Namen *Gott* oder *Christus* gegeben haben, sagen? Wir selbst sind das Hindernis – mit unseren Gedanken und unseren Einstellungen! Wir haben unseren Geist in einer Weise konditioniert, dass wir ein getrenntes Sein erschaffen haben, dem wir täglich Nahrung geben, indem wir uns Sorgen um unser Leben machen. Wir erschaffen Widerstände und Gegensätze und trennen dadurch immer wieder das Einssein bzw. die Verbindung mit der Christuskraft in uns selbst. Dies ist die Lebenskraft, der wir auch mit universeller Energie, Liebe, mit Gott, eine Form des Ausdrucks im Alltag geben. Letztlich werden wir erkennen, dass diese universelle Intelligenz niemals wirklich in sich getrennt werden kann. Es ist eine Illusion, die wir erschaffen haben und die wir uns auf unserer geistigen Festplatte eingeprägt haben. Es ist also ein „Ich-glaube-daran-Programm"!

Eine Bekannte fragte mich eines Tages: „*Warum folgen wir diesem Programm, und was hindert uns daran, einfach auszusteigen?*" Ich antwortete ihr: „*Was wäre, wenn wir die Botschaft Jesu wirklich verinnerlichen und nicht nur einfach halbherzig daher sagen würden?*

Zum Beispiel: „Ist mir schon klar“ oder „Ich habe verstanden“, obwohl wir sie nicht wirklich bewusst in uns aufgenommen haben (in Resonanz damit offenbaren)!“ Sie sagte: *„Also wird unsere Suche eines Tages ein Ende haben?“ – „So ist es, denn wir werden erkennen und es auch erfassen, dass die Wirklichkeit niemals von uns manipuliert werden kann. Wir werden unserer konditionierten Persönlichkeit nicht mehr auf den Leim gehen.“*
Sie schaute mich an und hörte mir aufmerksam zu: *„Jesus wollte uns mit seinen Worten, die er unermüdlich seit über 2.000 Jahren in allen möglichen Gleichnissen, Zitaten und Wortschöpfungen wiederholt hat, einfach sagen: „Gebt es auf, euren Geist und Körper mit begrenzten Gedanken zu füttern. Erlöst euch selbst, indem ihr alle Widersprüche und Gegensätze in eurem Geiste tilgt! Sorgt euch nicht um euer Leben. Lasst ab von Kummer, Sorgen und dem Gerede von Gesundheit und Krankheit – von Gut und Böse – von Erfolg und Misserfolg – von heilig und unheilig, von Leid und Tod!“ – Das alles sind unsere eigenen Schöpfungen, und es ist unsere Illusion, in der wir „leben“. Die Wirklichkeit dessen, was Wahrheit ist, ist, dass Leben niemals von dessen eigener Schöpfung beeinflusst werden kann. Die Quelle des Seins IST, und sie sprudelt immerwährend. „Ich und der Vater sind eins.“*

Sie war sichtlich ergriffen, und plötzlich hatte sich ihr Wesen beruhigt. Dann sagte sie: *„Kannst du mir vielleicht ein einfaches Beispiel nennen, so dass es mir noch einleuchtender erscheint?“*

Nun denn, dies ist ein natürliches Beispiel: *„Wandere den Rhein aufwärts bis zur Quelle in den Schweizer Alpen, und du wirst eine sprudelnde, klare, reine und kraftvolle Quelle erkennen, die in der Tiefe der Erde ihren Ursprung hat. Folgen wir nun weiter dieser Quelle, so werden wir erkennen dürfen, dass sie mit vielen unterirdischen Strömungen verbunden ist. Lass uns weiter auf Entdeckungsreise gehen und noch tiefer in das scheinbare Mysterium dieser Lebenskraft eintauchen. Wir werden gleich einem Forscher irgendwann erkennen, dass unser Verstand und unsere physischen Augen plötzlich* *nicht mehr fähig sind, dieser Reise zu folgen. Wir erkennen, dass diese Quelle scheinbar im Nichts verschwindet, und so ist es auch, da sie aus dem unendlichen Nichts stammt – einem „Nichts", das nicht materiell, doch aller Dinge Potenzial ist. Die Worte von Jesus „Ich und der Vater sind eins." dürfen von den Menschen erst noch wirklich erkannt und erfasst werden. Das Lesen der Bibel und von schlauen Büchern macht uns noch nicht zu unbeschwerten Kindern der Ewigkeit, die wie brennende Fackeln im Licht der Freude die Ewigkeit dessen offenbaren, was diese Lebenskraft ist. Wir können in unserer begrenzten Welt erfolgreiche Musiker, Wissenschaftler, Schriftsteller, Schauspieler, Philosophen, Denker, Mathematiker, Ärzte, Therapeuten, Lehrer, Geheimdienstler usw. sein, doch dies bleibt nur eine erschaffene Illusion in einem getrennten Sein, das wir erschaffen haben. Tatsache ist, dass wir nicht werden müssen, was wir bereits sind! Wir sind Kinder des ewigen Seins, also sind wir das Sein. Es braucht nur einen Augenblick eines emotionalen Gedankens, der ein alles umfassendes Erkennen in unserem Geist hervorruft, um dieses grenzenlose Feuer der bedingungslosen Liebe in unserem Herzen, wie ein Phönix aus der Asche, aufsteigen zu lassen. Dann werden wir diese erhabenen Worte „Ich und der Vater sind eins", die uns Jesus als Zündfunken in unsere Herzen gelegt hat, wirklich erfassen können. Unser Geist wird sich mit dem Geist Gottes vermählen, und wir werden vom unendlichen Einssein – einem unvorstellbaren Gefühl der Liebe – geflutet sein. Es gibt keine Worte, um dieses grenzenlose Gefühl wirklich zu beschreiben. Es ist ein absolutes Gelöstsein vom einst erschaffenen Getrenntsein. Glückseligkeit und unvorstellbare Freude in einem Augenblick, der unendlich erscheint. Unser Denken existiert nicht mehr, und Vergangenheit und Zukunft haben sich aufgelöst."*

Meine Bekannte war sichtlich berührt, und es flossen Tränen der Freude über ihre Wangen. Sie war in diesem Augenblick nicht in Lage, etwas zu sagen, da ihr gesamtes Wesen von dieser Liebe erfasst wurde! Sie meinte dann später: *„Diesen Tag werde ich niemals vergessen!"*

Meine liebe geniale Schwester, mein lieber genialer Bruder, dies ist die Botschaft Christi: Lebe im Leben und sei das Leben, anstatt ein Leben im Getrenntsein vom wirklichen Leben erhalten zu wollen. Das illusionäre Leben wird dir eines Tages genommen, weil du das wirkliche Leben nicht erkannt hast.

„Ich wandelte unter euch und ihr habt mich nicht erkannt!“

Als Jesus sagte: *„Ich bin das Tor“*, verstand er darunter das *„Ich bin“* in jeder Seele, welches das Tor ist, durch welches Leben, Macht und Substanz des großen *„Ich bin“*, welches *„Gott“* ist, durch jeden Einzelnen zum Ausdruck gelangt. Dieses *„Ich bin“* hat nur eine Art, sich auszudrücken – die der Idee, des Gedankens, des Wortes, der Tat. Diesem *„Ich bin das Wesen Gottes.“*, das Macht, Substanz und Intelligenz (Liebe, Weisheit, Wissen) ist, wird durch das Bewusstsein Form gegeben, und aus diesem Grunde sagte der Meister: *„Nach eurem Glauben* (nach eurem unerschütterlichen Glauben) *wird euch geschehen.“*, und: *„Alle Dinge sind möglich für den, der Glauben* (wirkliche Akzeptanz und Wissen) *hat.“*

Ein Zitat von Jesus, das in dieselbe Richtung weist:
„Und Jesus Christus sprach zu seinen Jüngern: Euer Herz erschrecke nicht! Glaubet an Gott und glaubet an mich! In meines Vaters Hause sind viele Wohnungen (UNENDLICHES SEIN). *Wenn es nicht so wäre, so wollte ich zu euch sagen: Ich gehe hin, euch die Stätte zu bereiten. Und wenn ich hingehe, euch die Stätte zu bereiten, so will ich wiederkommen und euch zu mir nehmen, auf dass ihr seid, wo ich bin. Und wo ich hin gehe, das wisst ihr, und den Weg wisst ihr auch. Thomas spricht zu ihm: HERR, wir wissen nicht, wo du hin gehst; und wie können wir den Weg wissen? Jesus spricht zu ihm: ICH BIN der Weg und die Wahrheit und das Leben; niemand kommt zum Vater denn durch mich.* (Jesus als Mensch erhob den Christus in sich, der in allen Menschen bereits als gesalbter Christus anwesend ist, ansonsten wäre des Menschen Leib ohne Lebensstrom! Alles Leben IST. Jesus

ist in absoluter Akzeptanz und somit ein Abbild und Gleichnis Gottes.) *Wenn ihr mich kenntet, so kenntet ihr auch meinen Vater. Und von nun an kennt ihr ihn und habt ihn gesehen. Spricht zu ihm Philippus: HERR, zeige uns den Vater, so genügt uns. Jesus spricht zu ihm: So lange bin ich bei euch, und du kennst mich nicht, Philippus? Wer mich sieht, der sieht den Vater; wie sprichst du denn: Zeige uns den Vater? Glaubst du nicht, dass ICH im Vater BIN und der Vater in mir? Die Worte, die ich zu euch rede, die rede ich nicht von mir selbst. Der Vater aber, der in mir wohnt, der tut die Werke. Glaubet mir, dass ich im Vater bin und der Vater in mir ist; wo nicht, so glaubet mir doch um der Werke willen. Wahrlich, wahrlich, ich sage euch: Wer an mich glaubt, der wird die Werke auch tun, die ich tue, und wird größere als diese tun; denn ich gehe zum Vater. Und was ihr bitten werdet in meinem Namen* (ICH BIN das Wort, das vor aller Anfang war), *das will ich tun, auf dass der Vater geehrt werde in dem Sohne. Was ihr bitten werdet in meinem Namen, das will ich tun.“ (Johannes 14, 1-14)*

Das Licht Christi ist unser Leben. Wir sind ein Einssein der Liebe. Es gibt nichts auf Erden und nichts Weltliches, das diese Liebe jemals wirklich beeinflussen kann. Wir sind nichts ohne diese Liebe.

Jesus hat uns diese Botschaft im Namen Christi geschenkt: Das Wort wurde zu Fleisch, und im Fleisch hat sich der Sohn von Gott-Vater-Mutter, Christus, im menschlichen Individuum Jesus den Menschen offenbart, um uns eine ewige Botschaft zu bringen: Liebe ist Leben, und Leben ist Liebe.

Jesus sagte: *„ICH BIN die Auferstehung und das Leben, wer mir folgt* (also Christus im Herzen, dem LEBEN), *der wird das ewige Leben erkennen.“*

Nachfolgende Worte stammen wieder aus Baird T. Spaldings Buch »Leben und Lehren der Meister im Fernen Osten«, das meiner Ansicht nach von der Wirklichkeit kündet. Sie möchten dich im Herzen berühren und dir Mut machen:

„Gott ist in deinem Innersten, du Kind des unendlichen, unsterblichen Geistes. Es gibt nichts, das dich zum Zittern oder Verzweifeln veranlassen oder dir Furcht einflößen könnte. Du bist hervorgegangen aus dem Herzen des Vaters, der Atem des allmächtigen Gottes hat dich zu einer lebendigen Seele erschaffen. „Noch ehe Abraham war, bist du gewesen.“ „So nun sind wir die geliebten Söhne Gottes, die Erben, vereinigt in Christus.“ Dieselbe Macht, die in Jesus wohnt, wohnt auch in euch. Sie wird genannt: „Der Mantel des Geistes“. Wer dies richtig erfasst, den kann kein Verfall, keine Krankheit, kein Unfall treffen, noch sein Leben in irgendeiner Weise gefährden. Ihr könnt euch so eng in diesen Mantel hüllen, dass ihn nichts durchdringen, dass nichts euch berühren kann. Alle zerstörenden Einflüsse oder Kräfte, die je von Menschen erschaffen wurden, mögen gegen euch gerichtet werden, ihr werdet dennoch unbeschädigt aus der Gefahr hervorgehen. Wenn auch durch irgendeinen Zufall die äußere Form zerstört werden sollte, so würde sie unverzüglich in geistigem Zustande wieder zurückkehren. Dies ist eine bessere Rüstung als jede Waffenrüstung, die je ein Mensch hat erfinden können, und ihr könnt immer, ohne Geld und Geldeswert dafür zu benötigen, von ihr Gebrauch machen. Dann werdet ihr dastehen als das, was ihr in Wirklichkeit seid, Kinder des lebendigen Gottes.“[(1)]

Diese Botschaft lege ich dir ans Herz und in dein Bewusstsein: Bitte sei im Wissen, was der Mantel Gottes in diesen Zeiten außerordentlicher und plötzlich sich offenbarender Ereignisse für dich und *alle* bedeutet!

Der Prophet Jesaja sprach: *„Die Sonne wird nicht mehr dein Licht sein am Tag, noch der Mond dir als Leuchte scheinen, sondern der HERR* (Christus in dir) *wird dir zum ewigen Licht werden, und dein Gott zu deinem* (strahlenden) *Glanz.“ (Jesaja 60, 19)*

In diesem Augenblick *(es ist exakt 10.00 Uhr an einem Sonntag, der die „1" offenbart)*, da ich dies hier niederschreibe, erstrahlt die Sonne sehr hell, und mein Arbeitszimmer wird davon erfasst! Was für eine Glorie auf Gottes Liebe, die alles segnet!

Diese Botschaft kann ich mit ganzem Herzen bestätigen. Du hast in jedem Augenblick deines Lebens die Möglichkeit, deinem Geist eine grenzenlose Nahrung bewusst zu schenken, indem du ein grenzenloses Denken offenbarst. Unbewusst nehmen wir diese geistige Nahrung immerwährend auf, doch durch unser Denken vom Getrenntsein *(Widersprüche und Gegensätze)* blockieren wir selbst die vollständige *(hundertprozentige)* Aufnahme dieses heiligen Stromes. Wir sollten uns bewusst sein und verantwortlich dafür zeichnen, dass wir die Architekten und Regisseure unseres Alltags sind. Das heißt auch, dass wir, wie einst Nikola Tesla, der Überzeugung sein sollten, dass Gott die höchste Schwingung ist, und dass dieses Wort aus sich selbst heraus strahlt.

Nachfolgend ein weiteres Beispiel, das uns aufzeigen möchte, worauf ein wirklicher Glaube *(eine absolute Akzeptanz, im Wissen zu sein)* basiert. Liebe, Weisheit und Wissen sind EINS und im Grunde die Urkraft, die Essenz allen Lebens. Wir bezeichnen sie mit *Gott*, mit *Liebe* oder auch mit weiteren Begriffen.

> *„Durch den* (unerschütterlichen und auf Fels gebauten) *Glauben wohne Christus in eurem Herzen. In der Liebe verwurzelt und auf sie gegründet, sollt ihr zusammen mit allen Heiligen dazu fähig sein, die Länge und Breite, die Höhe und Tiefe zu ermessen und die Liebe Christi zu verstehen, die alle Erkenntnis übersteigt. So werdet ihr mehr und mehr von der ganzen Fülle Gottes erfüllt. Er aber, der durch die Macht, die in uns wirkt, unendlich viel mehr tun kann, als wir erbitten oder uns ausdenken können…" (Epheser 3, 17-20)*

> Im Psalm 24, 6-8, heißt es: *„Das ist das Geschlecht, das nach ihm fragt, das da sucht dein Antlitz* (es erkennt deine Allgegenwart), *Gott Jakobs. Machet die Tore weit und die Türen in der Welt hoch, dass der*

König der Ehren einziehe! Wer ist derselbe König der Ehren? Es ist der HERR (der Christus), *stark und mächtig, der HERR* (Christus), *mächtig* (der Liebe).

Das heißt nichts anderes als dieses: Öffne die Tore in dir selbst – deinen Geist – und öffne die Türen des weltlichen, gesellschaftlichen Bewusstseins, sodass es vom Heiligen Strom störungsfrei geflutet wird. Dies ist die goldene Transformation, die diese Welt in diesem Zeitfenster erfahren darf!

Auch folgende Worte zeigen uns deutlich, dass es ein unbeflecktes Gewand braucht, damit der Heilige Geist vollumfänglich unseren Geist und Körper durchfluten kann:

Störungen bzw. Flecken – das sind Widersprüche und Gegensätze in deinem Geist, deinen Gedanken, deinen Worten und in deinem Alltag – werden stets dazu führen, dass es da noch etwas gibt, das bereinigt werden darf. Wie oft wollen wir etwas nicht erkennen, obwohl wir im Grunde meist wissen, woran es mangelt. Wie oft bekommen wir, wie aus heiterem Himmel, einen segensreichen Hinweis. Es liegt an uns, ob wir ihn annehmen und vielleicht auch mit unserem Herzen fühlen wollen. Wenn wir unser Leben betrachten, so können wir doch alle erkennen, dass das intelligente *LEBEN* uns diese bedingungslose Liebe in allem Leben für unsere Herzen sichtbar macht. Ob wir die Vielfalt der Natur betrachten oder oft auch die scheinbaren Kleinigkeiten in unserem Alltag, die uns berühren. Das sanfte Lächeln eines Menschen, das uns so oft in einem Augenblick begegnet, um eine Wende in unserem Alltag herbeizuführen. Ein Gesicht mit seinen vielen Muskeln kann so tiefgreifend lächeln, und es kann andererseits auch unsere Traurigkeit oder Bitterkeit widerspiegeln.

Können wir mit dieser Essenz der Liebe etwas daran verändern? Oh ja, denn diese Liebe, die uns belebt, ist immer mit uns. Was immer wir emotional wünschen, ob still oder laut, sie formt unser Lächeln und sie offenbart unsere Bitterkeit. Wir sind vielleicht schon einmal Menschen begegnet, die, wenn sie einen Raum betreten, die Atmosphäre mit ihrem selbstbewussten, souveränen und liebenden Wesen verändern. Ihr energetisches Feld schwingt in störungsfreier Resonanz mit dem universellen Grenzenlosen. Dies offenbart sich zum Beispiel, wenn ein heiteres Kind in unserem unmittelbaren Umfeld erscheint. Es erhellt mit seiner Energie der Unbeschwertheit das elektromagnetische Feld, in dem wir uns befinden, ein grenzenloses Feld, das natürlich alles Leben berührt – und so wird dieser Impuls der Heiterkeit ins grenzenlose Universum gesendet und geht in Resonanz mit der Frequenz der Heiterkeit.

Das Gleichnis vom weißen Gewand ist vergleichbar mit einer weißen Taube, die symbolisch für uns Menschen für eine zarte Liebe, Frieden und Reinheit steht. Wenn wir uns die Liebkosungen zweier Tauben betrachten, so können wir diese Zärtlichkeit und reine Liebe wahrnehmen. So kommt es nicht von ungefähr, dass Matthäus folgende Worte zu Papier brachte: *„Wie eine Taube“* kommt der Geist Gottes auf Jesus hernieder. *(Matthäus 3, 16)*.

Bedenke, liebe Schwester, lieber Bruder, die Lebenskraft liebt alles Leben, so auch alle Menschen, und macht keine Unterschiede – sie richtet und beurteilt nicht. Diese Verhaltensweisen haben sich die Menschen selbst angetan. Es gibt ein weises chinesisches Sprichwort, das besagt: *„Wer nie durch einen Sumpf ging, kann kein Heiliger werden.“*

Abschließend möchte ich den *Psalm der Freude* beleuchten, der auch als *Lied Davids* bezeichnet wird:

> *„Du bist mein ganzes Glück. Ein Lied von David. Beschütze mich, Gott, denn bei dir suche ich Zuflucht!* (Gott ist immer mit uns, weil es nichts anderes geben kann, denn es gibt nur *eine* Wirklichkeit. Ich und der Vater sind eins. Wäre es nicht so, wäre Gott nicht grenzenlos, und auch die Sonne würde nicht immer scheinen, weil sie Zeuge und Beobachter der Geschehnisse auf Erden ist. So ist Gott, der nicht richtet und nicht urteilt. Die Istheit oder das Sein Gottes spie-

gelt sich im Leben der Menschen wider.) *Ich bekenne: du bist mein Herr* (meine Liebe) *und mein ganzes Glück!* (So ist es, du bist mein Leben, meine wirkliche Liebe, mein Sein und Segen auf allen meinen Wegen. Die Lebenskraft, die mich mit Leben erfüllt.) *Darum freue ich mich über alle, die zu dir gehören. Sie bedeuten mir mehr als alle anderen in diesem Land!* (Im Grunde gehören alle zu Gott, weil sie aus der einen Quelle stammen. Unsere Welt mit allen Begrenzungen und Polaritäten haben wir selbst erschaffen. Es steht natürlich jedem Menschen frei, wem und was er folgt. Gott gab uns einen (fast) freien Willen). *Wer sich aber von dem lebendigen Gott abwendet und anderen Göttern nachläuft, der kommt aus dem Kummer nicht mehr heraus.* (Wer dem Aberglauben folgt und ihm nacheifert, der wird auf einem steinigen Weg wandern, bis er erkennt, wessen Kind er ist.) *Diesen Göttern will ich kein Opfer bringen, nicht einmal ihre Namen nehme ich in den Mund.* (So sollte es normalerweise sein, und für David war es auch so. Er folgte nur dem einen Prinzip: Gott-Vater-Mutter!) *Du, HERR, bist alles, was ich habe; du gibst mir, was ich zum Leben brauche. In deiner Hand liegt meine Zukunft.* (Wahrlich, wahrlich, so ist es! Die Lebenskraft, die universelle Liebe, die ICH-BIN-Gegenwart, Gott, wie auch Christus, sind ein und dasselbe. David erkannte, dass Gott alles ist, was er hatte. Alles Leben kommt von Gott und ist im Grunde Gott, das LEBEN.) *Ich darf ein wunderbares Erbe von dir empfangen, ja, was du mir zuteilst, gefällt mir.* (Gott erschuf den Menschen zu seinem Bilde und Gleichnis!) *Ich preise den HERRN, denn er gibt mir guten Rat. Selbst nachts erinnert mich mein Gewissen an das, was er sagt.* (David lobpreist Gott-Vater-Mutter, und auch in der Nacht badet er in der Liebe Gottes. Er geht im Wissen (Ge(h)-Wissen), dass Gott immer in ihm ist und ihn umfängt). *Ich sehe immer auf den HERRN. Er steht mir zur Seite, damit ich nicht falle.* (Was für ein Vertrauen! Was für eine Überzeugung und Treue!) *Darüber freue ich mich von ganzem Herzen, alles in mir bricht in Jubel aus. Bei dir, HERR, bin ich in Sicherheit.* (Alles in mir lobpreist Gott, und meine Seele jubiliert.) *Denn du wirst mich nicht dem Totenreich überlassen und mich nicht der Verwesung preisgeben, ich gehöre ja zu dir.* (Wie sollte ein Mensch sterben, wenn in der Wirklichkeit kein Tod existiert? Es gibt nur LEBEN. Wenn Gott Tod und Leben wäre, so würde Gott sich begrenzen. Gott ist grenzenlos!) *Du zeigst mir den Weg, der zum Leben führt.* (So zeigt Gott uns, dass wir erneut auferstehen, doch aus dem Geiste und nicht aus dem Fleisch. Jesus Christus ist im Geiste auferstanden, weil alles Fleisch Geist ist!) *Du beschenkst mich mit Freude, denn du bist bei mir. „Aus deiner Hand empfange ich unendliches Glück.“*

An dieser Stelle möchten wir nochmals die Worte von Jesus erwähnen, die er einst zu nächtlicher Stunde zu Nikodemus sprach.

„Es war aber ein Mensch unter den Pharisäern mit Namen Nikodemus, ein Oberster der Juden. Der kam zu Jesus bei Nacht und sprach zu ihm: Rabbi, wir wissen, dass du ein Lehrer bist, von Gott gekommen, denn niemand kann die Zeichen tun, die du tust, es sei denn Gott mit ihm. Jesus antwortete und sprach zu ihm: Wahrlich, wahrlich, ich sage dir: Wenn jemand nicht von neuem geboren wird, so kann er das Reich Gottes nicht sehen.“ Nikodemus spricht zu ihm: „Wie kann ein Mensch geboren werden, wenn er alt ist? Kann er denn wieder in seiner Mutter Leib gehen und geboren werden?“ Jesus antwortete: „Wahrlich, wahrlich, ich sage dir: Wenn jemand nicht geboren wird aus Wasser und Geist, so kann er nicht in das Reich Gottes kommen. Was aus dem Fleisch geboren ist, das ist Fleisch; und was aus dem Geist geboren ist, das ist Geist. Wundere dich nicht, dass ich dir gesagt habe: Ihr müsst von Neuem geboren werden. Der Wind bläst, wo er will, und du hörst sein Sausen wohl; aber du weißt nicht, woher er kommt und wohin er fährt. So ist ein jeder, der aus dem Geist geboren ist.“ (Johannes 3, 1-8)

Es zeigt uns, dass wir unser geistiges Gewand reinigen müssen, bevor wir von den Toten auferstehen können. Wenn dies geschieht, sind wir leichter als eine Feder, und unser Gewand wird wahrlich in einem reinen, weißen Lichte erstrahlen.

Jesus fordert uns durch seine Botschaft auf: *„Folget mir und ihr werdet es mir gleichtun!“*

Die Lehre Christi besagt, wir sollen bedingungslos lieben, und wenn wir das in unserem Leben wirklich in die Tat umsetzen, so werden wir alle Störungen *(Flecken, Makel, Widersprüche und Gegensätze)* auflösen.

„Hilf dir selbst, dann hilft dir Gott“ ist dahingehend die Erlösung, weil dies mit anderen Worten heißt: *„Hilf deinem konditionierten Selbst, deiner Persönlichkeit, sich von allen Störungen (Widersprüchen und Gegensätzen, z.B. Aberglauben, Religionen, Traditionen, Nationalismus, Kultur, Rassismus, usw.) zu befreien, indem du sie aufgibst, um dieses reine Licht (den reinen Strom der Liebe) freizulegen.“*

Nachwort von Johannes aus dem »Handbuch für Götter«

Du wirst dich möglicherweise wundern, wieso in diesem Buch das Nachwort aus dem »Handbuch für Götter« aufgeführt ist. Als ich dieses Nachwort 2021 verfasste, hatte ich darin für mich wesentliche Erkenntnisse mit Hilfestellungen für das Leben im Alltag verwoben. Denn man fragt sich oft am Ende eines Buches: *„Und nun, was kann ich jetzt praktisch tun, wenn ich morgen früh aufstehe und wieder zur Arbeit gehe, wie kann ich das Gelesene anwenden…?“* Meine Ausführungen waren damals sehr bewusst gewählt und sollen dem Leser wirklich eine Hilfestellung bieten. Hier nun liest du eine etwas aktualisierte und ergänzte Version – und ich bin mir sicher, dass sie dir zusagen wird.

Lieber Leser und liebe Leserin,
ohne große Umschweife möchte ich dich jetzt direkt und ungeschönt fragen: Bist du es wirklich leid, im Leben weiterhin zu leiden, die Lebensenergie in deinem genialen Körper Schritt für Schritt zu verbrauchen, um am Ende, weil du nicht weißt, wie du ihn mit Lebenskraft aufladen kannst, von den Würmern gefressen zu werden? Willst du weiterhin alle möglichen Schmerzen in deinem All-Tag ertragen? Nein? Möchtest du aus diesem Hamsterrad herauskommen? Willst du dein Schicksal wirklich beeinflussen können? Hast du die Nase voll von einer Welt, die dich versklaven und dir die Freiheit im Denken nehmen will? Magst du ein absolut souveränes Wesen werden und dies dann auch im Leben praktisch anwenden? Möchtest du wirklich frei und dein eigener Schöpfer sein, der wirkliche Freude, wirkliche Liebe und Glückseligkeit erfährt und seine Visionen realisiert? Willst du das wirklich? Reicht es dir jetzt endgültig mit deiner gelebten Unselbständigkeit, und willst du dich wirklich verändern und tatsächlich ein souveräner König oder eine souveräne Königin in deinem Königreich sein? Dann soll es so sein! Auf den Punkt gebracht: Ab jetzt gibt es einen grenzenlosen Kurs, und es werden nicht nur wieder Lippenbekenntnisse sein. Du hast mit dem »Handbuch für Götter«, das natürlich auch für „Göttinnen“

gilt, eine außergewöhnliche Möglichkeit bekommen – und weißt du was? – du darfst sie selbst mit Fleiß und Begeisterung in dein Leben, in deine Wirklichkeit integrieren und ab jetzt erschaffen oder schöpfen! Du bist der Schöpfer *deiner* Realität! Im „Praktischen Teil“ vom »Handbuch für Götter« wirst du zahlreiche Anregungen finden. Mit dem zweiten Buch »Hilf dir selbst, dann hilft dir Gott« haben wir deiner Reise der Selbsterkenntnis einen weiteren praktischen Ratgeber an die Hand gegeben, das dich motivieren möchte, um dein Leben in souveräner Weise zu kultivieren. Du erschaffst gemeinsam mit allen selbstbewussten Menschen eine Welt bedingungsloser Liebe.

Die Welt ist offensichtlich im Wandel, und das ist für sehr viele Menschen eine ideale Möglichkeit, sich einmal Gedanken über sich selbst zu machen. All die vielen Prophezeiungen, was haben sie mit uns Menschen zu tun? Warum bin ich hier auf diesem Planeten? Wer bin ich überhaupt, und warum lebe ich dieses Leben? Warum sind wir in der aktuellen Situation?

Was ist Liebe, eine Energie oder Kraft? Wir wissen doch: In jedem Menschen ist die Liebe anwesend, ob du dies bewusst oder unbewusst wahrnimmst, und manchmal kommen wir in eine unerwartete und außergewöhnliche Situation, die uns sehr fordert. Vielleicht haben wir über eine Zeitspanne wirklich mit einer Spannung zu tun, die wir so nicht wollten. Doch wie heißt es so weise: *„Die Wege des Herrn (des Heiligen Geistes) sind unergründlich“*, was so viel bedeutet wie: Sie sind für den Menschen oft nicht nachvollziehbar. Doch ich sage dir: Für ein bewusstes, göttliches Wesen schon! Die Botschaft beider Bücher bringt es doch auf den Punkt: Erhebe dich aus deiner dir liebgewordenen Komfortzone und entdecke deine wirkliche Herkunft. Erschaffe, vollkommen bewusst, deine Welt mit deinem göttlichen Selbst, anstatt auf etwas oder jemanden zu warten. Wer wartet, dem könnte der Zug einer außergewöhnlichen Möglichkeit davonfahren. Die Fahrkarte hast du bereits in dir, sie ist in deiner Seele und in deinen Genen hinterlegt. Es liegt buchstäblich in deinen Händen, sie einzulösen. Steig ein in den

Zug des neuen Lebens, des neuen Abenteuers! Es ist wie bei der Türe mit den sieben Schlössern – wir sprechen hier von den 7 Energiezentren, den 7 Chakren. Wo findest du den goldenen Schlüssel zu diesen? Hast du dich einmal gefragt, warum die Thymusdrüse in einem Kind vergleichsweise größer ist als bei einem Erwachsenen? Auch sie spielt eine Rolle im Spiel des Lebens. Was genau ist nun aber dieser goldene Schlüssel, der in dir und um dich herum zuvor nicht lesbare Hieroglyphen lesbar und verständlich macht? Dieser Schlüssel ist wie ein Übersetzer, ein Dolmetscher, und er begegnet uns immer wieder im Leben, doch nur die wenigsten sind sich dessen bewusst.

In vielen Geschichten und Märchen kommt immer wieder die Zahl 7 vor, zum Beispiel bei den sieben Raben, oder Gott erschuf die Welt in sieben Tagen, die sieben Zwerge, der faule Wanja saß sieben Jahre auf dem Backofen, bevor er der Stärkste wurde, die sieben Königreiche, sieben auf einen Streich, der Wolf und die sieben Geißlein, über sieben Brücken musst du gehen, oder du bist im siebten Himmel ... Der Schlüssel für unsere sieben Energiezentren liegt in uns. Die sieben Chakren können wir aktivieren, wenn wir unsere Aufmerksamkeit nach innen lenken, durch Meditation zum Beispiel, uns unserer Gedanken, Worte und Handlungen bewusst werden und vom Opfer- in den Schöpfermodus wechseln. Es ist die Bewusstwerdung über Schweigen, Disziplin in allen Lebensbereichen – und wenn wir auf unsere innere Stimme, die Intuition, achten. Und der Sieben-Jahres-Rhythmus zeigt auf, dass wir uns in Zyklen durchs Leben bewegen: Erfahrungsprozesse und sog. *„Prüfungen“* kommen zyklisch zu uns, sie kehren wieder, um uns zu testen auf unsere Beständigkeit und darauf, ob wir diesen Weg auch wirklich bewusst gehen wollen oder bei nächster Gelegenheit wieder umfallen werden. Wir wissen nun, dass diesen Weg niemand für uns gehen kann, nur wir selbst können das, doch wir können uns alle gemeinsam gegenseitig unterstützen, uns helfen, motivieren und für eine gemeinsame Vision begeistern. Die Kenntnisse und Erfahrungen, die Jan mit mir im »Handbuch für Götter« offenbart hatten, möchten eine Stütze und wie ein goldener Schlüssel ein Hilfsmittel sein, die sieben verborgenen Schlösser in dir zu öffnen und die sieben Tore weit aufzustoßen. Ich habe eine außergewöhnliche Vision von dir: Du bist mehr als nur ein Mensch. Du bist eine unsterbliche Seele, und nicht nur die ist nicht von der Erde, sondern auch unsere Vorfahren kamen einst von woanders hierher. Ja, wir haben einiges über Außerirdische und über Hellsichtige im »Handbuch für Götter« gelesen. Im Interview wurden interessante Fragen beantwortet – manche sehr ausführlich, andere wiederum etwas zurückhaltender. Bei all den interessanten und durchaus wichtigen Themen da draußen ist doch unser Innerstes am wichtigsten. Denn wenn wir in der Lage sind, unsere Gedanken, Gefühle und Wünsche bewusst und zielgerichtet einzusetzen, dann können wir ganz anders mit diesen Themen umgehen. Wir können bewusst Wissen und Kenntnisse in unser Leben manifestieren – eben zum Thema Außerirdische, Reinkarnation, bedingungslose Liebe, wer die Welt steuert usw. Deshalb ist der *„Praktische Teil“* ein wahrhaftiger Segen, nämlich um zu erfahren, wie wir durch die uns innewohnenden Kräfte und göttlichen Impulse bewusster und souveräner werden können. Einer, der uns das vorgelebt hat, war Jesus, der die Christuskraft *(die allumfassende Liebe)* in sich bewusst gelebt hat. So taten es bereits andere vor ihm. Er hat vielen Menschen vom Licht der Liebe berichtet und ihnen gesagt, wie außergewöhnlich sie sind und sein werden, wenn sie den wirklichen Reichtum in sich entdecken.

Oft hat er gesagt: *„Glaubt mir, dass ich im Vater bin, und der Vater ist in mir …“* Wie oft hat er gesagt: *„Ich bin das Licht der Welt. Wer mir nachfolgt, der wird nicht wandeln in der Finsternis, sondern wird das Licht des Lebens haben.“*

Jesus ist noch heute ein strahlendes Licht für diese Welt und für viele noch ein Mysterium, doch das ist eine andere Geschichte. So gab es doch immer wieder Boten der universellen Quelle, der Liebe, die der Menschheit die Botschaft der bedingungslosen Liebe offenbarten und ihnen über außergewöhnliche Möglichkeiten berichteten, wenn sie diesem Licht der bedingungslosen Liebe folgen würden.

An dieser Stelle möchte ich dir von einem weiteren außergewöhnlichen Licht in dieser Welt berichten. Weshalb? Weil ich weiß, dass jeder Mensch dieses Potenzial *„in sich selbst"* trägt. Wenn Jesus heute den Menschen erscheinen würde, so wäre er betrübt über das, was sie aus seiner Lehre gemacht haben. Wollte er als Idol angebetet werden, und wollte er wirklich, dass der Mensch seine Hausaufgaben an ihn abgibt? Er hatte seine Mission auf Erden und sie ist noch nicht beendet – und du hast deine, doch im Grunde ist es unser aller Mission, die bedingungslose Liebe in unserem Leben zu offenbaren.

Dieses Buch, das du jetzt in Händen hältst, möchte dir durch eine Vielzahl an Beispielen ein Ratgeber für die eigene Souveränität sein, die letztlich wie die Wasserstraßen der Erde in den Ozean münden – ein Kreislauf einer niemals endenden Liebeskraft, die alles mit allem verbindet, da sie alles ist.

An dieser Stelle möchte ich nochmals auf Bruno Gröning zurückkommen, um ihm auch im Nachwort noch einige Worte zu widmen. Bruno Gröning war ein sehr bescheidener Mensch, den viele kennen und lieben, sich oft auch selbst dabei vergessen, weil sie seine Botschaft irgendwie missverstanden haben. Es begab sich nach dem Zweiten Weltkrieg, als die Menschen in Deutschland von Leid, Sorgen, Hunger, Trauer, Schmerzen, körperlichen Gebrechen durch das Kriegsgeschehen und die erlebten Bombennächte am Boden lagen – als sie wirklich aufrichtig Gott anflehten, ob unwissend oder wissend, sie taten es jedenfalls mit tiefster Hingabe. Da berichteten Menschen einander von einem einfachen Zimmermann, der in Deutschland außergewöhnliche Taten vollbrachte. Ja, er tat sie wirklich, und das war auch seine Mission.

Sein Name war Bruno Gröning, und er hatte den himmlischen Auftrag, in den leidenden Menschen das Vertrauen in Gott wieder wachzurütteln, es aufzubauen mit Hilfe der göttlichen Kraft, den *„Strom"*, wie er ihn nannte – einen elektrischen Strom, eine immerwährende Lebenskraft, die alles Leben durchströmt. Menschen berichten heute noch von den spontanen Heilungen. Seine Lehre ist auch heute noch so aktuell, wie zu seinen Lebzeiten auf Erden. Weshalb? Weil sie wieder ein Vertrauen in Gott aufbauten. Was er wollte, war, ein klares Wissen im Menschen zu erwecken.

„Glaube ist nicht Wissen." Deshalb sagte er immer wieder zu den Menschen, die zu ihm kamen: *„Ich gebe ihnen zu wissen."* Bruno Gröning erklärte: *„Ich tue nichts, Gott ist es, der ‚hilft', der ‚heilt'."*

Ihm ging es nicht um seine eigene Person. Sein Wunsch war es, dass die Menschen Gott vertrauen, der durch jeden Menschen wirkt. Gott erschuf uns doch nach seinem Bilde oder Wesen. Die Botschaft ist doch sehr klar. Warum wurde sie in Teilen verfälscht? Es heißt doch: *„Hilf dir selbst, dann hilft dir Gott!"* Was möchte ich mit diesem Beispiel aufzeigen? Ich möchte zeigen, dass Menschen dazu neigen, wirkliches Wissen in anderer Weise zu interpretieren und es dadurch zu verfälschen. Bruno wollte, dass Menschen an sich selbst arbeiten und ihr Schicksal in die Hand nehmen und nicht, dass sie ihn anbeten oder anhimmeln. Natürlich hilft er noch heute den Menschen, doch das macht Jesus auch, und alle Aufgestiegenen Meister. Es ist immer Gott, der hilft, darauf wiesen alle Aufgestiegenen Meister hin. Doch wer ist Gott?

Gott ist eine intelligente Lebenskraft, ein elektronischer Strom, ein Geist, ein unendliches Bewusstsein – dessen Namen wir nicht wirklich mit Worten definieren können. Ich sagte es bereits mehrmals: *„Folge deiner Intuition, anstatt den Meinungen anderer."* Wie willst du selbstständig, ja souverän werden, wenn du deine Macht abgibst? Der Kapitän auf einem Schiff hat keinen zweiten Kapitän an seiner Seite. Er ist der Chef auf der Brücke und damit der weise Führer seiner Mannschaft. Du hast ja auch ein Zentral-Gehirn in deinem Körper, wie auch ein zentrales Herz. Du bist der König oder die Königin in deinem Königreich, in deinem Körper, und solltest wie der Kapitän auf einem Segelschiff souveräne Anweisungen an die Zellen weitergeben. Dafür braucht es Willenskraft, Mut, Courage, einen klaren Geist und Verstand, gottgegebenes Wissen in dir – dein Gehirn verfügt über 100 Prozent Wissen, du nutzt jedoch nur ca. 8 bis 10 Prozent davon –, Geduld, Begeisterung, Liebe sowie Lebensfreude. *Der Point of Return ist jetzt!* Deshalb erschaffe ein neues, außergewöhnliches Leben. Mache die Leinen los und lass deine Vergangenheit hinter dir – und blende auch deine Zukunftswünsche aus. Entsage dem Menschlichen und reise in das Nichts, in ein Feld, das keine Materie ist, doch voller grenzenloser Möglichkeiten. Wir bezeichnen es oft als *morphogenetisches Feld*, das *Feld der Träume* oder einfach das *große, weite Nichts*. Dein tägliches Leben gibt dir die Möglichkeit, dein wirkliches Selbst zu erkennen. Rede dich nicht immer wieder heraus, indem du sagst: *„Ich kann nicht!"* oder *„Es ist noch nicht so weit, ich fühle mich nicht stark genug!"* Wie viele Ausreden und Alibis willst du noch in dein Leben rufen, um dich vor deiner Wirklichkeit zu verbergen? Mache es wie Marco Polo und erkunde ein Reich, das du vergessen hast oder noch gar nicht wirklich kennst. Werde nicht nur außergewöhnlich, sondern *sei* außergewöhnlich! Du kannst genauso diese Wunder tun, von denen die Welt weiß und wie es beispielsweise Jesus, Maria, Maria Magdalena, Gautama Siddharta, Saint Germain, die geheiligten Apostel oder Bruno Gröning und all die unbekannten Namen in dieser Welt taten. Es gab noch viele mehr von ihnen. Die Dunkelmächte dieser Welt wollten sie vor der Menschheit verbergen, doch die Liebe ist eben das Licht der Welt. Diese strahlenden Lichter sind in der Dunkelheit der Welt erschienen, um ihre Geschwister vom Lichte in ihnen selbst zu berichten, ihnen einen goldenen Weg zu zeigen.

Die heutige Welt ist voll von diesen Lichtern, es sind zirka 7 bis 8 Milliarden Potenziale. Es wird sich zeigen, wie viele von diesen Potenzialen noch auf diesem Planeten sein werden, wenn die Spreu vom Weizen getrennt wurde. Sicherlich werden es mehr sein, als es sich die Dunkelmächte vorgestellt hatten, denn ihre Zeit ist abgelaufen! Willst du dabei sein? Wenn all die Göttinnen und Götter in Menschengestalt erwachen, wird es eine gigantische Kettenreaktion auf diesem Planeten geben – und was meinst du, was danach sein wird? Die Erde wird eine strahlende Aura haben, und das Licht Christi wird bis weit in das Universum strahlen. Die Sonne mit ihrer Corona ist doch auch einfach strahlende Liebe. Sei gewiss, es werden alle „*erwachte Göttinnen und Götter*“ sein, die die bedingungslose Liebe auf den goldenen Thron in sich selbst erhoben haben. Packen wir es an und leben wir wirklich wieder unser göttliches Erbe, von dem in Legenden berichtet wurde! Sei dankbar für all die Möglichkeiten, die dir das Leben geschenkt hat. Danke jedem Menschen und danke Gott, dem Heiligen Geist, dem Lebensstrom, dass du leben darfst. An dieser Stelle möchte ich allen Menschen herzlichst danken für all die Erfahrungen, die ich durch sie und mit ihnen erleben durfte, denn es waren oft Meilensteine in meinem Wissensschatz. All die Menschen, die mich auf meinem Weg begleiten, mich unterstützen, mich beschenken – und da ist natürlich meine liebevolle Ehefrau, die diese Projekte bzw. meine Arbeit mit ihrer Liebe und ihrer Intuition unterstützt und mit der ich wirklich durch Täler wandern musste, um wieder auf einen Gipfel der Erkenntnis zu gelangen. Ich bin einer von euch, ich bin einer wie du, und du weißt, das Leben ist voller Herausforderungen. Ich bin genauso wie du ein Kanal Gottes *(Medium)*, ein Empfänger der Lebenskraft, ein göttliches Wesen in Menschengestalt, ein Kind Gottes auf einer Reise durch die Unendlichkeit, „Leben“ genannt. Manchmal wirst du sehr gefordert, und dann kommt wieder eine Phase der Ruhe und Harmonie, bis dann die nächste Aufgabe in dein Leben purzelt. Alles dient unserem eigenen Erwachen! Gottes Liebe hat uns auf unseren Weg getragen.

Lieben Dank auch an Jans und meinen gemeinsamen Freund und dessen Gattin, die das Projekt »Handbuch für Götter« von Anfang an begleiteten und einen Impuls in den Kosmos gaben, sodass der liebe Jan in meinem Leben erschien, nachdem ich ihn bereits vor über 20 Jahren kontaktieren sollte. Doch damals war die Zeit noch nicht reif dafür.

Nun erscheint mit »Hilf dir selbst, dann hilft dir Gott« ein weiteres Werk, in dem der obengenannte liebe Freund das Vorwort auf meine Bitte hin verfasste. Es wird wohl viele Leserinnen und Leser im Herzen berühren. Herzlichen Dank, mein lieber Joachim! Wir können sagen: Insgesamt sind sich hier mutige, liebevolle und bescheidene Seelen begegnet, die alle eine Mission haben, nämlich der Menschheit etwas Außergewöhnliches in und an die Hand zu geben – diese beiden Bücher –, und nicht zu vergessen das Gemeinschaftswerk von 16 Autoren »Unsere lichtvolle Zukunft«, bei dem ich auch mitgewirkt habe.

Wir wünschen dir, liebe Leserin, lieber Leser, viel Freude beim Schöpfen deiner Offenbarung einer außergewöhnlichen Vision. Warte nicht, sondern tue es „jetzt", ohne Wenn und Aber! Ich danke auch dir von ganzem Herzen, denn wir alle sind die strahlenden Lichter am goldenen Horizont einer neuen, liebevolleren Welt. Möge der Segen Gottes dich begleiten und immer ein Licht für dich sein. Möge die Liebe dich segnen und der Segen der Liebe uns alle bei unserer gemeinsamen Mission – der Erschaffung einer wirklichen Welt mit souveränen Göttern und Göttinnen – begleiten.

Seid im Wissen: Es ist vollbracht! Die Dunkelheit weicht dem Licht der Liebe!

Das Licht in mir grüßt das Licht in dir!

Dein *Johannes*

Über Johannes

Johannes „landete“ 1958, ist verheiratet und lebt in der Pfalz. Seit seiner frühesten Kindheit ist er hellsichtig und ein Visionär, wobei seine besondere Liebe zur Natur, zu den Tieren sowie die Botschaft Christi ein bedeutender Teil seiner Kindheit waren. Neben seiner Gabe, mit Verstorbenen kommunizieren zu können, hatte er auch Begegnungen mit Geist- und Elementarwesen, von denen er vieles lernte. Doch er durchlief auch viele harte Prüfungen, ob körperlich, psychisch oder auch materieller Natur – es waren außergewöhnliche Lehrjahre, die ihn und auch seine Frau über viele Jahre periodisch begleiteten.

Seit Jahrzehnten ist er eine Anlaufstelle für Menschen mit Kummer, Sorgen und Ängsten. In seinen Telefonaten, E-Mails, Vorträgen und Seminaren motiviert er Menschen und zeigt ihnen, wie sie die in ihnen lebende Schöpferkraft bewusst aktivieren können. Seine Frau, die auch seit ihrer Kindheit medial veranlagt ist, unterstützt ihn dabei tatkräftig. Johannes erklärt, dass er nur ein bescheidenes Werkzeug Gottes, der Liebe und der Lebenskraft ist. Auf die Frage, warum er ein Medium ist, antwortet er: *„In jedem Menschen wohnt der Geist Christi und macht uns alle zu Kindern Gottes – mit allen Schöpferkräften. So ist es ganz natürlich, dass jedes Individuum auch ein Medium ist. Diese Fähigkeit und viele weitere sind nur verdunkelt worden.“*

Johannes ist auf den ersten Blick ein schweigsamer Mensch, ein Beobachter, doch wenn Gott ihn „einschaltet“, ihn verstärkt durchströmt, so „brennt“ er wie eine lodernde Flamme.

Es gibt von Johannes eine Meditations-CD und einige Audio-Meditationen (als Download), die du auf seiner unten aufgeführten Internetseite findest. Des Weiteren findest du dort Informationen zu Vorträgen, Seminaren und geplanten Projekten.

www.medium-johannes.de

Weitere Information über das Medium Johannes

Webseite
www.medium-johannes.de

E-Mail
info@medium-johannes.de

Bücher
»Handbuch für Götter«, Medium Johannes und Jan van Helsing, Amadeus Verlag, 2021

Mediations-CD
»Gottsein im Sein – im Leben«, Laufzeit: ca. 17 Min.
www.medium-johannes.de/buecher-cds-downloads

MP3-Downloads
»Gottsein im Sein – im Leben«, Laufzeit: ca. 17 Min.
www.medium-johannes.de/buecher-cds-downloads

Meditation vom 17.12.2023: » Entspannung und Segen für Geist, Seele und Körper « Laufzeit: ca. 50 Min.
www.medium-johannes.de/buecher-cds-downloads

Gebet
Das »VaterMutterUnser« (VaterMutterUnser), Laufzeit: ca. 10 Min.
www.medium-johannes.de/buecher-cds-downloads

Literatur- und Quellenverzeichnis

(1) »Leben und Lehren der Meister im Fernen Osten – Band 1-5«, Baird T. Spalding, Schirner Verlag 2011
(2) https://wiki.yoga-vidya.de/Tausendbl%C3%A4ttriger_Lotus
(3) https://de.wikipedia.org/wiki/Marienerscheinungen_von_F%C3%A1tima
(4) https://de.wikipedia.org/wiki/Schlacht_um_Verdun
(5) https://gutezitate.com/zitat/143855
(6) https://de.wikipedia.org/wiki/Ho%CA%BBoponopono
(7) www.arthur-schopenhauer-studienkreis.de
(8) www.facebook.com/BrunoGroeningFreundeskreis/photos/a.368478707069761/797202494197378/?type=3
(9) www.gh-verlag.de/Spruchkarten/Spruchkarten-deutsch/ Spruchkarte-Vertraue-und-glaube.html
(10) www.bruno-groening.org/de/brunogroening/biografie/sein-weg-endet-in-paris
(11) https://josetteundbrunogroening.at/bruno-groening/worteundwirken
(12) www.bibleserver.com/de/verse/Johannes5,19 (Lutherbibel)
(13) www.bruno-groening.net/seine-lehre
(14) www.bruno-groening.org/de/brunogroening/bilder-und-zitate/zitate
(15) www.bruno-groening.net/seine-lehre/kernpunkte-seiner-lehre
(16) https://josetteundbrunogroening.at/bruno-groening/worteundwirken
(17) »Das Lebensspiel und eine Regeln«, Florence Scovel Shinn, Freya Verlag
(18) »Your Word Is Your Wand«, Florence Scovel Shinn, Sharp Ink, 1941

Bildquellen

(1) https://upload.wikimedia.org/wikipedia/commons/1/11/Giampietrino-Last-Supper-ca-1520.jpg
Dieses Bild ist nicht das Original von Leonardo da Vinci, sondern eine Kopie Giampietrinos (um 1520 n.Chr.)
(2) https://pixabay.com/photos/jesus-religion-church-mercy-1859687/
(3) https://de.wikipedia.org/wiki/Maria_Magdalena
(4) Heilbild-Kärtchen Bruno Gröning, Medium Johannes
(5) https://de.wikipedia.org/wiki/Florence_Scovel_Shinn
(6) https://genzdocsach.com/baird-thomas-spalding/

HANDBUCH FÜR GÖTTER

Medium Johannes Jan van Helsing

Egal, was die Illuminaten vorhaben, was ist DEIN Plan?

In diesem Buch spricht Jan van Helsing, der bereits im August 2019 über den Corona-Plan informiert war, mit Johannes, einem Hellsichtigen, der sozusagen einen guten „Draht nach oben" hat. Beide gehen der Frage nach, wieso die Mächtigen dieser Welt – die Illuminaten –, die hinter all diesen Szenarien stecken, eine solche Angst haben, dass ihre Machenschaften auffliegen, dass sie deswegen Videos, Bücher sowie Menschen auf dem gesamten Globus zensieren. Wovor haben sie Angst? Die Illuminaten kennen ein Geheimnis, das sie ganz schnell ihrer eigenen Macht berauben würde – hätten die Menschen Kenntnis davon. Es ist etwas, das in jedem von uns verborgen ist, weshalb man uns durch eine gigantische Ablenkungsindustrie davon abhält, uns auf die Suche nach diesem Geheimnis zu machen. Das „Handbuch für Götter" zeigt Möglichkeiten auf, wie jeder Einzelne diese Kraft entdecken und im täglichen Leben zum Einsatz bringen kann.

ISBN 978-3-938656-64-8 • 21,00 Euro

UNSERE LICHTVOLLE ZUKUNFT

Brigitte-Devaia Jost Johannes Holey

Dieses Gemeinschaftsbuch ist ein ermutigendes Manifest einer besseren, lichtvollen Zukunft! 16 Autorinnen und Autoren stellen in diesem Buch ein herausforderndes Thema in den Mittelpunkt, welches viele Menschen sehr aufwühlt – unsere Zukunft. Sie alle sind sich sicher, dass der Plan für eine lichtvolle Zukunft in der ‚geistigen Welt' bereits vorhanden ist und nun darauf wartet, Schritt für Schritt in unserer Erdenwelt manifestiert zu werden. Wir alle wünschen uns eine bessere Zukunft, in der wir miteinander in Freiheit, in Harmonie und in Liebe leben können und in der sich unsere Kinder und Kindeskinder wie auch die Tiere geborgen fühlen können, unsere Natur gesund und unsere Erde eine Oase ist. Eine solche Zukunft beginnt mit den entsprechenden Schritten, die wir jetzt in der Gegenwart gehen können. Was gilt es, zu erkennen und zu verändern? Und warum sind die beiden Grundvoraussetzungen für die lichtvolle Zukunft spirituelles Erwachen und mitfühlende Liebe? Dieses Buch ist mit geistig-spirituellem Wissen gefüllt, mit erhebenden Botschaften, Bildern und Weisheiten, mit praktischen Anregungen, visionären Einblicken und mit der spürbaren Begeisterung der daran beteiligten Autorinnen und Autoren. Vereint im Ziel, durch dieses Gemeinschaftswerk an einer lichtvollen Zukunft mitzuwirken, bringen alle ihre unterschiedlichen Talente, Erkenntnisse und Erfahrungen mit ein.

ISBN 978-3939105886 • 24,00 Euro

WENN DAS DIE PATIENTEN WÜSSTEN

Vera Wagner Jan van Helsing

Geld oder Gesundheit? Mensch oder Fallpauschale? Worum geht es in unserem Gesundheits-System? Warum sterben immer noch unendlich viele Menschen elend an Krebs, der Krankheit, deren konventionelle Behandlung horrende Summen verschlingt? Weil die wahren Ursachen das medizinische Establishment nur selten interessieren. Weil es bei der konventionellen Krebstherapie nicht um Heilung, sondern ums Geld geht, das ist die perfide Regel, nach der dieses System funktioniert. Bestimmte Dinge laufen nach dem immer gleichen Prinzip ab: Jemand entdeckt eine Krankheitsursache oder entwickelt eine vielversprechende Heilmethode, das Wissenschafts-Establishment will nichts davon wissen. Den Patienten bleibt nichts anderes übrig, als sich selbst auf die Suche zu machen nach wahren Ursachen und wahren Heilern. Sie finden sie oft in einer Welt jenseits des medizinischen Mainstreams, einer Welt, in der von Schulmedizinern aufgegebene Patienten die Chance auf ein zweites Leben bekommen.

ISBN 978-3-938656-75-4 • 25,00 Euro

GIFTDEPONIE MENSCH

Katja Kutza

Der ungewöhnliche Heilungsweg einer Amalgamvergiftung...

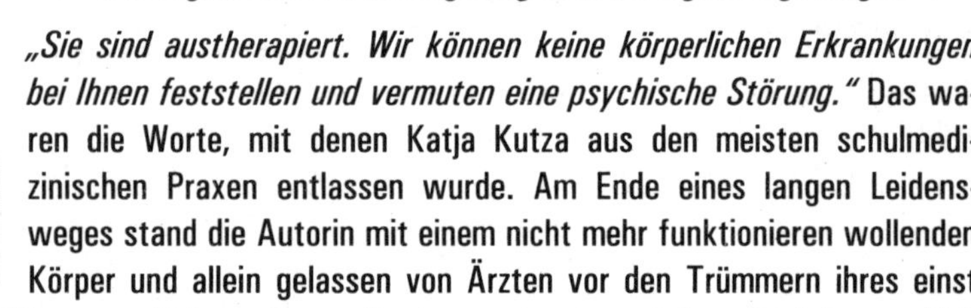

„Sie sind austherapiert. Wir können keine körperlichen Erkrankungen bei Ihnen feststellen und vermuten eine psychische Störung." Das waren die Worte, mit denen Katja Kutza aus den meisten schulmedizinischen Praxen entlassen wurde. Am Ende eines langen Leidensweges stand die Autorin mit einem nicht mehr funktionieren wollenden Körper und allein gelassen von Ärzten vor den Trümmern ihres einst glücklichen Lebens. Völlig verzweifelt an diesem Punkt angekommen, bekam ihr Leben endlich eine glückliche Wende. Nicht nur ihre Grunderkrankung – eine Amalgamvergiftung – wurde aufgedeckt, auch spirituelle, geistige und energetische Heilsysteme ebneten ihr den Heilungsweg. Auf diesem Weg zurück in ihr Leben machte sie zahlreiche wichtige Erfahrungen, die sie immer zuerst zu hundert Prozent am eigenen Leib spürte und erfuhr, um dann einen optimalen Genesungs- bzw. Lösungsweg zu erfahren. Ihr daraus entstandenes Wissen, ihre spannende Lebensgeschichte und ihre Erfahrungen auf körperlicher, geistiger und seelischer Ebene gibt sie in ihrem Buch völlig authentisch und ehrlich weiter, bietet Hilfe zur Selbsthilfe und macht Mut, niemals aufzugeben und offen zu sein, ungewöhnliche Wege zu gehen.

ISBN 978-3-938656-47-1 • 21,00 Euro

UNSICHTBAR

Martina Heise

Haben Sie nicht auch schon einmal Geschichten über eine verborgene Welt gehört – eine unsichtbare Welt, in der sich Verstorbene aufhalten, aber auch Geister und Dämonen? Oder haben Sie möglicherweise sogar selbst etwas sehr Außergewöhnliches erlebt, das sie nicht mit dem Verstand alleine erklären konnten?

Es gibt Menschen, die haben die Gabe – oft seit Geburt –, diese Welt wahrzunehmen und mit den dort lebenden Wesen und Verstorbenen zu kommunizieren. Martina Heise ist eine von ihnen. Nach dem Erfolg ihres Buches „Schutzengel & Co." lässt Martina uns teilhaben an zahlreichen Phänomenen, die sie mit Engeln, Verstorbenen und der geistigen Welt erlebt hat und greift dabei Phänomene auf, die viele von uns bereits erlebt haben, jedoch bislang nicht zuordnen konnten. Spannend erzählt Martina nicht nur ihre Erlebnisse mit dem Übersinnlichen, sondern bietet gleichzeitig eine wunderbare Hilfe zur Lösung vieler Probleme an, unter anderem zum Thema Gesundheit, Partnerschaft, Indigokinder und unheimliche Phänomene in unserem Zuhause. Wie wichtig ist beispielsweise ein energetisch harmonisches Umfeld, speziell in Häusern und Wohnungen? Sieht unser Kind Geister oder Verstorbene oder hat es Visionen?

ISBN 978-3-938656-55-6 • 21,00 Euro

SCHUTZENGEL & CO

Martina Heise

Wir werden von Engeln und anderen geistigen Wesen begleitet – jeden Tag. Doch nur wenige können diese bewusst wahrnehmen und mit ihnen kommunizieren. Martina Heise wurde mit dieser Gabe geboren und konnte von klein auf nicht nur ihren Schutzengel sehen, sondern auch die Seelen Verstorbener. Von ihrem Schutzengel wurde sie zum einen über den Sinn des Erdendaseins unterrichtet und zum anderen über die Mechanismen des Lebens, vor allem aber darüber, was im Jenseits auf uns wartet und wie wir uns das vorstellen können. In diesem Buch schildert Martina, wie sie lernte, mit den geistigen Wesen zu kommunizieren, welche Unterschiede es bei den feinstofflichen Wesen gibt, wie sie mit uns in Kontakt treten, uns Botschaften übermitteln und wie wir diese verstehen können. Sie erklärt auch die Gefahr, die von Besetzungen, Dämonen und anderen dunklen Wesen ausgeht und wie man diese beseitigen und unsere Häuser von solchen dunklen Energien befreien kann. Außerdem stellt sie Übungen zur Verfügung, wie man sich vor Negativem schützen und die eigene Intuition stärken kann.

ISBN 978-3-938656-38-9 • 21,00 Euro

UFOS UND DAS GEHEIMNIS DER INNEREN ERDE

Jason Mason

Spätestens seit den 1940er-Jahren versuchen Forscher hinter das Geheimnis der mysteriösen Flugscheiben zu kommen. Fakt ist, dass sie schon seit dem Beginn der aufgezeichneten Menschheitsgeschichte einen beinahe unsichtbaren Einfluss auf unsere Zivilisation ausüben. Besonders die Verbindung des Deutschen Reichs und einer deutschen Absetzbewegung, die ein geheimes Weltraumprogramm erschaffen hat, hängt womöglich mit antikem Wissen außerirdischer Besucher zusammen. Gab es vor Kriegsende direkten Kontakt mit Wesen, die in altertümlichen Aufzeichnungen samt ihren Artefakten als „Götter der Vorzeit" Erwähnung finden?

Neue Hinweise aus den USA sowie aus Russland zeigen nun, dass ein Teil der UFOs gar nicht außerirdisch ist, sondern aus dem Inneren unseres Planeten stammt. Nicht nur Außerirdische haben seit Jahrtausenden riesige Stützpunkte in der Erdkruste und auf dem Grund der Ozeane errichtet, es gibt auch antike Hochzivilisationen, wie beispielsweise die Atlanter, die sich vor Katastrophen unter der Erdoberfläche und in großen Gebirgen in Sicherheit brachten und dort immer noch existieren.

ISBN 978-3-98562-004-3 • 26,00 Euro

GEISTWESEN

Prof. h.c. Manfred Krames

Können Sie sich vorstellen, dass 80% aller Depressionen und 90% aller Selbstmorde von geistigen Fremdwesen bzw. Besetzungen ausgelöst werden? So die Erkenntnis des erfolgreichen amerikanischen Psychiaters Dr. Wickland im vorigen Jahrhundert. Gleich vorab sei angemerkt, dass Prof. Krames kein Esoteriker ist, und auch von okkulten, mystischen oder spiritistischen Dingen hält er nichts. Als allerdings seine Frau begann, Nacht für Nacht mit Verstorbenen zu sprechen, wurde er wider Willen in die Welt der Fremdwesen eingeführt. Unglaubliche Zufälle und Fügungen führten ihn zu hellsichtigen Mönchen und Geistheilern der Weltklasse. Im Laufe seiner therapeutischen Tätigkeit lernte er, dass Süchte, Psychosen, Depressionen und Selbstmorde fast immer von Geistwesen ausgelöst werden. Bestätigt werden die Erkenntnisse durch Aussagen bzw. Erfahrungen namhafter Psychologen. Doch der Autor geht weit über psychologische Aspekte hinaus und befasst sich mit der Frage, welche Einwirkungen aus dem Jenseits bzw. aus der geistigen Welt es wirklich gibt.

ISBN 978-3-98562-007-4 • 21,00 Euro

SELBSTHEILKRAFT

Klaus Medicus

Die Schlüssel zur Entfaltung höchster Potentiale
gesundheitlich – psychisch – spirituell

»Selbst-Heilkraft« ist das innovative Praxisbuch eines wirklichen Medicus unserer Zeit, das sich mit Leichtigkeit über künstlich gesetzte Grenzen klassischer Medizin, konventioneller spiritueller Leitfäden und des herkömmlichen Denkens hinwegsetzt. Wir sind frei, eine Revolution des Geistes zu erleben, mit der wir die Fesseln alltäglicher Propaganda hinsichtlich Gesundheit, Spiritualität, Gesellschaft, Umwelt und Politik sprengen. In jedem Menschen liegt ungeahntes Potential eigener Schöpferkraft verborgen, das es zu entdecken gilt. Der Medicus nimmt seine Leser mit auf eine faszinierende Reise in Weiten menschlichen Bewusstseins, auf der sich durch die Aktivierung der Zirbeldrüse Zugänge ins universelle Quantenfeld öffnen und die Kraft erlebter Gegenwärtigkeit direkt erfahrbar wird.

ISBN 978-3-938656-74-7 • 21,00 Euro

KREBS UND ANDERE SCHWERE KRANKHEITEN...

Chris Patron

Mit den Informationen in diesem Buch halten Sie den Schlüssel für eine dauerhafte Gesundheit in Ihren Händen! Sie werden verstehen, warum Sie erkrankt sind und wie Sie ein für alle Mal wieder vollständig gesunden und gesund bleiben, gleich wie schwer Sie auch erkrankt sein mögen. Sie werden verstehen lernen, was die wirklichen Ursachen für Krankheit sind und dass Krankheit nicht gottgegeben ist, sondern einzig und allein durch Sie, durch Ihr Verhalten oder Ihre Lebensumstände entsteht, begünstigt oder verursacht wird, mit der Ausnahme angeborener Schäden. Sie müssen verinnerlichen und akzeptieren, dass SIE allein die Ursache Ihres körperlichen Zustandes sind, niemand sonst!

Doch so brutal und direkt diese Feststellung auch sein mag, so POSITIV ist sie im Umkehrschluss, denn was nicht gottgegeben ist (Gott kennt keine Krankheiten), sondern allein durch Sie verursacht ist, können auch SIE wieder korrigieren!!! Am Ende dieses Buches werden Sie erleichtert durchatmen, und ein befreiendes Glücksgefühl wird sich einstellen, denn aus der Hoffnung wird Gewissheit geworden sein, Sie haben wieder eine Zukunft. Jede auch noch so schwere Krankheit ist heilbar!

ISBN 978-398562-000-5 • 44,00 Euro

WER HAT ANGST VORM SCHWARZEN MANN?

Jan van Helsing

Immer wieder hört man Berichte – meist von Hospiz-Mitarbeitern, aber auch von Ärzten, Krankenschwestern und Pfarrern –, dass einem Sterbenden kurz vor seinem Ableben ein „schwarzer Mann" erschienen ist; eine Gestalt, die in unserem Kulturkreis als „Freund Hein", „Boandlkramer" oder „Sensenmann" bezeichnet wird. Was denken Sie, wenn Sie solch eine Geschichte hören? Handelt es sich dabei nur um eine Halluzination, Rauscherfahrung oder um Bilder aus dem Unterbewusstsein?

Ähnlich nüchtern wäre Jan van Helsing auch mit solchen Berichten umgegangen, hätte er nicht selbst eine Begegnung mit diesem „schwarzen Mann" gehabt – zwei Wochen vor einem schweren Autounfall. Fasziniert von der Erscheinung dieses Wesens, beeindruckt von dessen Präsenz und vor allem neugierig geworden, versuchte Jan van Helsing über zwei Jahre hinweg mit diesem Wesen in direkte Verbindung zu treten, was schließlich im Dezember 2004 gelang. In einem spannenden und einzigartigen Interview wurden unter anderem folgende Fragen erörtert:

Wer ist dieses Wesen? Holt es die Seelen ab? Welche Rolle spielt der Schutzengel?
Gibt es einen Teufel? Gibt es eine Hölle? Wo bringt es die Seelen hin?
Wer beherrscht die Welt? Wer ist der Antichrist? Hat es jemals Gott gesehen?

ISBN 978-3-9807106-5-7 • 19,70 Euro

DIE KINDER DES NEUEN JAHRTAUSENDS

Jan van Helsing

Der dreizehnjährige Lorenz sieht seinen verstorbenen Großvater, spricht mit ihm und gibt dessen Hinweise aus dem Jenseits an andere weiter. Kevin kommt ins Bett der Eltern gekrochen und erzählt, dass „der große Engel wieder am Bett stand". Peter ist neun und kann nicht nur die Aura um Lebewesen sehen, sondern auch die Gedanken anderer Menschen lesen. Ausnahmen, meinen Sie, ein Kind unter Tausend, das solche Begabungen hat? Nein, keinesfalls! Wie der Autor in diesem, durch viele Fallbeispiele belebten Buch aufzeigt, schlummern in allen Kindern solche und viele andere Talente, die jedoch überwiegend durch falsche Religions- und Erziehungssysteme, aber auch durch Unachtsamkeit oder fehlende Kenntnis der Eltern übersehen oder gar verdrängt werden. Und das spannendste an dieser Tatsache ist, dass nicht nur die Anzahl der medial geborenen Kinder enorm steigt, sondern sich auch ihre Fähigkeiten verstärken. Was hat es damit auf sich?
Lauschen wir den spannenden und faszinierenden Berichten medialer Kinder aus aller Welt.

ISBN 978-3-9807106-4-0 • 23,30 Euro

KAMPF GEGEN GOTT

Alexander Kohlhaas

Mehr als ein Aussteigerbuch für Sekten- und Religionsgeplagte

Dieses Buch richtet sich nicht nur an Aussteiger aus Sekten oder Religionen, sondern auch an Angehörige von Menschen, die sich in sektenähnlichen Strukturen befinden. Es richtet den Spot auf den blinden Fleck der Gesellschaft, der sie nicht wahrhaben lässt, wie sehr Menschen durch die Beschneidung, als auch durch langanhaltende Religions- und Sektenzugehörigkeit geschädigt sind. Es zeigt auf:

- Wie Sekten und Religionen die Psyche der Menschen nachhaltig beschädigen.
- Weshalb Aussteiger oft Jahre nach dem Ausstieg noch den Mechanismen der Sekte ausgesetzt sind und weshalb sie das dort antrainierte Verhalten nicht überwinden können.
- Weshalb die Zeugen Jehovas in Russland verboten sind.
- Wie führende Politiker weltweit auf die Erfüllung der Prophezeiungen des AT hinarbeiten.

ISBN 978-3-938656-63-1 • 21,00 Euro

DEINE SEELE GEHÖRT UNS!

Alexander Kohlhaas Anna-Maria Valeton

Zeugen Jehovas und Klimaretter – dasselbe Prinzip!

Glauben Sie, dass Religionen als überwunden anzusehen sind? Religionen, die seit Jahrhunderten Menschen spalten, verurteilen, abwerten und Andersdenkende diffamieren? Oder leben wir heute nicht in einer Zeit, in der solche teuflischen Methoden wieder zur vollen Wirkung kommen? Mit Insiderwissen eines Aussteigers einer Extremgruppe und einer Aussteigerin aus der Medienbranche beleuchten die Autoren:

- Welche Mechanismen in Extremgruppen wie Scientology oder den Zeugen Jehovas wirken und mit welchen Methoden sie Menschen an sich binden.
- Wie Klimaretter gleiche Methoden und religiöse Sprache verwenden!
- Welche Mechanismen in Greta Thunbergs Familie wirken, damit sie Erlösung erfährt!
- Wie der Öffentliche Rundfunk Framing als Waffe verwendet, um Menschen zu spalten

ISBN 978-3-938656-59-4 • 19,00 Euro

WISSEN IST MACHT

Dr. Dinero Jan van Helsing

Wenn Dir Dein Leben nicht passt, dann glaub doch was anderes! *„Das würde ich ja gerne, aber ich kann es einfach nicht."*, sagen viele. In diesem Buch erfahren Sie, wie Sie Ihren Glauben und Ihr Sein machtvoll verändern können. Zu wissen, wie man das macht, ist Macht. Das wissen auch die Mächtigen in Politik und Wirtschaft sowie in den Massenmedien, z.B. in Hollywood. Wer die Mechanismen kennt, kann sie anwenden – manipulativ oder befreiend. Man kann ganze Völker für einen Krieg begeistern, Menschen weltweit dazu bringen, sich „impfen" zu lassen oder auf Grundbedürfnisse des täglichen Lebens zu verzichten. Ja, man kann sogar einem Jungen einreden, dass er ein Mädchen ist... Das ist wahre Macht! Dr. Dinero zeigt in diesem Buch, welches diese Mechanismen sind und erklärt, wie Sie selbst diese konstruktiv anwenden können – sei es in beruflichen Situationen, bei Partnerschaftsproblemen oder auch bei Geldangelegenheiten. Vor allem werden Sie verstehen, was zu tun ist, um frei zu sein, nicht mehr manipuliert zu werden und selbst bewusst zu entscheiden, wie Ihr Leben in Zukunft verlaufen soll.

ISBN 978-398562-888-9 • 25,00 Euro

DAS EINE MILLION EURO BUCH

Jan van Helsing & Dr. Dinero

Glauben Sie an Zufälle? Denken Sie, es ist reiner Zufall, dass ein paar hundert Familien mehr besitzen als der Rest der gesamten Menschheit? Was wissen diese über Geld, was der Rest der Menschheit nicht weiß? Glauben Sie, dass Glück, Reichtum, Geld und Besitz ganz zufällig bei bestimmten Personen landet?

Es ist kein Zufall, sondern es gibt ein besonderes Wissen über den Umgang mit Geld und Erfolg, das man der Masse vorenthält. Jeder kennt den Begriff ‚Erfolgsrezept'. Gibt es denn so etwas wirklich, ein Rezept für Erfolg? Ja, das gibt es tatsächlich! Es gibt für alles einen 'richtigen Zeitpunkt' und einen 'richtigen Ort', den man erkennen muss. Dies gibt es auch im Bereich des Geldes.

ISBN 978-3-938656-99-0 • 21,00 Euro